RICARDO DUEÑAS V.S.

BIOGRAFÍA DEL GENERAL FRANCISCO MORAZÁN

ERANDIQUE
COLECCIÓN

BIOGRAFÍA DEL GENERAL FRANCISCO MORAZÁN
RICARDO DUEÑAS V.S.

©Colección Erandique
Supervisión Editorial: Óscar Flores López
Diseño de portada: Andrea Rodríguez—Mariana Turcios
Administración: Tesla Rodas—Jessica Cordero
Director Ejecutivo: José Azcona Bocock
Primera Edición
Tegucigalpa, Honduras—Julio 2025

ÍNDICE

SOLO PARA MORAZANISTAS

Como se sabe, el pueblo salvadoreño fue el preferido del general Francisco Morazán. De allí que pidiera, antes de ser fusilado, que lo enterraran en San Salvador. Allí descansa, en el Cementerio de los Ilustres.

"Lego mis restos al pueblo salvadoreño en prueba de mi predilección y reconocimiento por su valor y sacrificio en defensa de la libertad y de la unión nacional", señaló el Prócer.

Fracasado su intento de rescatar a Guatemala del poder de Carrera, Morazán regresó, como lo hemos dicho, a San Salvador, en donde fue recibido con las demostraciones de lealtad que siempre le ofreció esa ciudad heroica. Tiene razón Francisco Gavidia cuando dice que si alguna ciudad centroamericana merece el título de "Heroica", esa ciudad es San Salvador. En ella recibió Morazán, derrotado ya, el consuelo de la lealtad, el mejor consuelo para un soldado noble —señala el autor de esta obra en el capítulo XIX.

Biografía del General Francisco Morazán fue publicado en el Segundo Premio de la República de El Salvador, Certamen Nacional de Cultura en 1971. Entre el jurado calificador estaba un hondureño: Eliseo Pérez Cadalso.

Esta obra se suma a otras publicadas por Colección Erandique: Biografía del General Francisco Morazán de Eduardo Martínez López; Morazán de Lorenzo Montúfar; Los Coquimbos de Ismael Mejía Deras; Morazán de Arturo Mejía Nieto; San Martín y Morazán de Carlos Ferro; Francisco Morazán: su vida y su obra de Jorge Jiménez Solís; Crónicas morazanistas de Salvador Turcios R.; las cartas escritas por el paladín unionista e, incluso, una historieta ilustrada: Maya y el General Morazán.

¡Una colección ideal para un verdadero morazanista!

ACTA DEL JURADO CALIFICADOR

En la ciudad de San Salvador, a las nueve antemeridiano del día treinta de octubre de mil novecientos cincuenta y nueve, reunidos en la Dirección General de Bellas Artes, los infrascritos miembros del jurado calificador en la Rama de Letras, del V Certamen Nacional de Cultura en el que por Decreto Ejecutivo N° 74, de 20 de agosto de 1958, se señaló como materia la Biografía del General Francisco Morazán, hacemos constar:

PRIMERO: Que los tres miembros del Jurado hemos leído y considerado atentamente todos y cada uno de los cinco trabajos presentados a concurso, a saber: Vida de Morazán —Basada en documentos, calzada por el seudónimo M. del Apartado; Biografía del General Francisco Morazán, bajo el seudónimo Mario de la Selva; Biografía del General Francisco Morazán, bajo el seudónimo Tutecotzimit; Biografía del General Morazán, bajo el seudónimo Ziguan Tinamit; Biografía del General Francisco Morazán, bajo el seudónimo de Isidoro Rascón.

SEGUNDO: Que hemos tenido presentes las Bases del V Certamen Nacional de Cultura y en particular la referente a la Rama de Letras, en la cual "por la trascendencia que tiene el tema específico BIOGRAFÍA DEL GENERAL FRANCISCO MORAZÁN, los trabajos deben ser no menores de 200 páginas, debiéndose hacer un estudio histórico, filosófico, político, económico y social de la época y de los acontecimientos en que interviene el biografiado. Además, el concursante deberá acompañar a su trabajo copia fiel de la documentación relativa a la vida del General Morazán".

TERCERO: Que, pese a la valiosa aportación a la historiografía de Centro América que representa la labor de los concursantes, no encontramos un ensayo que pueda calificarse de excelente por su precisión histórica, plan y desarrollo biográficos y cuidado del estilo, por lo que hemos decidido declarar desierto el primer premio sin desconocer el esfuerzo de investigación y consulta de fuentes bibliográficas manifiestos en todos los ensayos.

CUARTO: Que en virtud del reconocimiento anterior y por vía de estímulo, hemos acordado otorgar el segundo premio, dividiéndolo entre los dos trabajos respectivamente presentados bajo los seudónimos de "Isidoro Rascón" y "Ziguan Tinamit", ambos intitulados Biografía del General Francisco Morazán.

QUINTO: El jurado hace constar también que advirtió en dichos trabajos la inclusión de datos de exactitud no verificada, y descuidos del estilo, que aconsejan una revisión por los autores antes de que sus textos sean publicados; y desde luego, no se solidariza con algunas de las estimaciones u opiniones de los mismos.

SEXTO: El criterio que inspira este fallo, nos hace desear asimismo que los otros trabajos sean publicados, ya sea por cuenta de sus autores o con ayuda del Estado, como útiles aportaciones al acopio de datos históricos, para su futuro ordenamiento, análisis y apreciación técnica.

En fe de lo cual extienden la presente acta, en lugar y fecha indicados, firmando para constancia.

DAVID VELA

LISANDRO ARGUETA   **ELISEO PÉREZ CADALSO**

INTRODUCCIÓN

Seamos sinceros: una Biografía de Morazán, dentro del concepto moderno que ahora se tiene del género literario que se llama "Biografías", todavía no se puede escribir.

No solamente porque no hemos logrado producir, en Centro América, escritores de la talla y capacidad para el trabajo literario, de Emil Ludwig, Stefan Zweig, André Maurois, o Carl Sandburg, maestros del género biográfico, tal como llegó a entendérsele después de que Sigmund Freud acabó de abatir, con sus trabajos e investigaciones, los conceptos morales del siglo diez y nueve, sino porque, en el caso de Morazán, no tenemos los elementos necesarios para esa sutil investigación de la vida interior, que constituye la esencia de las modernas biografías, y que pudiera revelarnos algún o algunos aspectos, hasta ahora insospechados, en la vida de nuestro Héroe.

Abundan, naturalmente, las "Vidas de Morazán"; se las encuentra por docenas en raquíticos folletos de veinte o treinta páginas, o en modestos "libritos", como el del doctor Rafael Reyes, o en forma de estudios o comentarios militares de las diversas batallas que libró. Durante más de un siglo, esos "folletos", esos "libritos", junto con la tradición oral y una multitud de artículos de periódico, mantuvieron viva la memoria del Héroe de la Federación; y si no por otra cosa, por eso los centroamericanos les debemos gratitud eterna.

Pero, como Historia, lo que dejaron registrado es demasiado poco, mal estructurado y muy débilmente documentado. Y como Biografías, apenas nos han ofrecido retratos físicos de Morazán: el "tinte de su piel", su porte "gallardo", sus maneras "francas y varoniles"; o retratos morales: su modestia, su honradez, su lealtad, su valor, etc. Pero nada del Morazán "íntimo". Del padre, del hijo, del esposo, del hombre que fue, durante su vida, Francisco Morazán.

Y es esto lo que constituye el material de una verdadera Biografía.

En realidad, lo que hasta ahora hemos llamado "Vidas" o "Biografías" de Francisco Morazán, han sido más bien Monografías

Históricas del período durante el cual su figura ha dominado el escenario político—militar de Centro América. Hemos estudiado su vida pública, descuidando en forma lamentable, tratándose de la figura de mayor relieve en la Historia de Centro América, su vida privada e íntima.

El mismo Héroe fue el primero en pecar de este descuido, como luego pasaremos a explicar.

Hay que convenir en que todas las investigaciones sobre la vida y la obra de Morazán se basan, fundamentalmente, en las siguientes fuentes:

1°) Sus "Memorias"; que están constituidas por los "Apuntes sobre la revolución de 29, por el gral. presidente Morazán", que él escribió de su puño y letra, principalmente para refutar los ataques que le habían hecho el ex—Presidente Manuel José Arce, en sus "Memorias", y don Manuel Montúfar, en las memorias que hizo publicar en Jalapa, bajo el título de Memorias para la Historia de la Revolución de Centro América, por "Un Guatemalteco"; y el famoso "Manifiesto de David", en el cual, no sólo se defiende, sino acusa a sus enemigos;

2°) Las "Memorias" de Arce y de Montúfar, que acabamos de mencionar;

3°) Las "Historias" dejadas por algunos de los contemporáneos más ilustres del Héroe; especialmente, el Bosquejo Histórico de las Revoluciones de Centro América, de don Alejandro Marure; y la Reseña Histórica de Centro América, de don Lorenzo Montúfar;

4°) La tradición oral y escrita, que, por fortuna, ha sido abundante; y, por desgracia, débilmente respaldada por documentos o cartas de parientes y amigos de Morazán.

Todo lo que ha venido después, tiene por base lo anterior. Agregando que solamente los escritores o historiadores de los primeros años que siguieron a la muerte de Morazán pudieron leer y estudiar DIRECTAMENTE los documentos originales que hemos enumerado. Los "Apuntes" escritos por Morazán salieron de Centro América en forma que todavía no se ha logrado establecer. Rafael Heliodoro Valle los encontró en la Biblioteca Bancroft, de la Universidad de California, en Berkeley. En un artículo suyo, publicado en enero de 1955 en la revista salvadoreña Síntesis número

10, dice que: "…Fueron vanas mis pesquisas para averiguar cómo lo obtuvo esa Biblioteca".

Yo he ido un paso más adelante: he podido averiguar que la Biblioteca Bancroft obtuvo el original de los "Apuntes", por compra que hizo de varios documentos, relacionados con la Historia de Centro América, a la vieja Biblioteca Squier, norteamericana también, cuando esa institución tuvo que desintegrarse por la enfermedad nerviosa que acometió al dueño de esa espléndida colección de libros y documentos.

Pero bueno, los "Apuntes" salieron de Centro América, sin duda después del año de 1855, porque durante ese año se hizo, en la ciudad de San Vicente, la primera edición impresa, que se llamó de El Sol. Esa edición adolece de algunos defectos de copia, como lo apunta el mismo Heliodoro Valle, que todavía se advierten en la que, hace algunos años, hizo el "Instituto Morazánico Hondureño". En la edición de El Sol debe haberse informado el historiador hondureño Eduardo Martínez López, cuando escribió su magnífica obra Biografía del General Francisco Morazán.

El Autor de este trabajo ha querido subsanar, de una vez por todas, esas dificultades a los investigadores del futuro, y presenta, entre los Documentos que acompañan el libro, una COPIA FOTOSTÁTICA DE LOS APUNTES DE MORAZÁN, la primera en llegar a Centro América. Desde luego, tuvimos los originales a la vista, llenos de emoción, en presencia de aquellas páginas escritas por Morazán para la Historia. Es evidente que, por derecho histórico, los originales de los "Apuntes" de Francisco Morazán pertenecen a Centro América. El autor de este libro es de opinión que unas gestiones diplomáticas conjuntas, de los cinco gobiernos de Centro América, la Odeca, y, si necesario fuere, la Organización de Estados Americanos o la Unesco, podrían dar por resultado el regreso de ese precioso documento a la Patria que le corresponde.

Si ningún otro mérito tuviera la obra que el Autor presenta, él cree que con haber puesto al fácil alcance de los investigadores centroamericanos los "Apuntes" de Morazán —sin duda el documento de mayor valor histórico, después del Acta de Independencia, en Centro América— en algo ha contribuido a la investigación de la vida de Morazán.

Pero si gran valor histórico tiene los "Apuntes", nada, absolutamente nada, nos ofrecen que pueda ser material codiciable para una Biografía. Todos sabemos que Morazán no pudo terminar sus Memorias o Apuntes, por haber recibido la urgente llamada de Nicaragua, amenazada por una invasión de los Mosquitos, y después la de los costarricenses, deseosos de libertarse de la tiranía de don Braulio Carrillo. Pero si razones poderosas impidieron que terminara sus "Apuntes", nada le habría impedido empezarlos a redactar desde sus años mozos, en Tegucigalpa, aclarando los acontecimientos más importantes de su vida, vinculados con su nacimiento y sus primeras emociones de hondureño y centroamericano.

Mas, para encontrar algo que se relacione directamente con la genealogía de Francisco Morazán e informarnos de acontecimientos de su vida anteriores a los que lo condujeron a adentrarse en la vida pública de Honduras, primero, y luego de Centro América, hay que recurrir a documentos descubiertos y ordenados recientemente. Nos referimos a los documentos encontrados por el Profesor hondureño Agustín Alonzo, y publicados en el Boletín del Distrito Central, de Tegucigalpa, en las ediciones correspondientes a 1947—48; y a las publicaciones hechas por el Licenciado, también hondureño, don Juan B. Valladares, en la revista Tegucigalpa.

Los datos que aparecen en esos documentos han sido aceptados por todos los estudiosos de la Historia de Centro América, como verídicos y dignos de fe. En efecto, son los primeros que nos dicen algo AUTÉNTICO sobre la familia de Morazán, de la que tantísimos "biógrafos" sólo nos han hablado en términos muy vagos, con insistencia en el no comprobado "origen corso" de Morazán. Por medio de esos documentos, ha sido posible establecer el árbol genealógico de Morazán, por lo menos hasta sus cuatro abuelos, quedando comprobado que, a más de ser hondureño por nacimiento, era hijo de padre y madre hondureños, también por nacimiento.

Un documento de gran valor que también se presenta por primera vez en Centro América, en copia fotostática, y cuyo original figura igualmente en la colección que la Biblioteca Bancroft conserva en sus "bóvedas", es el interesante folleto que circuló en Guatemala en el año de 1844, sobre El Verdadero Origen de Carrera. Este manuscrito es mencionado por Hubert Howe Bancroft, historiador norteamericano, fundador de la Biblioteca tantas veces mencionada, que lleva su nombre, en su obra Historia de Centro América, en la página 125, Acotación número 55.

Nada podría ofrecernos un cuadro más exacto de toda esa nebulosa fantasía que rodeaba al Rafael Carrera de los primeros tiempos que la lectura de ese interesante folleto, escrito en el castellano de aquella época y en la letra y con las abreviaturas que tanto se usaban.

Quiero, a la misma entrada de este libro, presentar mis agradecimientos más sinceros a la Biblioteca Bancroft, de la Universidad de California, por la generosa cooperación que me prestó. Sin esa cooperación, y sin su permiso, no podría el autor presentar los más importantes documentos que acompañan a esta obra. Vayan mis gracias especialmente al Director de la Biblioteca, Mr. George P. Hammond, y al Bibliotecario de Consultas, Mr. Richard Bernard.

Hasta donde puede hacerse con los datos e informaciones hasta ahora recogidos por escritores e historiadores, creo que la presente obra es una Biografía exhaustiva de Francisco Morazán. He tratado su vida pública y privada con toda la extensión que me ha sido posible, sin escatimar esfuerzos. Incluyo en el libro casi todas las Proclamas y Manifiestos a los que tan inclinado era el biografiado. Cuando lo he creído oportuno, he dejado a Morazán hablar por él mismo, para que el lector lo sienta más cerca y lo conozca mejor.

En la narración me he atenido al método cronológico. Así, la primera permanencia de Morazán en El Salvador, a pesar de la enorme importancia que llegó a tener en sus luchas, apenas ocupa unas cuantas páginas. El Héroe centroamericano regresaría a San Salvador, una y otra vez, pero el lector tendrá que esperar que el tiempo siga su marcha normal para enterarse.

Al lector interesado en encontrar temas de interés histórico que pudieran ser materia de estudios más limitados, pero a la vez más minuciosos, el autor recomienda los siguientes:

1°) Un estudio comparado de las Memorias de Morazán, Arce y Manuel Montúfar;

2°) Un estudio de los Decretos con que los diversos Estados rompieron el Pacto Federal;

3º) Un análisis, como ya lo dejamos sugerido, de las Proclamas y Manifiestos de Morazán;

4º) Un estudio, puramente grafológico, de los "Apuntes" de Morazán, basado en la copia fotostática de lo que él escribió de su puño y letra.

Cualquiera de estos estudios que se emprendiera significaría una importante contribución a las investigaciones históricas del período morazánico. Y, realizado con devoción y amor a la gran Patria centroamericana, podría adelantar, en muchos años, el proceso de integración o "reconstrucción", como la llamaba Morazán, de la República de Centro América.

Para terminar esta Introducción, quiero decir que lo más cierto y más hondo que he encontrado entre la multitud de cosas que se han dicho sobre Morazán, y sobre lo que él representa para Centro América, no lo dijo ningún centroamericano. No lo dijo ni Barrundia, ni Montúfar, ni Grimaldi, ni Marure; tampoco lo dijeron los grandes líricos que hablaron o escribieron después sobre la personalidad y la obra de Morazán. No figura ni en el brillante discurso de Álvaro Contreras, ni en el fogoso panfleto de Vargas Vila —que, si no era centroamericano, para los centroamericanos escribió, cuando escribió sobre Morazán.

Lo dijo el escritor suramericano Jacinto López. Y esto es lo que dijo:

"Sin MORAZÁN, Centro América no tendría Historia".

La historia heroica que es inseparable de los orígenes de las naciones, y constituye la base de su derecho a la existencia.

Centro América no debe su Independencia a la guerra.

PERO LAS GUERRAS DEL PERIODO MORAZÁNICO PROBARON QUE HABRÍA SIDO CAPAZ DE CONQUISTAR ESA INDEPENDENCIA POR LA GUERRA."

En este párrafo, claro y lúcido, el escritor suramericano condensa la misión de Morazán: sellar, rematar la obra de los Próceres de la Independencia. Darle a Centro América, con sus luchas heroicas, EL DERECHO A EXISTIR COMO NACIÓN.

Manuel José Arce le había precedido en esa labor. Por desgracia, perdió después el camino. Morazán confirmó la obra de su vida con su gloriosa muerte.   **EL AUTOR**

"NO HAY HISTORIA. SÓLO HAY BIOGRAFÍAS."

RALPH WALDO EMERSON

"Este es el destino de los hombres públicos: nada de lo que les pertenece puede ser un misterio; las acciones más indiferentes son interpretadas y la investigación penetra en el recinto sagrado de la vida privada, porque todo se mezcla y se confunde con los sucesos generales en que tuvieron parte. De aquí es que, retrocediéndose hasta la cuna y siguiéndoseles hasta el sepulcro, se les examina en todas las condiciones de la vida; por esto las BIOGRAFÍAS, la descripción de los caracteres y la revelación de los intereses y de las pasiones, PRECEDEN A LA HISTORIA de los hechos que interesaron a la sociedad entera. Conocer a los hombres influyentes, es hallar la clave de una época histórica."

MANUEL MONTÚFAR
(Memoria para la Historia de la Revolución de Centro América).

"Todos los actos de la vida humana no interesan a la Historia. Esta deja a un lado los hechos de las sociedades primitivas, cuyo estudio se encomienda a la Antropología. Y entrega a los BIOGRAFOS las manifestaciones de la vida privada, aun cuando toda vida individual que representa una importancia y un interés suficientes para ser registrada, ha debido haber sido vivida en una civilización y en un período dignos de ser estudiados por la Historia. Así, pues, un cierto número de las manifestaciones humanas, PERO NO TODAS, interesan a la Historia."

ARNOLD J. TOYNBEE
(La Historia–Un Ensayo de Interpretación).

TRES RETRATOS DE FRANCISCO MORAZÁN

RETRATO HECHO POR UN ADMIRADOR

"MORAZÁN era blanco y parecía revelar en sus perfiles su origen corso[1], aproximándose algún tanto al tipo griego. Alto, delgado, recto, marcial y continente digno, sereno, agradable y simpático. Sus maneras suaves, su acción desenvuelta con cultura y su palabra fácil, acompañada de una modulación irresistiblemente atractiva, como lo confesaban sus mismos adversarios[2]. Ninguna frivolidad se notaba en sus costumbres, tan puras, sencillas y arregladas. Huía de las diversiones, lo mismo que de exhibirse y lucirse. Evitaba las demostraciones de simpatía[3], los banquetes y liviandades, pero le complacía en extremo el trato de los hombres ilustrados, aunque fueran sus enemigos."

"Respetuoso a las leyes, a las costumbres y a la sociedad, jamás se le escapó una palabra inconveniente o que revelara tan siquiera la superioridad de su posición, pues era incapaz de humillar o deprimir a nadie. En su fondo recto, severo, pundonoroso, humanitario, rendía culto a la justicia y se hubiera condenado a sí mismo tocándole el papel de Juez."

"Despreciaba el lujo: su casa respiraba modesta decencia; su vestido, en nada se distinguía del de los demás: levita de paño, sombrero de junco, pantalón blanco, y un observador minucioso que mucho se fijó en sus costumbres durante cinco años, le vio una sola vez con el uniforme militar el año de 38[4]. Era enemigo de establecer diferencias de superioridad y distinguirse del pueblo.

---

[1] El "origen corso" de Morazán es una de las muchas leyendas infundadas de que está rodeada la vida del Héroe. Como se verá más adelante, está comprobado que Morazán era de ascendencia italiana. Lo de corso sin duda se agregó para acentuar el innecesario parecido con Napoleón.

[2] Véase en páginas adelante el "Retrato hecho por un Enemigo".

[3] En su conducta política esto es cierto. En lo privado, Morazán, como hombre simpático y efusivo él mismo, gustaba de las efusiones de simpatía.

[4] El norteamericano John L. Stephens —cuyo "Retrato hecho por un Imparcial" aparece adelante— afirma haberlo visto, por esa época, luciendo uniforme militar.

Al despacho de Gobierno iba como todos los empleados de la Federación: de frac y sombrero bolero, nunca con galones. Jamás se le vio en la calle, rodeado de edecanes, ni usó guardias en su casa. Paseaba solo y vivía con su familia, sin ocupar en la servidumbre ningún oficial ni soldados."

"Nada de boato, ni disposiciones, ni cosa alguna que pudiera empañar sus virtudes republicanas, profundamente arraigadas en aquel corazón magnánimo; y si tanto le amaban y respetaban, nadie le temió, porque jamás se le vio un acto de ferocidad ni ensañamiento. Sus mayores enemigos deponían sus iras en su presencia, porque viéndole era imposible odiarle."

"Se excusaba de pasar por los cuerpos de guardias, y cuando no podía evitarlo, hacía suprimir los honores militares, que consideraba muy propios para envanecer a unos y envilecer a otros."

"En los partes militares no se ocupaba de él, sino del ejército, a quien atribuía todo el éxito. No alardea de sus triunfos, ni abulta los hechos; al contrario, los rebaja. Hablando de la batalla de Las Charcas, se refiere al arrojo, bravura y denuedo de los suyos y simplemente dice que los guatemaltecos huyeron sin motivo, dándole así el triunfo."

"Con rara habilidad evitaba las ovaciones populares, cuando volvía de las campañas, ocultando su marcha y derrotero; pero una vez, la municipalidad de San Vicente colocó sigilosamente espías en las alturas, que no tardaron en avisar de su aproximación, seguido del ejército. El pueblo, en tropel, salió a derramar guirnaldas y flores. Morazán, abatido y abochornado, bajó la vista y pasó como ocultándose entre los jefes. El más distraído observador habría notado en el semblante de Morazán su abatimiento y bochorno. Él gustaba de entrar de noche o al amanecer, logrando así evitar el incienso de un pueblo que lo adoraba. La vanidad nunca tuvo asilo en aquel hombre virtuoso."

ANTONIO GRIMALDI

RETRATO HECHO POR UN ENEMIGO POLÍTICO

"MORAZÁN era soldado y general de menos de un año: su ejercicio había sido la pluma en la oficina de un escribano de Comayagua, y en ella había dado a conocer disposiciones muy felices, pero poco honrosas, para la imitación de letras o firmas; como dependiente de un almacén o casa de comercio, tampoco dejó satisfecho al propietario a quien servía.

Se dice que no había entrado con calor ni decididamente en la revolución, sino cuando, después de la capitulación de Comayagua, el Coronel Milla, según las órdenes que recibió, le tuvo en arresto y le obligó a salir del Estado: entonces pasó a Nicaragua, donde reunió algunas tropas que le sirvieron para la reacción de Honduras, que comenzó por la acción de La Trinidad, en que Milla fue derrotado.

Morazán tiene dotes naturales bastante felices: a una figura recomendable, aunque no militar, reúne el talento y modales insinuantes, aunque sus maneras se resienten de la afectación o del arte. Examinado por sus principios y por su carrera, se le encuentra formado por sí mismo, sin instrucción y sin escuela; pero ni aún el trato del mundo en una sociedad regular ha podido desarrollar sus disposiciones naturales.

Casi todo lo debe a la casualidad, como acontece en los caprichos de las revoluciones; pero su carácter o sus condiciones propias no son despreciables: tiene naturalmente lo que en otros es el resultado de una larga carrera política o del manejo de muchos negocios públicos, esto es, la inmoralidad política y el frío cálculo de un hombre cuyo corazón está en su cabeza, y que todo lo sacrifica a sus intereses: bien público, palabra de honor, compromisos sagrados, consecuencia y verdad.

Su conducta privada corresponde a estos funestos dotes; la venganza también es en él un resultado de cálculos fríos.

Si a estas cualidades hubiese reunido Morazán el conocimiento de las revoluciones, y si la codicia y la ambición no le hubiesen cegado, en 1829 habría hecho la felicidad de la república y asegurado su nombre para siempre. Pero las revoluciones, tan fecundas en seres maléficos, rara vez producen un hombre necesario que sepa terminarlas.

Todo es también proporcionado: era imposible que en el combate de las más pequeñas pasiones y de los intereses más rastreros, descollase un alma grande. Largo tiempo pasará para que fructifique entre nosotros la semilla de los héroes: no está preparado el terreno."

MANUEL MONTÚFAR

EL HÉROE: RETRATO HECHO POR UN IMPARCIAL

"El General Morazán, con algunos Oficiales, estaba de pie, en una esquina del Cabildo. Había un fuego encendido frente a la puerta principal. Una mesa frente a la pared. Y en la mesa, unas tazas de chocolate humeante.

Tendría Morazán por aquella época unos cuarenta y cinco años. Era de estatura más bien alta que baja —cinco pies, diez pulgadas. Delgado. Usaba bigote y tenía una barba como de dos semanas. Llevaba abrigo militar, abotonado hasta el cuello. Y al cinto, la espada.

En el momento no llevaba sombrero, y la expresión de su rostro era suave y decididamente inteligente. Aunque relativamente joven, ya había sido durante diez años el primer hombre de Centro América. Y durante ocho, Presidente de la República Federal.

Se había levantado y sostenido gracias a su habilidad militar y a su extraordinario arrojo. En innumerables batallas había sido herido, pero nunca vencido

Me despedía de él con un interés mayor al que había sentido por cualquier otro centroamericano. Poco sabíamos ambos de las penalidades que el destino le tenía reservadas.

Esa misma noche sus soldados lo abandonaban, y la marcha hacia el Calvario se iniciaba."

JOHN L. STEPHENS

PRIMERA PARTE: VIDA PRIVADA DE MORAZÁN ·

CAPÍTULO I: ORIGEN Y NACIMIENTO DE FRANCISCO MORAZÁN

Con muy pocos de nuestros héroes y hombres representativos nos hemos portado en Centro América en una forma tan centroamericana como con FRANCISCO MORAZÁN.

Nuestro desdén por la objetividad histórica, nuestra pasión por la pieza literaria meramente lírica, sin contenido enjundioso alguno y carente de toda información exacta y responsable, nuestros extremismos políticos, que no dan cuartel al enemigo y no vacilan en sustituir la verdad más evidente por la calumnia menos justificada, todo esto tan centroamericano, ha contribuido a que no sea sino en las últimas décadas que la investigación histórica haya logrado desentrañar y presentar en forma más o menos ordenada los datos esenciales que nos permiten estudiar a José Francisco Morazán, el hombre, anterior al "Paladín de la Federación" y al héroe militar que sus contemporáneos comparaban favorablemente a Napoleón.

A partir del derrumbe de la Federación y la muerte de Morazán en Costa Rica, el encarnecimiento de los enemigos de la unión centroamericana y del hombre que mejor la representó y defendió, tendió un pesado manto de silencio sobre los sucesos y los hombres principales del período de la República Federal. Carrera implantó el terror durante treinta años por toda Centro América. La Patria quedó desmembrada, y los gobiernos de los Estados, influenciados desde Guatemala por el despotismo del porquerizo llegado a Presidente, volvían sus odios contra el nombre y la memoria del gran hombre que habían traicionado y asesinado.

No es sino en un paréntesis de dignidad cívica que, en 1849, gobernando en Costa Rica don José María Castro, y en El Salvador el Dr. Doroteo Vasconcelos, se da cumplimiento a la postrera voluntad de Morazán, trasladando sus restos mortales a San Salvador, en donde reposan definitivamente.

Pero fue necesario que transcurriera más de un siglo, a partir de su muerte, para que se empezara a poner un poco de orden histórico en la vida privada del primer héroe de Centro América. Documentos anteriores a la Independencia fueron encontrados y publicados en Tegucigalpa, por el Profesor Agustín Alonzo, en 1942, y en los años de 1947—48, el diplomático y escritor hondureño Lic. don Juan Valladares hizo publicar en la revista Tegucigalpa datos históricos de gran valor, que nos permiten ahora ofrecer la verdadera genealogía de Francisco Morazán.

Morazán nació en lo que entonces era la Villa de San Miguel de Tegucigalpa, el día 3 de octubre de 1792.

Fue hijo legítimo de don Eusebio Morazán y doña Guadalupe Quezada, siendo su madrina doña Gertrudis Ramírez. Su bautismo está registrado en la iglesia parroquial de Tegucigalpa por el cura Juan Francisco Márquez, y dice literalmente así:

"En la Iglesia Parroquial del Señor San Miguel de Tegucigalpa, a dieciséis de octubre de mil setecientos noventa y dos; yo, don Juan Francisco Márquez, cura y vicario, juez eclesiástico de este beneficio, solemnemente bauticé a un niño que nació a tres de dicho mes, a quien puse por nombre JOSÉ FRANCISCO, hijo legítimo y de legítimo matrimonio de don Eusebio Morazán y doña Guadalupe Quezada, de esta feligresía. Fue su madrina, que lo tuvo y sacó de pila, doña Gertrudis Ramírez, viuda, de este beneficio, a quien advertí su obligación y parentesco espiritual, y lo firmé. — JUAN FRANCISCO MÁRQUEZ."

Esta fe de bautismo establece definitivamente que Morazán nació en Tegucigalpa, de padres hondureños, echando por tierra todas las conjeturas e imaginaciones que se han hecho al respecto, incluyendo aquellas que quieren hacerlo salvadoreño por la línea materna.[5]

Por la línea paterna, Morazán tenía sangre italiana y es cierto que su apellido fue originalmente "Morazzani". El padre de su padre fue don Juan Bautista Morazán, nacido en la ciudad de Roma, y no en Córcega, como lo han pretendido algunos historiadores.[6]

---

[5] El Dr. David J. Guzmán, distinguido historiador salvadoreño, dice: "Tuvo razón Morazán de legar sus restos al pueblo salvadoreño, DEL CUAL TENÍA LA SANGRE..."

[6] El salvadoreño Dr. Guzmán y el hondureño Eduardo Martínez López afirman que el padre de Morazán vino muy pequeño de Córcega.

En mayo de 1787, don Juan Bautista Morazán envió al presbítero hondureño don José Lino Fábrega, que se encontraba en Roma, una carta-poder autorizándole para que sacara su fe de bautismo, que constaba en la iglesia de San Roque de aquella ciudad y que necesitaba como comprobante en las diligencias que había entablado para nacionalizarse en Honduras.

Entre los documentos que el historiador y periodista hondureño Arturo Humberto Montes[7] cita para corroborar estas afirmaciones figura la información ad perpetuam seguida por don Juan Bautista Morazán ante el juez comisionado del Mineral de San José de Yuscarán, el 14 de mayo de 1790, y que dice así:

"Don Juan Bautista Morazán, vecino de este Rl. de Minas del Sr. San José de Yuscarán, ante Vmd., en la mejor forma que me lo permite el Dcho., parezco y digo: que en virtud de la comisión que debidamente presento, se servirá Vmd. examinar los testigos que presentaré, previa la solemnidad del juramento, por el Interrogatorio siguiente:

1.º- Primamente, digan si tengo bienes raíces y si hace más de veinte y cinco años que soy vecino de este mineral, y si de trato y conocimiento me conocen a mí, el presentante.

2.º- Ítem, digan si he sido casado y velado en este mineral, y si de tres veces lo he sido con la que actualmente lo estoy, Da. Manuela del Castillo, y si he tenido en estos matrimonios varios hijos; de que les digan si tengo dos en los colegios de Guatemala y Comayagua.

3.º- Digan si soy hombre de bien y si he obedecido al Real servicio y órdenes de los jueces.

4.º- Ítem, digan si soy comerciante de ropas, si menudeo en mi propia tienda las mercaderías con que comercio. Declare el Receptor de este mineral, con los demás testigos, si cumplidamente pago los derechos reales de alcabala y si ascenderán a menor o mayor cantidad desde mi antecedente y presente comercio.

5.º- Ítem, digan qué años hará en este mineral que con mi propio haber he habilitado, y hasta el presente, a algunos mineros, y si con

---

[7] En su libro Morazán y la Federación Centroamericana, una de las mejores entre las biografías de Morazán que se han publicado en los últimos años.

lo dicho digan si les habrán resultado cantidades, qué quintos a Su Majestad.

6.º- Ítem, si en tiempo de Gov. del Alce. Mayor don Yldefonso Ignacio Domezáin, supieron de público y notorio que dicho Alce. Mayor me comisionó para el cobro del donativo y si también me cometió la visita de estas minas en el tiempo que fue juez de este mineral don Manuel Murias."

7.º – Ítem. Digan si también les consta que se me cometió el correspondiente ramo de pólvora para abastecer a los mineros.

8.º – Ítem. Digan a qué precio cambió el marco de plata en el Rescate que es a mi cargo en este Mineral y con qué dinero; si ajeno o mío propio.

9.º – Ítem. Digan si saben o si es público y notorio que yo, el presentante, fui depositario de los bienes raíces y muebles del finado don Bernardo Reconco y si en el tiempo del depósito supieron que corrí con el pagamiento de operarios, cuidando de las haciendas, minas, casas y demás bienes.

10.º – Digan quién corre en este Mineral con el encargo de la Real venta de correos mezales y si de esto saben que cumplo y sin más leve estipendio.

11.º – Ítem. Digan si soy pobre o si soy hombre de caudal y si en este Mineral hay otra persona de igual fondo. Y hecho lo interrogado, suplico a Vmd. se me devuelvan los originales para el uso de mi derecho, todo lo cual a Vmd. pido y suplico así lo provea y mande, que es justicia. Juro en forma y lo necesario.

(Firmado) JUAN BAUTISTA MORAZÁN

Como se ve por el anterior documento, don Juan Bautista Morazán, abuelo del prócer, era un hombre que no temía que su reputación de hombre honrado y "de caudales" fuera minuciosamente investigada. Y razones tenía para no temer, porque cuando el Juez Comisionado, don Fernando José Abilés, diligenció su solicitud, el resultado fue el siguiente:

"A las preguntas del interrogatorio, uno de los testigos, Felipe Borjas, contestó:

1.º – Que es cierto que tiene bienes raíces y que hace más de veinte y cinco años que es vecino del Mineral y que lo conoce de trato y comunicación.

2.º – Que es hombre de bien y que ha obedecido al Real servicio y órdenes de los jueces.

3.º – Que es cierto que ha sido casado y velado tres veces con la que actual está, que es doña Manuela del Castillo, y le consta ha tenido varios hijos en estos matrimonios; uno de estos lo tiene en el colegio de Guatemala y otro que el padre Guillén lo llevó a Comayagua, pero que ignora si está o no en el colegio.

4.º – Que es cierto que es comerciante y vende sus ropas en su propia tienda, las mismas con que comercia.

5.º – Que es cierto que hace tiempo ha estado habilitando a mineros con dineros propios y que no tiene duda el que declara que por este medio ha resultado cantidad de quintos a Su Majestad.

6.º – Que es cierto que en tiempo del señor Alcalde Mayor lo comisionó para el cobro del donativo y visitas de minas.

Y luego de contestar las demás preguntas en forma afirmativa, que concede todo crédito a don Juan Bautista, contesta la última y más importante:

Que es cierto que es "el sujeto de más fondo que hay en este Mineral, ya que no hay otro igual al presentante."

Este hombre "de campanillas", que a su llegada a Honduras firmaba su apellido en la forma italiana "de Morazzani", no era un ciudadano sólido únicamente en la parte económica. Contrajo matrimonio tres veces, por haber cumplido con el mandamiento de enterrar a sus dos primeras esposas. Con la primera de ellas, doña Gertrudis Alemán, tuvo tres hijos: Eusebio, primogénito y padre de Francisco Morazán, José Inés y Juan Miguel, todos de apellido Morazán.

Muerta la primera esposa, don Juan Bautista casó con doña María Luisa Espinar, de cuyo matrimonio nació otro hijo, que llevó el nombre de José Bernardo Morazán. La tercera y última esposa fue doña Manuela del Castillo, con quien tuvo un nuevo hijo, Juan Nepomuceno Morazán.

Se sabe, asimismo, que Juan Bautista procreó a Rita, María Concepción y Jacinto Morazán, pero los historiadores no han sabido a cuál de las tres esposas atribuir estos hijos, o cómo distribuirlos entre las tres consortes de don Juan Bautista.

Este viejo roble, transplantado de Roma a Yuscarán, falleció por fin, en el mismo Yuscarán, a principios de 1792, pocos meses antes de que naciera su nieto José Francisco, llamado a ser la mayor gloria de Centro América.

Su hijo primogénito, don José Eusebio, padre del prócer, nació en Yuscarán en 1771, pero se trasladó ya hombre a Tegucigalpa, en donde ejerció el comercio, dedicándose también a la agricultura, en una hacienda de su propiedad.

En Tegucigalpa contrajo matrimonio con doña Guadalupe Quezada, miembro de una distinguida familia, y de ese matrimonio nacieron José Francisco, Cesárea, Marcelina y Benito Morazán Quezada, cuyos nombres revelan la ascendencia italiana.

José Francisco Morazán Quezada —este era el nombre completo del héroe de la Federación— nació, pues, y tal como lo hemos dicho, en la Villa de Tegucigalpa, el 3 de octubre de 1792, siendo, sin la menor duda, hondureño de nacimiento, hijo de padre y madre hondureños, también de nacimiento.

La familia Morazán—Quezada figura en el censo levantado por don Vicente Coronel en 1821, como residentes en la "casa N.º 120". La edad de don Eusebio está fijada en ese censo en 50 años, la de su esposa en 56, la de su hijo Francisco Morazán en 28, la de Marcelina y Cesárea Morazán en 18 y 16 años, respectivamente.

CAPÍTULO II: NIÑEZ Y PRIMERA JUVENTUD DE MORAZÁN

Muy poco se sabe respecto de los primeros años de la vida de Francisco Morazán, y en esto el héroe centroamericano no se distingue de la mayoría de los grandes hombres que registra la Historia. Pero si se ha de juzgar por la conducta que observó en sus años maduros, su niñez debe haber sido feliz. No habiendo en aquel tiempo escuelas públicas, y siendo la familia Morazán una familia relativamente acomodada, el niño José Francisco debe haber asistido a alguna escuela privada, en donde aprendió las primeras letras. Apartando la malicia que don Manuel Montúfar pone a este hecho, es innegable que Morazán tenía gran habilidad para la escritura y que sabía escribir con una letra regular y elegante.[8]

Por el año de 1804, esto es, cuando José Francisco tenía doce años, se fundó en Tegucigalpa una clase de Gramática Latina, que estuvo a cargo de Fray Santiago de Gabrielín, del convento de Franciscanos. Veintitrés alumnos concurrieron a esas clases, y el historiador hondureño Antonio R. Vallejo afirma que entre ellos se encontraba el futuro Presidente de la República de Centro América. Pero estas clases de Latín fueron suspendidas al poco tiempo, y de un modo u otro Morazán se vio nuevamente bajo el cuidado de maestros particulares, que probablemente le daban lecciones en su casa.

Pero sí se sabe, por la tradición oral, que el joven Morazán dio desde muy temprano demostraciones de poseer una viva inteligencia, y que se sentía particularmente atraído a las Matemáticas y al Dibujo. No había cumplido los dieciséis años cuando tuvo que seguir a su padre a la población de Orocelí, en donde aquél había establecido un almacén. La vida en una pequeña población de aquellos tiempos no podía ofrecer a un joven ansioso de aumentar sus conocimientos muchos atractivos. Morazán mataría allí las horas conversando, como don Alonso Quijano, "con el cura del lugar", o con el alcalde

---

[8] Véase la copia fotostática del Manuscrito que por primera vez presentamos a los lectores de Centro Ámérica, al final de este estudio.

municipal y su secretario, las únicas personas que, acaso, sabrían, como él, leer y escribir.

Era imposible que permaneciera mucho tiempo soportando "la dulce paz del villorrio" un joven de tantas inquietudes como Morazán, y pronto le encontramos nuevamente en Tegucigalpa, prestando sus servicios de escribiente en la escribanía de don León Vásquez, en donde encontraba alimento para su sed de aprender. Es probable que en este período de su juventud empezara a leer a los enciclopedistas franceses, que tanto habrían de influir en sus ideas y su conducta. Y el Emperador Napoleón, entonces en la cumbre de su gloria, debe haber herido con fuerza la imaginación de aquel aguilucho centroamericano. Estas dos influencias están presentes en su defensa de la expulsión de los sacerdotes de algunas comunidades religiosas, que Morazán decretó al triunfar su Revolución, y que firmó con el seudónimo de Un Militar.

A través de toda su vida pública, Morazán habría de actuar bajo la influencia de los enciclopedistas franceses; y, en el aspecto militar, no cabe duda de que, quitándole al Gran Corso sus inclinaciones a la dictadura y al Imperio, la figura napoleónica lo atraía intensamente. A su lado, durante gran parte de sus campañas militares, le agradaba tener a Raoul, que había hecho en Francia algunas de las campañas del Emperador. Más tarde, este soldado francés escribió en París el famoso Paralelo entre Napoleón y Morazán, en el cual compara favorablemente al héroe centroamericano con el genio militar francés. Por lo demás, es bien sabido que Morazán era un gran estudioso del idioma francés, que leía con alguna facilidad.

A esta época corresponde su gestión en favor de los trabajadores del campo, hecha ante el Ayuntamiento en su calidad de Síndico Municipal[9], y que revela sus sentimientos democráticos en favor del pueblo humilde de Centro América.

---

[9] Muy Noble Ayuntamiento.
Como Síndico de esta corporación, hago a Vuestra Señoría la representación siguiente, q. se reduce a dos asuntos q. deben llamar toda su atención.
El cuerpo privilegiado de labradores me ha manifestado los graves perjuicios q. se les originan por la diferencia de medidas q. hay para comprar y vender sus granos en el Cabildo y algunas tiendas 'de regatones'.

Fue empleado del Ayuntamiento de Tegucigalpa durante muchos años, antes y después de la Independencia, y como todo hombre inteligente que anda mucho entre papeles y escritos municipales, tuvo sus ribetes de Abogado, hasta el punto de que, si se hubiera de juzgar su vida por sus primeros años de adulto, se podría razonablemente pensar que no eran las armas su vocación verdadera, sino las Leyes y el Derecho. Esta afición a los menesteres jurídicos sin duda contribuyó a hacer de Morazán un hombre respetuoso del orden legal, aun en los momentos en que tuvo en sus manos el poder. Los largos años en la escribanía de don León Vásquez y entre los papeles municipales de Tegucigalpa, no pasaron en vano. La levita oscura y

---

Sírvase V. S. poner remedio a tal desorden, pues es una de las primeras atenciones de V. S. el proteger una clase tan recomendada por las Leyes, y principalmente en un asumpto en que se interesa tanto el bien público.

No es la plata ni ninguno de los metales preciosos los que enriquecen un Reyno: es la Agricultura. Aquella no es más q. el precio de todas las cosas y el móvil de las disensiones, cuando esta es el origen de la abundancia y de todas las virtudes.

La escuela, q. desgraciadamente no ha podido ponerse en práctica en esta ciudad, es aún más interesante. ¿No hay pueblo por pequeño y miserable q. sea, q. no tenga un Maestro para la educación de la juventud?

¿Y se podría creer que la rica Tegucigalpa, llena de tantos vecinos patriotas, no la tenga?

No puedo creer más, que hay manos ocultas que fomentan la rusticidad de este pueblo. ¿Y no será una vergüenza tan débiles trámites? ¿No se hará cargo a V. S. de indiferente por un pueblo que le ha confiado sus intereses y ha depositado en V. S. su autoridad pa? q. defienda sus derechos?

Yo me guardaría de responder a cargos tan incontestables.

La medida más acertada, en mi concepto, pa. q. tenga la escuela el éxito q. se desea, es únicamente la q. voy a proponer.

No faltan más q. 180 pesos para completar el sueldo de 25 ps. del Maestro.

Para esto, exítese el patriotismo de tantos sujetos pudientes q. pueden contribuir sin perjudicarse, contándose con las generosas ofertas del S. Alcalde 29 y don Esteban Guardiola; la 1.ª de 6 ps. y la 2.ª de 25 ps., y se asegurará un fondo estable; se evitarán faltas q. hay en los pobres q. ofrecen y no pueden cumplir, por no ser sus circunstancias iguales a sus deseos.

Si no adopta esta medida, no le queda otra a ese Ayuntmto. pa. dotar al Mtro. de Escuela.

Sin esta, no habrá jamás ilustración; no habrá buens. costumbrs.; no habrá igualdad ni en las persons., ni en los intereses, ni en los bienes; y estams. expuestos a q. cahiga sobre nosotros un llugo q. no lo podamos sacudir jams.

Pído toda la atención de V. S. en estos asuntos, en q. se interesa tanto el bien público.

Tegucigalpa, 16 de abril de 1823.

(f) FRANCISCO MORAZÁN

el sombrero "bolero" libraron siempre una batalla triunfante contra el uniforme militar que el destino hizo llevar a Morazán. Y el hombre que en cien batallas demostró que podía blandir la espada con la destreza y la fuerza de un héroe mitológico, no podía olvidar un solo momento que el cariño y la inclinación de sus primeros años había sido la pluma.

Aparte de su extraordinaria habilidad para manejar la pluma, tanto literal como figuradamente, lo que más llamaba la atención en el joven Morazán era su porte gallardo, su simpatía, su distinción, su temperamento alegre y efusivo. Su natural y vivo interés en el bello sexo estaba ampliamente correspondido. José Francisco era bien recibido en los salones de Tegucigalpa, y no es difícil imaginar cómo habrá tenido ocasión de conocer a doña María Josefa Lastiri, viuda de Travieso, mujer hermosísima y distinguida, nacida en Tegucigalpa, y con la cual Morazán contrajo matrimonio en la ciudad de Comayagua, el día 30 de diciembre de 1825.

Nada podía presagiarles a los jóvenes desposados la tragedia que el destino les tenía reservada. Dieciséis años después, fusilado su marido y perdida su fortuna, la señora de Morazán refugiaría su pena en la población salvadoreña de Cojutepeque, muriendo más tarde en San Salvador, en donde fue sepultada en la iglesia del Calvario.

CAPÍTULO III: HIJOS, HERMANOS Y OTROS PARIENTES DE MORAZÁN

En Centro América no se empieza sino hasta ahora a comprender la naturaleza y el papel de la biografía, ni su importancia como base para los estudios históricos. Biografía hemos llamado entre nosotros a cualquier folleto, de diez o veinte páginas, en el que se hace el elogio o la diatriba de un personaje más o menos histórico, ajustándose más a las propias pasiones del escritor, o de aquel a cuyo encargo escribe, que a la verdad de los hechos. A esta falta de comprensión de lo que es la biografía debemos en Centro América la colosal ignorancia que por lo general tienen nuestros pueblos de sus ciudadanos más ilustres. Y, faltándonos la agradable base de las biografías, nos ha resultado casi imposible emprender el estudio más serio y menos artístico y ameno de la verdadera Historia.

Ciertamente, la biografía es un género relativamente nuevo en todas partes del mundo, por lo menos en su forma más moderna, que participa mucho del ensayo histórico. Podríamos citar, como antecedentes de la biografía moderna, los Diálogos de Platón, que sin caber del todo dentro de la categoría de las biografías, nos ofrecen una copiosa y variada información sobre la vida y personalidad de Sócrates. Los Evangelios difícilmente pueden tenerse como biografías de Jesús. No es sino hasta bastante más tarde, ya en el siglo dieciséis, que la biografía empieza a asomar sus formas artísticas y agradables, con las primeras historias de los reyes o emperadores famosos. Y sin embargo, la generalidad de estos primeros ejemplos peca del mismo pecado de parcialidad de que hemos pecado en Centro América. En casi todas ellas se advierte la intención de producir en el ánimo del lector una impresión política predeterminada, y, en ocasiones, en los mejores ejemplos, una impresión artística, también predeterminada.

Por eso hemos puesto a la entrada de esta biografía de Francisco Morazán lo que han dicho Emerson, Montúfar y Toynbee, tres historiadores bien distanciados, pero profundos e intuitivos conocedores de la Filosofía de la Historia, sobre esa sutil distinción que existe entre la Biografía y la Historia.

Para Emerson, "no hay Historia; sólo hay biografías".

Para Montúfar —que nos parece en esto excepcionalmente acertado— "las biografías PRECEDEN A LA HISTORIA de los hechos que interesan a la sociedad entera".

Y por fin Toynbee, más reciente, más informado, más práctico, llama la atención del historiador y del biógrafo, estableciendo finas distinciones: "No TODOS los actos de la vida humana interesan a la Historia" —dice—. "La Historia deja a los BIÓGRAFOS las manifestaciones de la vida privada."

Las afirmaciones de estos tres colosos que se han entretenido en hacer Historia y cuyas vidas merecen ser materia de extensas biografías, dan materia tanto al historiador como al cultivador del género biográfico, para largas meditaciones.

Para nuestro propósito, bástenos decir que la sola popularidad de que disfrutan desde hace algunos años las biografías debería impresionarnos a los centroamericanos e impulsarnos a intentar biografías más responsables de nuestros Próceres. La verdad es que, hasta el momento, ninguno de ellos ha sido, realmente, biografiado. ¡Ah, qué interesante y delicada sería una verdadera biografía del Padre Delgado, hombre apasionado y vibrante, que a su pureza de sacerdote unía el fuego del político alucinado! ¡Y qué decir de Valle, el Sabio, a quien primero los "fiebres" y después la muerte le cerraron el paso hacia la Presidencia de la República Federal! Y el General Cabañas, aquel hombre tan puro y tan valiente, de quien Alberto Masferrer ha dicho que en pueblos más imaginativos "habría dado lugar a una nueva leyenda del Centauro". Y Arce, con su mezcla de pureza y de debilidad; y después Gerardo Barrios, y Francisco Dueñas, su inmolador. Todos ellos poseyeron personalidades ricas de interés que se prestan admirablemente al género biográfico. Y Carrera, el Jefe indio, que apenas podía firmar, y que entró a la ciudad de Guatemala, a la cabeza de las hordas indígenas, vestido con un pantalón de manta gruesa, una casaca militar que había pertenecido al General Prem, y un sombrero verde que había pertenecido... a la esposa del mismo General.

¡Cuánto se podría hacer con estas figuras del escenario histórico de Centro América, si se estimulara más el estudio de nuestro pasado!

Todo esto viene a que, dentro de esta biografía de Francisco Morazán, interesa al lector entrar en conocimiento con la familia directa del Héroe: con sus hijos, con sus hermanos, con sus primos. Sólo conociéndolos a ellos, aunque sea en forma somera, podemos formarnos la imagen personal del biografiado.

Hemos dicho ya que Morazán contrajo matrimonio con la viuda de Travieso. Testigos de este matrimonio fueron el Coronel de Milicias don Remigio Díaz, que a su vez era casado con una hermana de la señora de Morazán, doña Petrona Lastiri, y don Coronado Chávez, quien fue más tarde Presidente de Honduras.

Estando Morazán en El Salvador, nació, en 1838, su primera hija, que llevó el nombre de Adela. A los 22 años de edad, la primogénita de Morazán contrajo matrimonio con el Licenciado hondureño don Cruz Ulloa, e hijos de este matrimonio fueron los señores Francisco, Esteban, Josefina y Mercedes Ulloa Morazán. Estos nietos del General Morazán se radicaron en El Salvador, en donde formaron familias distinguidas. Esta historia es tan reciente, que doña Adela Morazán de Ulloa, hija legítima del Prócer, falleció en la ciudad salvadoreña de Santa Tecla, en el año de 1921. Uno de sus hijos, don Esteban, contrajo matrimonio con doña Elisa Duke. Los hijos de este matrimonio, biznietos de Morazán, viven en El Salvador, y llevan con orgullo el apellido de Ulloa Morazán, que en realidad correspondía a su abuelo.

A más de su hija legítima, Morazán tuvo dos hijos naturales, a los que quiso y protegió durante toda su vida, y dejó recomendados, momentos antes de morir, a su amigo don Mariano Montealegre. Estos hijos fueron el General José Antonio Ruiz, que lo acompañó en muchas de sus campañas, y don Francisco Morazán Moncada, quien evidentemente era su preferido, y a quien dictó su famoso "Testamento", pocos momentos antes de ser fusilado. El General Ruiz era hijo de Morazán con doña Rita Zelayandía de Ruiz, esposa que fue de don Eusebio Ruiz. Francisco Morazán Moncada fue el fruto de las relaciones del Prócer con doña Francisca Moncada, sobrina de don Liberato Moncada, amigo de Morazán y Ministro General del Gobierno de Honduras durante la Federación.

Francisco regresó a El Salvador a bordo del "Coquimbo", al cuidado del General Saget, pero decepcionado por la suerte que había tocado a su padre, no intervino más en política, estableciéndose por último en Chinandega, en donde contrajo matrimonio con doña Carmen Venerio Gasteazoro. Con ella tuvo tres hijos, que llevaron los nombres de Francisco, Carmen y Mercedes Morazán Venerio. Morazán Moncada murió en 1904, a la edad de 77 años.

El General Ruiz casó con doña Dolores López, con la que tuvo un hijo que murió en la infancia. Murió en Tegucigalpa, el 27 de noviembre de 1883, a los 57 años de edad.

De los hermanos del General Morazán, Benito, el otro varón, siguió la carrera eclesiástica y figuró en el Congreso de Honduras en 1832. Su hermana Marcelina contrajo matrimonio con don Narciso Del Rosal, que había sido "Ensayador de la Real Casa de Rescates" de Tegucigalpa. De este matrimonio nacieron tres sobrinas del héroe, que llevaron los nombres de Guadalupe, Felícitas y Jacoba, todas de apellido "Del Rosal Morazán". Después de enviudar del señor Del Rosal, tuvo dos hijos naturales con don Antonio Cerrato. Estos fueron Francisco y Mercedes Morazán Cerrato.

Entre los parientes más ilustres del ilustre Morazán debe mencionarse a don Dionisio de Herrera, quien era su primo político, por haberse casado con una prima del General, doña Micaela Quezada, hija de don José María Quezada, hermano de la madre de Morazán.

La madre de Morazán, doña Guadalupe Quezada Borjas, nació en el año de 1765, siendo hija legítima de Juan Bautista Quezada y de doña María Borjas Alvarenga, de manera que tanto el abuelo materno como el paterno de Morazán llevaron el nombre de Juan Bautista, aclaración que nos parece necesaria para evitar confusiones en el árbol genealógico de nuestro biografiado. La madre de Morazán sobrevivió al héroe, pero la pena de la muerte de su querido hijo agobió a la noble matrona, que murió en 1843, después de un año de haber sido fusilado en Costa Rica el General.

Creemos haber agotado la genealogía conocida de Francisco Morazán. Por ella podrá tener el lector una idea de las raíces familiares que influían en la vida del héroe. Sin duda no puede darse una familia más centroamericana, y, particularmente, una familia más hondureña. Resulta difícil explicar cómo, habiendo pertenecido a una familia tan numerosa y teniendo aún descendientes directos, haya aún tantas lagunas en la vida de Morazán. Para conocer los detalles de su vida íntima es preciso recurrir más a la tradición oral y al anecdotario histórico, que a los documentos más o menos auténticos.

Felizmente, la afición de Morazán a escribir todavía ofrece al investigador un campo precioso para el estudio de su personalidad.

Recomendamos al lector de la presente Biografía la lectura y observación de la copia fotostática de los "Apuntes", escritos de mano y letra de Morazán. Naturalmente, hemos tenido a la vista el original que, con la cooperación de la ODECA y los Gobiernos de Centro América, esperamos que algún día regrese a la Patria Centroamericana de su autor, de donde nunca debieron haber salido.

CAPÍTULO IV: TRASLADO A COMAYAGUA. CASAMIENTO DE MORAZÁN. SU ESPOSA: MARÍA JOSEFA LASTIRI

Todos los historiadores de Francisco Morazán usan la misma frase vaga al referirse a la forma y a la época en que se trasladó de la Villa de Tegucigalpa, en donde había nacido, a la capital de la entonces Provincia de Honduras, la bella y dulce Comayagua.

"No permaneció Morazán en Tegucigalpa" —dicen, con pequeñas variantes—, "sino que, siguiendo la corriente de su época, se trasladó a la ciudad de Comayagua…"

A causa de esta vaguedad en el lenguaje de nuestros historiadores, existe la creencia general de que Morazán se trasladó muy joven a la antigua capital hondureña, con el objeto de terminar su educación. Por esta razón, también, circula —aún entre los centroamericanos aficionados a los estudios históricos— la idea de que la escribanía de don León Vásquez, en donde Morazán entró en contacto directo con el manejo de las leyes y adquirió su gran habilidad para la escritura, estaba en Comayagua. Esto no es así. El escribano León Vásquez tenía su oficina en Tegucigalpa, en una vieja casa que no se diferenciaba mucho de las casas vecinas. Era una casona al estilo colonial de aquellos días, con grandes habitaciones que daban a la calle, un estrecho pasillo al frente, con verja de hierro a la calle, y unas gradas de ladrillo que vencían el desnivel entre la casa y la calle. Este desnivel era típico en la Tegucigalpa de aquellos días y todavía se puede observar en algunos barrios antiguos de la actual capital hondureña[10].

Morazán vivía aún en Tegucigalpa para el año de 1821, y allí lo sorprendió la Independencia del 15 de septiembre. No fue sino después del glorioso suceso centroamericano, cuando se presentaron las diferencias entre Comayagua —que aceptaba la anexión a

---

[10] El Lic. Arturo Humberto Montes ofrece una fotografía de esta casa en su obra Morazán y la Federación Centroamericana.

México— y Tegucigalpa —que se pronunciaba por la completa independencia—, que Morazán, instado por sus amigos, empezó a participar en las luchas políticas, que habrían de hacer necesario, más tarde, su traslado a Comayagua.

En 1825 Morazán ocupaba la Secretaría General del Gobierno de don Dionisio de Herrera, su primo hermano político, y no hay duda de que para esta época el futuro Prócer estaba viviendo los mejores años de su vida. Había recién alcanzado la plenitud de la madurez, estaba en lo que los franceses llaman la force de l'âge, la fuerza de la edad, y en plena posesión de sus facultades físicas, mentales y espirituales. En estos años confirmó su fama de hombre apuesto, simpático y distinguido. Su figura se imponía en todas las reuniones en donde estaba presente, y su voz bien modulada, sus gestos varoniles, sus ideas elevadas lo convertían en uno de los hombres sobresalientes de su época.

. Para entonces había conocido ya y tratado a una de las mujeres más hermosas de Tegucigalpa, doña María Josefa Lastiri, viuda de Travieso, y, como hemos dicho anteriormente, con ella contrajo matrimonio el 30 de diciembre de 1825.

El casamiento de un hombre de tanta distinción como Francisco Morazán con una mujer tan atractiva e inteligente como la viuda de Travieso, constituyó una nota social de importancia en Comayagua. El Lic. Humberto Montes, hondureño, asegura que todavía existe, "reformada", la casa en que se realizó el matrimonio. Es la que perteneció a la familia del señor Evaristo Enríquez, en la ciudad de Comayagua.

Estando Morazán desempeñando el alto cargo de Secretario General del Gobierno de Honduras, cuyo Presidente era su primo político don Dionisio de Herrera[11], tenía que vivir en la Capital; y en ella se instaló dignamente, en compañía de su esposa, soñando, como todo recién casado, en vivir una vida apacible, en un hogar dichoso, destinado a llenarse con las alegrías y las risas que traen los hijos.

Mal podrían imaginar entonces los padecimientos que el destino les tenía reservados. Podrían acaso, por las dotes naturales que ya eran

---

[11] Don Dionisio de Herrera era primo político de Morazán, y no su tío, como se ha dicho repetidamente.

evidentes en Morazán y por la alta posición que había alcanzado, pensar que el éxito completo les esperaba al cabo de algunos años. Pero la tragedia, nunca. Sin embargo, aquella noble pareja no estaba destinada a disfrutar por largo tiempo de su tranquila felicidad. Centro América estaba agitada. El estado de revolución empezaba a ser crónico. Los enemigos de la República y de la unidad de Centro América no cesaban en sus maniobras para sacar provecho económico y alcanzar el poder, valiéndose del nuevo estado de cosas que había traído la Independencia. E iba a tocar a aquel recién casado, a Morazán, ponerse a la cabeza del más vigoroso movimiento que haya convulsionado a Centro América.

Es oportuno adelantar el papel que la señora de Morazán representó en la vida de su ilustre esposo. Doña María Josefa estuvo espiritualmente unida a su marido en todas sus luchas. Cuando pudo, lo siguió. Su amor y su ternura estuvieron siempre listos a confortar al héroe en los momentos más difíciles y lo siguieron hasta la tumba. Y sus bienes materiales se sumaron a los de su esposo cuando las necesidades lo exigieron, para la salvación de Centro América. Lo primero que Morazán hace constar en la primera cláusula de su emocionante "Testamento" es que todos los bienes que poseía, "los míos y de mi esposa", los ha gastado en dar a Costa Rica un gobierno de Leyes.

Pero los peligros de la guerra llegaron a tocar a la esposa de Morazán en formas más peligrosas y directas, ya que los chacales que dirigía Carrera no respetaban ni la santidad del hogar ni la delicadeza de la mujer. Durante el complot que estalló en San Salvador en la madrugada del 16 de septiembre de 1839, complot que había sido planeado aprovechando la ausencia de Morazán, por un grupo en el que figuraron los individuos Pedro León, Norberto Ramírez, Agapito Velásquez y Blas Orozco, la esposa de Morazán, su hijita y otros miembros de la familia fueron tenidos en calidad de rehenes por los sublevados. Fue en esta ocasión que Morazán, al ser notificado de que su esposa e hijos estaban detenidos en calidad de rehenes, y que para asegurar sus vidas tenía que aceptar su rendición, contestó con las frases siguientes, dignas de un soldado sin miedo y de un estadista consciente de sus responsabilidades: "Los rehenes que mis enemigos tienen en su poder son para mí sagrados y hablan vehemente a mi corazón, pero soy el Jefe del Estado y mi deber es atacar. Pasaré sobre los cadáveres de mis hijos, haré escarmentar a mis enemigos y no sobreviviré un solo instante a tan escandaloso atentado".

Felizmente, todos sabemos el resultado final de tan difícil trance. Morazán voló a San Salvador, derrotó a sus enemigos, castigó a los culpables, y, asegurada su familia, regresó a donde estaba el grueso de sus tropas, que iban a encontrarse con las de Ferrera.

Cuando en los primeros meses de 1840 Morazán se preparaba para su expedición contra Guatemala, temeroso de que los azares de la guerra pudieran una vez más poner en peligro la vida de su esposa y de sus hijos, dispuso que ellos embarcaran rumbo a Costa Rica. Así fue como, a principios de ese año (1840), la señora de Morazán, llevando en sus brazos a su tierna hija Adela, embarcó en el puerto de La Libertad, en el buque francés "Melanie". Llegados al puerto de Caldera, la esposa de Morazán, previendo dificultades, envió al Presidente del Estado de Costa Rica, que entonces lo era don Braulio Carrillo, la nota siguiente, que revela la inteligencia y el tacto diplomático de la compañera del héroe de la Federación:

"El temor a la Revolución de los Estados de Honduras y El Salvador, me han obligado a abandonar mi país, y mucha parte de mi desgraciada familia, para buscar en cualquier punto un lugar en donde vivir pacíficamente con el resto de mi familia que he podido traer conmigo; y atendiendo a la paz de que goza este Estado, a las buenas circunstancias que lo caracterizan y a los consejos de muchos de mis amigos, me he resuelto a venir a pedir un asilo, segura de que su Gobierno protegerá la inocencia y permitirá internarme al punto que parezca más conveniente a mis circunstancias."

A esta solicitud de la esposa de Morazán, Carrillo contestó que concedería el asilo solicitado bajo la condición de que la señora de Morazán y los parientes que la acompañaban, se instalaran en la población de Esparta. Esta condición sin duda pareció excesiva e indecorosa a la esposa de quien había sido el primer hombre de Centro América durante más de diez años, y prosiguió su viaje hasta el puerto colombiano de Chiriquí, en donde pronto habría de reunírsele su ilustre marido.

Juntos los esposos Morazán se trasladaron después a la población de David, en territorio que hoy pertenece a la República de Panamá, pero que entonces pertenecía a Colombia o Nueva Granada. Fue entonces que Morazán lanzó su "Manifiesto", que ha pasado a la Historia bajo el nombre de "Manifiesto de David".

Estos fueron los últimos tiempos en que los esposos Morazán pudieron disfrutar de su mutua compañía dentro de una relativa calma. Fueron días de tristeza, ciertamente, porque todo en Centro América indicaba que la Federación no podría ser salvada. Luego vinieron los días de Costa Rica, y por último, el fusilamiento de Morazán.

Todavía habría de pasar graves peligros la esposa del Héroe, durante el sitio de los costarricenses al cuartel desde donde Morazán, Cabañas, Saravia y Cordero se defendían desesperadamente, en San José. Al segundo día de batalla incesante, Morazán, comprendiendo que la situación estaba perdida, quiso salvar a su esposa. El primer movimiento en este sentido era el de trasladar a doña María Josefa a casa de la familia Escalante.

Por desgracia, en los momentos en que atravesaba la calle, en medio de una tremenda balacera, fue capturada por los enemigos de su esposo, y conducida a casa del Padre Blanco, hermano de don Luz Blanco, uno de los más encarnizados enemigos del Héroe.

A la muerte de Morazán, su esposa regresó a El Salvador, instalándose en Cojutepeque. Murió en San Salvador, y sus restos fueron enterrados en la Iglesia del Calvario, de esta Capital. De allí fueron exhumados el 14 de febrero de 1849, al llegar los restos de Morazán a El Salvador, para ser depositados junto con los despojos de su esposo.

Juntos en la muerte, como lo habían estado en vida, Morazán y doña María Josefa Lastiri de Morazán, fueron velados en la Iglesia de Concepción, de San Salvador, con gran solemnidad, y asistencia de las autoridades civiles, militares y religiosas. En la misma Iglesia estuvieron expuestas las cenizas de los esposos Morazán—Lastiri durante los días 15 y 16 de febrero de 1849. Y el 17 fueron enterrados en el Cementerio General de la ciudad.

Así, doña María Josefa Lastiri, la viuda de Travieso, que en 1825 había contraído matrimonio en Tegucigalpa con el primer Héroe centroamericano, y desde entonces lo había acompañado y apoyado en todas sus luchas, lo acompañó en la muerte, quedando los restos de esos ejemplares esposos, unidos para la Eternidad.

SEGUNDA PARTE
CENTROAMÉRICA

CAPÍTULO V: MORAZÁN, UN AUTODIDACTA

Conviene decir desde un principio que escribir la biografía de FRANCISCO MORAZÁN vale tanto como escribir la mejor parte de la Historia de Centro América.

A pesar de su relativa brevedad —1792—1842— la vida de Morazán abarca un largo trecho del período colonial, todas las luchas de la Independencia, los primeros ensayos de vida independiente y el período de las guerras de la Federación. Aunque representó en Centro América el impulso político típicamente liberal del siglo diez y nueve, Francisco Morazán fue, en parte, un hombre del siglo diez y ocho. Nació y se hizo hombre durante la época colonial. En los años de su niñez y de su primera juventud la Independencia no era sino un ideal vago y lejano, que apenas empezaba a florecer bajo el influjo de las ideas revolucionarias francesas y que había recibido una descarga eléctrica con la Independencia norteamericana en 1776.

Morazán hubo de crecer y madurar a la par del ideal de la Independencia. Y no puede caber duda de que su conocimiento personal y directo del movimiento de Independencia le ayudó más tarde a comprender, simbolizar y hacer realidad el ideal de la Unión de Centro América. Ninguna biografía de Francisco Morazán podría ser completa si no retrocede, aunque sea en forma breve, hasta los propios orígenes de la nacionalidad centroamericana, que se remontan a la era precolombina. Ni resulta posible comprender a cabalidad la vida y la obra del Héroe de la Federación, sin comprender lo que queremos decir, cuando decimos CENTRO AMÉRICA.

La primera gran pregunta surge aquí. ¿Existe, en realidad, una nación centroamericana? ¿Existía en tiempos de Morazán y de la Federación? Y si no existía, ¿luchó durante tantos años Morazán, y provocó tanto derramamiento de sangre en una empresa tan fuera de la realidad como las de Don Quijote de la Mancha?

¿Tuvo conciencia el Héroe de la Federación y el Campeón de la unidad de Centro América de que dentro del tejido social centroamericano se debatían, en realidad, tres nacionalidades: la del indígena, que ni siquiera hablaba español; la del mestizo, civilizado a medias; y la del académico culto, ¿egresado de Claustros y Universidades?

Y por último, y más importante todavía, ¿a cuál de estas Centroaméricas pertenecía Morazán y cuál de ellas decidió su derrota?

Es indudable que Morazán, si bien un autodidacta, un hombre sin educación ordenada y metódica, ajeno a los altos estudios, llegó a pertenecer, por sus propios esfuerzos, al grupo de los centroamericanos ilustrados. Fueron los grandes liberales los que apoyaron a Morazán. Los más conservadores entre los hombres de ilustración lo combatieron. Pero el grupo que determinó su derrota final fue el grupo intermedio de los mestizos, cuya más turbia concreción fue Rafael Carrera.

En esta obra se sostiene que Morazán tenía plena conciencia de todos estos fenómenos histórico—sociológicos. Sabía que aún no existía, como una entidad real y definitiva, una nación centroamericana. Al igual que los Próceres de la Independencia, y de todos los libertadores de Latinoamérica, Morazán comprendía que estaba trabajando dentro de una nacionalidad en proceso de formación. Bolívar no luchó, en Sur América, dentro de una nacionalidad ya formada. Washington mismo, en el Norte, no empezó a trabajar sino con un pequeño núcleo de hombres superiores. Más tarde, se produjo en la Unión Norteamericana la Gran Secesión del Sur, que pretendía formar una nacionalidad diferente de la del Norte. Lincoln, por fortuna para los norteamericanos, nunca albergó dudas ni vacilaciones sobre el destino unitario de las antiguas Colonias inglesas y supo dominar por la fuerza los vastos y complejos intereses económicos que favorecían la división de la nación norteamericana.

En Centro América, no fuimos tan afortunados. Resultaron victoriosos los separatistas, a pesar de los heroicos esfuerzos de Morazán. Pero la lucha de Francisco Morazán por mantener la unión de los Estados de Centro América fue, en todo, tan consciente y tan bien orientada como la de Washington en el Norte y la de Bolívar en el Sur.

Algunos quieren justificar en forma disimulada la separación de los Estados centroamericanos, y combatir la lucha de Morazán, arguyendo que no existía entonces, como no existe ahora, una nación centroamericana. Que "la realidad" era otra. Que había las tres Centroaméricas que ya hemos mencionado: la indígena, la mestiza y la culta. Y que no pudo haber, en tiempos de Morazán, ni puede haber ahora una nación centroamericana verdadera, mientras no se realice una gigantesca labor cultural, que consiga aglutinar estos elementos distintos y les imprima un impulso espiritual común.

Mas no se detienen a meditar que ESO ES PRECISAMENTE LO QUE MORAZÁN PERSEGUÍA. En lo que Morazán se diferencia de los separatistas que arguyen en esa forma, es en que él pensaba que la mejor manera de apresurar el paso en el camino de la "aglutinación" y de impulso espiritual único, era la de la unión política de los cinco Estados de Centro América.

Por lo demás, no fueron esas divisiones étnico—culturales las que provocaron las continuas guerras y revoluciones durante el período de la Federación. Fue la bifurcación política.

La República Federal de los Estados Unidos del Centro de América no se dividió en tres secciones: una indígena, otra mestiza y otra académica. Se dividió en dos Centroaméricas: una liberal y otra conservadora; y los orígenes de esta bifurcación, como lo explicaremos en capítulo posterior, nos vinieron de Europa, dividida, también, en igual forma. Las luchas de Morazán fueron las de un campeón del liberalismo contra el fanatismo de los conservadores. Y si Carrera, con su elemento indígena y mestizo, apareció en la escena de las guerras federales para determinar la derrota del Héroe de la Unión, fue porque los más feroces elementos conservadores, entre ellos muchos de muy alta cultura académica, fueron a sacarlo de su montaña, para lanzarlo como se lanza un tigre, sobre Morazán y las reformas liberales introducidas por el Congreso Federal.

Así, pues, el hecho real de que Centro América no tuviera plena existencia como Nación, en los tiempos de Morazán, como no la tiene en nuestros tiempos, en nada puede empañar la obra de aquel gran hombre. Precisamente lo que Morazán buscaba era reunir en un solo haz todos estos elementos diferentes, que ya tenían un principio de comunidad de idioma (con la excepción de algunas zonas indígenas), de raza, de religión y de tradición histórica, para imprimirles un idéntico impulso espiritual y patriótico que les ayudara a realizar su destino común evidente.

Conviene asimismo recordar que la nacionalidad centroamericana, tal como la concebían los Próceres y como la concibió Morazán, no había empezado a formarse con la Independencia. Para la Independencia, llevábamos tres siglos de dominación española, que había traído al antiguo Reyno de Guatemala un elemento aglutinador. Y llevábamos, también, la poca Historia y la rica tradición indígena. Todo este pasado nos unía entonces, como debería unirnos actualmente; y no era un pasado ni corto de días ni pobre de glorias.

Al tiempo del descubrimiento de América, la sección del Nuevo Mundo que ahora se llama Centro América, estaba habitada por distintas naciones o tribus indígenas que vivían en guerra constante unas con otras.

Los historiadores de este período coinciden en que estas tribus eran independientes, indicando que no debían ninguna sujeción a los Emperadores de México. Este detalle de la independencia de lo que actualmente constituye Centro América, lo recogen los historiadores del período colonial, cuando sostienen que lo que durante la Colonia pasó a llamarse "Reyno de Guatemala", siguió siendo independiente del Virreinato de Nueva España (México). Y los historiadores del período de la Independencia vuelven a recoger el argumento, para oponerlo a la anexión de Centro América al fugaz Imperio de Iturbide.

Sea de todo esto lo que fuere (el autor es de opinión de que el asunto no tiene ni ha tenido nunca la importancia que se pretende darle; aparte de que resulta discutible la completa independencia durante el período de la Conquista y la Colonia, ya que don Pedro de Alvarado fue enviado a Centro América por Cortés, y era subalterno del Conquistador de México). Sea de todo ello lo que fuere, decimos, el caso es que las tribus que habitaban lo que hoy es Centro América siguieron en guerra continua hasta la llegada de los Conquistadores.

Diego Mazariegos empezó a poblar lo que más tarde habría de llamarse la Provincia de Chiapas, habitada por tribus de espíritu especialmente rebelde, que se sublevaron contra su primer conquistador y no fueron sometidas definitivamente sino más tarde, por don Pedro de Alvarado, que habría de sellar el destino unitario de Centro América.

Don Pedro conquistó a Guatemala en 1524. Y al año siguiente a "Cuscatlán", más tarde provincia de San Salvador y después Estado y República de El Salvador.

Cristóbal de Olid hizo incursiones por la costa atlántica de Honduras en 1523, pero correspondió una vez más a Alvarado hacer la conquista definitiva, en 1530.

Gil González Dávila llegó a Nicaragua en 1522.

Y Juan Solano y Álvaro de Acuña conquistaron Costa Rica ese mismo año.

Pero correspondió finalmente a don Pedro de Alvarado ser reconocido por España como Gobernador de estas provincias, bajo el título de "Adelantado".

Así empezó a organizarse el gobierno colonial del Reyno o Capitanía General de Guatemala, que comprendió el territorio que actualmente se denomina Centro América. Los más antiguos historiadores le llamaron de preferencia "Reyno" de Guatemala, a pesar de que no alcanzó nunca ni la calidad de Virreinato, que llevaron con orgullo, durante la Colonia, Nueva España (México), Santa Fe de Bogotá (Colombia) y el Perú.

Pronto se estableció una jerarquía entre esas provincias. Costa Rica, Nicaragua, Honduras y Soconusco fueron "Gobiernos". San Salvador fue "Corregimiento", y Chiapas, Alcaldía Mayor. En territorio que actualmente es de El Salvador, Sonsonate formaba una sección aparte, dependiente de Guatemala. Y en la propia Guatemala, Quezaltenango, Totonicapán, Suchitepéquez, Verapaz, Chiquimula y Escuintla formaban Corregimientos o Alcaldías Mayores, todas dependientes del gobierno central de Guatemala.

En 1542 se erigió la "Audiencia Real y Pretorial de Guatemala", que se llamó también "de los Confines".

Al mismo tiempo que el gobierno civil y militar, se organizó el gobierno eclesiástico. Se establecieron los Obispados de Guatemala, Chiapas, Nicaragua, Honduras y Verapaz, que dependieron hasta el año de 1742 de diversas Iglesias Metropolitanas de España. En el año mencionado se estableció el Arzobispado de Guatemala, el primero en Centro América y el único durante muchos años; y desde que se estableció, todos los Obispados centroamericanos dependieron de él.

Todo esto era Historia que los Próceres, y después Morazán, conocían muy bien y de la que se sentían orgullosos. Era la nacionalidad centroamericana en formación, a la que ellos quisieron dar un nuevo impulso, más en armonía con las ideas de los tiempos.

Toda esta historia, y un poco más que diremos adelante, formaba parte de la Centro América que conocieron y amaron Morazán y los Próceres. Era ese el legado que defendían. Un legado histórico real, y no sólo fantasías liberales, como lo han pretendido algunos, especialmente aquellos que no veían, ni ven aún, más legado que el de cinco parcelas de una vasta hacienda.

CAPÍTULO VI: LOS SUCESOS DE LA INDEPENDENCIA

Este fenómeno que nosotros llamamos "la bifurcación" es de tal manera importante en la Historia de Centro América y tuvo tanta influencia en la vida y la obra de los Próceres de la Independencia y en los fundadores de la nacionalidad centroamericana que les siguieron en la obra constructiva, que en nuestro concepto merece ser objeto de un estudio detenido.

En realidad, la bifurcación es anterior a la Independencia. Podríamos tal vez fijar sus verdaderos orígenes en los momentos en que Napoleón hacía prisionero en Bayona al Rey Fernando VII y a los miembros de la familia real. O más exactamente, cuando cuatro años después, en 1812, los representantes de las colonias españolas en América luchaban contra el criterio de los absolutistas, partidarios fanáticos de Fernando VII, en los brillantes debates de las Cortes de Cádiz.

Bien sabido es que cuando llegaron a América las noticias de la usurpación napoleónica, provocaron un sentimiento en el cual se mezclaban la alarma y la esperanza. Los criollos de sangre española, aunque ansiando la independencia, no podían decidirse a pronunciarse contra la legítima Monarquía que estaban acostumbrados a venerar. Con la prisión de Fernando VII y con el trono español para ellos vacío, se inició la lucha interior entre su amor a la libertad y su lealtad a la Monarquía.

En Guatemala, las noticias de los sucesos ocurridos en España en marzo de 1808 no llegaron sino hasta fines de junio. Todo el mes de julio transcurrió dentro de una gran ansiedad, con reuniones frecuentes de las autoridades durante las cuales se discutía hasta el agotamiento la situación creada en España. El Gobernador Presidente Mollinedo y Saravia dio lectura ante las autoridades reunidas a un despacho del Virrey de México y a una copia de "La Gaceta", en los cuales se daba cuenta de la abdicación del Rey, de su rendición al

Emperador francés y de la renuncia de sus derechos reales y de los de sus herederos al trono de España. Después de largas consideraciones, se decidió que aquellos acontecimientos se originaban en la violencia y que, por lo tanto, eran nulos y sin ningún valor. Más aún, se decidió que tanto el pueblo como las autoridades constituidas renovaran su juramento de fidelidad al Rey Fernando VII, como legítimo Soberano. Se ordenó que fuera alzado el pabellón de Fernando en los edificios públicos y en las plazas centrales de las ciudades principales.

Sin embargo, desde aquellos momentos resultaba claro que había llegado para las colonias españolas de América la oportunidad de iniciar cambios radicales. En 1810, el gobierno español, obligado por las circunstancias, convocó a una sesión especial de las Cortes. Guatemala, lo mismo que las demás colonias de América, no tuvo tiempo para elegir sus Representantes y hubo que ser representada en la sesión inaugural por representantes "Suplentes". Uno de los primeros actos de las Cortes de Cádiz fue el de proclamar el principio de que los súbditos de los "dominios" de América tendrían los mismos derechos que los españoles. A petición de la "Diputación Americana", como se llamaba a los representantes de las colonias, las Cortes decretaron una amnistía de todos los reos políticos detenidos en las cárceles coloniales.

Por fin, el 18 de marzo de 1812, se decretó una Constitución Española que constaba de diez Títulos, divididos en Capítulos, subdivididos éstos, a su vez, en Secciones. De una manera general, la Constitución de Cádiz estaba dividida en dos partes. Una destinada a establecer la forma de gobierno de toda la nación: una Monarquía Constitucional. Y la segunda, que se ocupaba de la administración de las Indias.

Pero Fernando VII, el Deseado, recuperó el trono de España en 1814, y con su regreso se vino a tierra todo el progreso que se había logrado hacer en las Cortes de Cádiz. La Constitución fue abolida, naturalmente. Y los criollos americanos que con más eficacia y gallardía habían defendido en los debates los derechos de los americanos y la soberanía de las colonias, fueron encarcelados. Los inspiradores de las ponencias centroamericanas en las Cortes de Cádiz fueron el Padre Antonio Larrazábal, Antonio Juarros y don José María Peinado. Los nombres que figuran al pie de la Constitución de

1812 como Representantes del Reino de Guatemala son: Antonio Larrazábal, por Guatemala; José Ignacio Ávila, por San Salvador; José Francisco Morejón, por Honduras; José Antonio López de la Plata, por Nicaragua; y Florencio Castillo, por Costa Rica.

La división que se estableció en las Cortes de Cádiz y que se agudizó con el regreso al trono de Fernando VII en España y la abolición de la Constitución de 1812, sólo se inició en España. Pronto se trasladó a las colonias, en donde los absolutistas vieron en el regreso del Rey una ocasión para volver por sus fueros.

Ya en 1820 ejercía el gobierno de Guatemala, en calidad de Presidente y Capitán General, don Carlos de Urrutia. Precisamente en ese año se había restablecido en España la Constitución de 1812 y con ese feliz suceso la esperanza había vuelto a nacer en el ánimo de los partidarios de la Independencia. La Constitución concedía mayor libertad de acción a las provincias, y la libertad de prensa que imperaba permitió que la división se fuera haciendo más profunda. La bifurcación se hizo evidente en la forma de dos partidos políticos opuestos y bien definidos, que desde entonces habrían de librar una guerra a muerte el uno contra el otro, contribuyendo a hacer pedazos la unidad de Centro América.

El partido Liberal era partidario de la Independencia. El partido Conservador, encabezado por José Cecilio del Valle, se inclinaba por la conservación de los lazos con España. Desde que en 1811 y en 1814, los sacerdotes José Matías Delgado y Nicolás Aguilar lanzaron en San Salvador los primeros gritos de Independencia e intentaron deponer a las autoridades españolas, la situación se fue deteriorando cada día más. En el movimiento de 1814 aparece en la escena de las luchas de la Independencia un joven salvadoreño, sobrino del Padre Delgado, llamado Manuel José Arce, que más tarde habría de ser el primer Presidente de la primera República Federal de Centro América.

En marzo de 1821, en vista de la difícil situación, las autoridades españolas deciden sustituir en la Gobernación del Reino de Guatemala a don Carlos Urrutia, por don Gabino Gaínza, recién llegado de España.

El nuevo Gobernador y Capitán General tuvo que enfrentar graves dificultades desde el momento en que se hizo cargo de su alta posición. No solamente el proceso de bifurcación estaba tomando cuerpo en Guatemala, sino que, dentro de cada provincia, la división entre las dos facciones se acentuaba cada vez más. Los apetitos entraron en acción, y mientras cada provincia daba escape a sus recelos y desconfianzas para la Capital, de cuyo predominio dentro del sistema colonial se resentían, las facciones conservadora y liberal llegaban a jurarse recíproco exterminio.

En los días que precedieron a la Independencia, el cuadro político que presentaba Centro América era el siguiente: Gaínza gobernaba en Guatemala; el Dr. Pedro Barriere en San Salvador, en calidad de "Teniente Letrado"; en Honduras mandaba el Brigadier José Tinoco de Contreras; en Nicaragua el Teniente Coronel Miguel González Saravia; y en Costa Rica había un gobierno militar separado e independiente.

El 13 de septiembre de 1821 se recibieron en Guatemala las Actas de Chiapas y otros pueblos de esa provincia, adhiriéndose al Plan de Iguala, que sirvió como chispa para que se encendiera el movimiento de Independencia en Centro América.

Pero no hubo lucha homérica. Nuestra Independencia es una independencia que adquirimos "por declaración". No se disparó un solo tiro, ni se derramó una sola gota de sangre.

El mismo 13 de septiembre de 1821, al conocerse las Actas de Chiapas, don Mariano de Aycinena, como Síndico del Ayuntamiento, convocó a una Sesión Extraordinaria, "con el objeto de discutir la Independencia". Gaínza se presentó a la reunión y exigió presidirla, como superior político de Aycinena. Mas con las noticias de Iguala los ánimos se habían exaltado, y a pesar de las maquinaciones de Gaínza, la diputación provincial de Guatemala propuso que se convocara a una reunión de todas las autoridades, civiles y religiosas, que estuvieran en la ciudad. Componían la diputación provincial en esos momentos el Padre José Matías Delgado, don Mariano Beltranena, el Dr. José Valdés, el Lic. Antonio Rivera Cabezas y el Lic. José Mariano Calderón.

La Junta se reunió en el Palacio de Gobierno el 15 de septiembre por la mañana. La presidió Gabino Gaínza. Concurrieron dos ciudadanos por cada Tribunal y Corporación, el Arzobispo Casaus, los Jefes militares, Inspectores de Renta y Jefes de Oficina.

La discusión fue libre, y por primera vez Centro América presenció el espectáculo de los representantes de España reunidos con los patriotas, discutiendo primero la posibilidad de la Independencia, y después, las bases.

Correspondió al Canónigo José María Castilla depositar el primer voto, favorable a la Independencia. José Cecilio del Valle pronunció un erudito y bien razonado discurso en el cual, si bien aceptaba la necesidad y conveniencia de la Independencia, se declaraba partidario de que se postergase su realización hasta que se recibieran los votos de las provincias.

Pero había llegado para Centro América el momento de sacudir el yugo español, y la mayoría se pronunció por la Independencia INMEDIATA, "de España, de México, y de cualquiera otra nación".

El entusiasmo se había desbordado del salón en que se realizaban las discusiones. El público numeroso que se había reunido en las antesalas y corredores del Palacio daba vivas cada vez que se pronunciaba un voto en favor de la Independencia. El pueblo se mezcló con los funcionarios que integraban la Junta y con su presencia aprobadora daba carácter nacional a lo que estaba aconteciendo. Se pidió a gritos que Gaínza jurara en el mismo momento la Independencia. El que estaba viviendo sus últimos momentos como Capitán General de un Reino que desaparecía intentó resistir, pero por fin fue vencido por el entusiasmo general. Quiso todavía que se aceptara una fórmula similar a la del Plan de Iguala, pero el sentimiento estaba ya decidido por la Independencia absoluta de "España, de México y de cualquiera otra nación".

Así se realizó, el 15 de septiembre de 1821, la Independencia de Centro América.

CAPÍTULO VII: DESPUÉS DE LA INDEPENDENCIA

Proclamada la Independencia el 15 de septiembre de 1821, el poder quedó, de hecho, en manos del mismo Gabino Gaínza, que había sido Gobernador y Capitán General del recién desaparecido Reino de Guatemala.

Pero el ex—Capitán General ya no gobernó desde entonces con el poder y en nombre de los Reyes de España, sino bajo la dirección de la anterior Junta Provincial, encabezada por el Padre Delgado, y que dentro del nuevo régimen tomó el nombre de Junta Provincial Consultiva.

Fuera de la declaración del estado de Independencia, el Acta del 15 de septiembre no incluyó una provisión que hubiera de influir tanto en el destino de Centro América como la de la convocatoria a un Congreso General, que debería estar integrado por los representantes de cada una de las provincias, dándose la base de quince mil habitantes para cada Diputado. Fue esta Convocatoria la que salvó a Centro América de adherirse sin oposición al Imperio mejicano de Iturbide. De esa Convocatoria se asieron el Padre Delgado y Manuel José Arce, principalmente, para oponerse a la anexión a México y hacer de la ciudad de San Salvador el foco central que habría de decidir la completa Independencia de Centro América y la forma Federal en que pronto habrían de organizarse las Provincias Unidas del Centro de América.

Don Manuel Montúfar, en sus Memorias, afirma que el Acta se firmó en casa de Gaínza, y, en realidad, el 16 de septiembre.

Inmediatamente se procedió a aumentar el número de los miembros de la Junta Consultiva, incluyéndose en ella representantes de las provincias que todavía no los tenían. José Cecilio del Valle fue nombrado por Honduras; el Magistrado don Miguel Larreynaga, por Nicaragua; el Presbítero José Antonio Alvarado, por Costa Rica; y el Marqués de Aycinena, por Quezaltenango.

Nunca se dirá bastante del buen juicio con que los Próceres de la Independencia actuaron en los días que siguieron inmediatamente a la Declaración del 15 de septiembre. Las leyes españolas siguieron en vigencia. No se tomaron venganzas de ninguna clase. A los españoles que se negaron a jurar la Independencia, ya fueran funcionarios públicos o particulares, se les concedió pasaporte para su regreso a España y se llegó hasta adelantarles a los empleados que así lo solicitaron dos meses de pago para su viaje.

Pero no todo debía realizarse sin graves dificultades. Iturbide, cuyo fugaz Imperio no estuvo nunca consolidado ni aun en México, trataba de anexarse las provincias centroamericanas, y su causa ganaba terreno entre el elemento conservador. La presencia de un régimen monárquico tan cerca de Centro América inquietaba de diversas maneras a los Próceres centroamericanos. Entre los Conservadores, partidarios de la anexión, circulaba la teoría, recogida especialmente por Filísola, de que mientras en México existiera una monarquía, Centro América no podría ser una República. Los Liberales veían en este modo de pensar una verdadera amenaza a la Independencia de Centro América. En San Salvador la agitación era más fuerte que en las otras provincias. Dirigidos y alentados desde Guatemala por el Padre Delgado, los patriotas salvadoreños intentaron establecer en San Salvador una nueva Junta Consultiva. El Jefe político Barriere dominó el movimiento, y una vez más Manuel José Arce y sus amigos fueron a la cárcel.

Pero en Guatemala estos sucesos de San Salvador provocaron gran alarma, y la Junta Consultiva envió al propio Padre Delgado con el objeto de calmar los ánimos. Delgado fue, efectivamente, a San Salvador, provisto de amplios poderes, y todos sabemos que no vaciló en hacer uso de ellos con amplitud. Llegado a San Salvador, destituyó a Barriere, sacó a los presos de las cárceles e instaló una nueva Junta Provincial, regresando luego a sus funciones en Guatemala.

Esta era la situación cuando en noviembre de 1821 Iturbide hizo marchar sus tropas mejicanas sobre Guatemala "con el objeto de sostener la Independencia de esas provincias", y más que todo, para convencerlas de la conveniencia de la anexión a México. Iturbide comunicó a Gaínza su intención de enviar tropas por medio de una

Nota, fechada el 19 de octubre, pero la nota no llegó a manos del destinatario sino hasta fines de noviembre.

Tan fuerte era la agitación en favor de la anexión a México, que la Junta Provincial se vio casi obligada a convocar a un plebiscito, para conocer la voluntad de la nación. La forma en que se convocó a ese plebiscito y la forma en que se realizó la votación y el recuento de los votos tiene, en nuestra opinión, una gran importancia. El suceso, desde luego, es harto conocido por los estudiantes de la Historia de Centro América, pero creemos que los historiadores no han insistido suficientemente sobre el asunto. En realidad, este plebiscito es una de las pruebas más elocuentes del pensamiento democrático de nuestros Próceres. Y la forma en que se realizó, de tal manera se adapta a las formas políticas centroamericanas, que podría servirnos de base para construir un sistema electoral propio de Centro América.

El plebiscito se realizó en esta forma:

Se imprimió y se hizo publicar la Nota de Iturbide dirigida a Gaínza. Se la hizo leer por medio de "bandos" en todos los pueblos y en "Ayuntamientos Abiertos", para dar ocasión a que cada pueblo pudiera emitir su voto.

El 5 de enero de 1822 la misma Junta Provincial hizo el escrutinio de los votos, resultando que la mayoría de los pueblos se pronunciaban por la anexión inmediata a México. Que los resultados hayan sido éstos, en nada disminuye la pureza del sistema democrático empleado por los Próceres. El sentimiento democrático de los hombres de la Independencia queda tanto más demostrado cuanto José Matías Delgado, el más ardiente opositor de la anexión, formaba parte de la Junta que convocó al plebiscito e hizo el recuento de los votos.

De todas las provincias, San Salvador fue la única que expresó en las urnas su oposición a la anexión. El Padre Delgado se sintió sumamente alarmado ante los resultados del plebiscito. El prócer salvadoreño sostenía la opinión de que debería esperarse la reunión del Congreso General, cuya Convocatoria constaba en el Acta de Independencia, antes de tomar cualquier decisión que afectara el destino de Centro América. Prevaleció, sin embargo, el voto de la mayoría, y en Guatemala se decretó la unión al Imperio de Iturbide, sin que, de hecho, las cosas cambiaran en forma o medida apreciable. Gaínza siguió todavía en el mando y la Junta Provincial en su carácter de junta asesora.

Pero San Salvador no había aceptado un solo momento la anexión, y la separación con Guatemala resultaba inevitable. Hasta el momento de declararse por Guatemala la anexión a México, Guatemala y San Salvador habían recorrido el breve trecho de la Independencia, unidos y de la mano, pero desde el instante de la unión la guerra tenía que presentarse. Esta fue la guerra de 1822, entre San Salvador y Guatemala, durante la cual se distinguió por sus acciones militares el General Manuel José Arce.

Desde el momento en que en San Salvador se supo que Gaínza había enviado tropas con el objeto de someter a los salvadoreños, Arce se preparó a la defensa. Derrotó en Santa Ana a las tropas guatemaltecas, y después de haber ocupado la ciudad, persiguió a las tropas que se retiraban en desorden, al mando del Mayor Abos Padilla. Arce prosiguió hacia Sonsonate y Ahuachapán, sorprendió a Padilla en la hacienda de "El Espinal", derrotándolo y poniéndolo en fuga desordenada y definitiva.

Esta derrota provocó las iras de Gaínza, y el 19 de marzo ordenó la marcha hacia Santa Ana, con destino a San Salvador, de mil hombres, al mando del general guatemalteco don Manuel Arzú, que habría de adquirir con sus acciones, bien merecida fama de valiente.

Arzú llevaba órdenes terminantes de ocupar Santa Ana y luego San Salvador. Arce estaba con sus tropas en Sonsonate y creyó prudente replegarse a San Salvador, estimando que era menester defender sobre todas las cosas la Capital salvadoreña, por ser la ciudad clave de la resistencia a la anexión a México. Algunos historiadores afirman que Arzú se vio limitado en sus acciones por las insistencias de Filísola, quien desde México le aconsejaba que esperara su regreso, antes de comprometerse en una acción seria con los salvadoreños.

Mas la impaciencia de Gaínza crecía ante la lentitud de Arzú, y le envió órdenes estrictas de atacar San Salvador. La historia militar se ha encargado de repetir la forma en que el soldado guatemalteco entró a San Salvador, escogiendo el difícil camino del volcán de ese mismo nombre. Arzú logró entrar a la ciudad, bajando de las faldas del volcán, pero sus tropas fueron recibidas con una admirable defensa, organizada y dirigida por Arce. El triunfo de los salvadoreños fue completo, retirándose los guatemaltecos en tal desorden que dejaron en manos de los salvadoreños una fuerte cantidad de armamentos. Algunos han acusado a Arce de haber descuidado la persecución de los enemigos derrotados. Afirman que su victoria pudo ser todavía mayor. Sea de esto lo que fuere, el caso es que Arce resultó victorioso y las armas abandonadas por las tropas de Arzú sirvieron para dar a San Salvador una posición preponderante en las acciones militares y políticas de esa época.

El 22 de junio de 1822, Gaínza, que había sido llamado a México, entregó el mando a Filísola, cuya obsesión principal era la de someter a los salvadoreños. Desde el momento en que asumió el mando, entró en una activa correspondencia con Delgado y con Arce, para ver si resultaba posible llegar a un entendimiento. Ni Delgado ni Arce se obstinaban en oponerse a la voluntad del pueblo centroamericano. Sostenían, nada más, que el plebiscito que había determinado la unión a México contrariaba el espíritu de la Declaración de Independencia. El espíritu y la letra, puesto que, por la anexión a México, el Acta del 15 de septiembre quedaba virtualmente anulada.

Contrariando las órdenes terminantes de Gaínza, Filísola no atacó San Salvador, sino que siguió en negociaciones por correspondencia con Delgado y con Arce, creyendo que era todavía posible atraerlos hacia la unión con México. En agosto de 1822, San Salvador envió a Guatemala dos Delegados, con autoridad para llegar a un acuerdo. Esos Delegados fueron don Antonio Cañas y Juan Francisco Sosa. Después de conferenciar en Guatemala con Filísola, firmaron un convenio en el cual se establecía una tregua para mientras se reunía en San Salvador un Congreso que decidiría definitivamente sobre la incorporación al Imperio de Iturbide.

Gaínza desconoció este convenio con los salvadoreños y logró que Iturbide enviara órdenes directas a Filísola de atacar a San Salvador y reducirlo a su autoridad. La campaña se inició en noviembre de 1822, cuando el mismo Filísola, después de haber depositado el mando de Guatemala en el Coronel Codallos, dirigió sus tropas hacia San Salvador. Después de haber ocupado Santa Ana, siguió su marcha hacia la capital salvadoreña, llegando en diciembre a la hacienda "Mapilapa", situada a pocas leguas de San Salvador. Allí permaneció hasta principios de febrero de 1823, sin que su campaña ofreciera nada de más importancia militar que pequeñas emboscadas y escaramuzas.

Acosado, sin embargo, desde México por Gaínza e Iturbide, Filísola decidió por fin atacar San Salvador. Una última orden de sus jefes decía textualmente:

"Se acabaron sus contestaciones con San Salvador. Usted no es más que un soldado que debe atacar la ciudad, posesionarse de ella y tratar a los cabecillas como perturbadores del orden, castigándolos con arreglo a las Leyes."

Al frente de dos mil hombres, Filísola atacó San Salvador, entrando por el lado de la población de Mejicanos. Logró vencer la resistencia de la capital salvadoreña y tanto Delgado como Arce se dieron a la huida. El Dr. Delgado estaba sufriendo serios quebrantos de salud y tuvo que salir en camilla. El General Arce logró encontrar refugio temporal en casa de unos amigos y luego pudo salir del país hacia Estados Unidos. Las tropas de Filísola siguieron a los salvadoreños, que curiosamente iban al mando de un Fraile Agustino, Fray Rafael Castillo, hasta el pueblo de Gualcince.

Vencida la resistencia salvadoreña, la Provincia de San Salvador juró el Imperio de Iturbide, y el Coronel Felipe Codallos tomó el mando de la Provincia en marzo de 1823.

CAPÍTULO VIII: LA REPÚBLICA FEDERAL

Poco a poco nos vamos acercando al momento en que la vida de FRANCISCO MORAZÁN se injertó en la Historia de Centro América, para llegar a constituir uno de sus capítulos más brillantes.

Aun a riesgo de parecer prolijos, no hemos querido entrar a ocuparnos directamente de la vida pública del gran héroe centroamericano, sin antes ofrecer una idea más o menos exacta de la Centro América por la que él luchó con denuedo durante más de catorce años y ante los altares de la cual ofrendó su vida. Fuera de los breves párrafos que hemos dedicado a la forma en que vivían las tribus o naciones indígenas que habitaban el territorio que ahora llamamos Centro América, a la manera en que fueron conquistadas en nombre de los Reyes de España, y a la forma en que empezó a organizarse el gobierno bajo el sistema colonial, todo lo que hemos relatado sobre Centro América fue presenciado por Morazán y seguido por él con intenso interés.

¿Cómo, pues, pensar que sería posible comprender su vida y su obra sin hacer un recuerdo de los acontecimientos históricos que más directamente afectaron su vida?

Estamos ahora a las puertas de la República Federal de Centro América, objeto principal de las luchas morazánicas. Después de hacer una breve exposición de la forma en que fue liquidado el Imperio de Iturbide, pasaremos a estudiar la manera en que las Provincias Unidas de Centro América empezaron a organizarse en la forma federal.

Como es de todos sabido, el Imperio mejicano de Iturbide fue de corta duración. En la Constituyente mejicana los republicanos estaban en mayoría y el conflicto entre ellos y el futuro Emperador no tardó en presentarse. El conflicto no terminó con el Pronunciamiento de Iguala ni con la "elección" de Iturbide como Emperador, hecha por una minoría de la Constituyente. Iturbide fue coronado el 21 de julio de 1822, pero poco tiempo después se veía obligado a disolver por la fuerza el Congreso. La disolución favoreció el sentimiento republicano, representado en México, durante esos días, por don Antonio López de Santa Ana. Iturbide tuvo que abdicar el 19 de marzo de 1823. El Congreso lo expatrió a Italia, concediéndole generosamente una buena pensión. Las ambiciones políticas lo indujeron a abandonar la seguridad del exilio y a regresar a México, sólo para ser hecho prisionero y pasado por las armas el 15 de julio de 1824.

El 12 de junio se anunció en México la adopción del sistema federal y el 23 del mismo mes se convocó a un nuevo Congreso Constituyente, que redactó la Constitución Federal del 4 de octubre de 1824. Correspondió a don Guadalupe Victoria ser el primer Presidente de la República Federal de México, que por su parte no habría de durar más de diez años.

Estos sucesos de México, como era natural, tenían que tener grandes repercusiones en Centro América. El prestigio de Gaínza y el de la causa de la anexión a México habían recibido, con la abdicación de Iturbide, un golpe de muerte. El sentimiento republicano más bien había aprovechado el fugaz paréntesis imperial para purificarse y fortalecerse. El 29 de marzo de 1823, solamente diez días después de la abdicación de Iturbide, el General Filísola, consultando a los Jefes y Oficiales de la guarnición de Guatemala, expidió un Decreto, convocando al Congreso General, proveído en el Acta de Independencia. Triunfaba así, en forma rotunda, la tesis de los salvadoreños, a cuya cabeza estaba el Padre Delgado. Este Congreso era el que habría de decidir sobre la suerte de Centro América. Filísola, interpretando contrario sensu su teoría de que mientras en México existiera una Monarquía, en Centro América no podía haber una República, hizo la convocatoria para el Congreso General, arguyendo que, caída en México la monarquía, nada se oponía a que el antiguo Reino de Guatemala se organizara en la forma que quisiera, así fuera esta la forma republicana.

Lo que en realidad sucedía era que el sentimiento republicano era el más fuerte en Centro América, a pesar de que, influidos por la presencia cercana de Iturbide y su Imperio mejicano, los pueblos centroamericanos se habían pronunciado, mediante el plebiscito de 1821, por la anexión. Los partidarios de la unión con México fueron desapareciendo casi por completo, y el camino quedaba abierto para que, de acuerdo con la tesis sostenida invariablemente por San Salvador, se reuniese la Asamblea Constituyente Centroamericana. El sentimiento centroamericano se unificó en forma entusiasta a favor de la reunión del Congreso. En Nicaragua, al recibirse las noticias del Decreto de convocatoria, fue depuesto González Saravia, que había sido partidario de la anexión a México. Costa Rica, que había permanecido indecisa durante todo este período, sin oponerse, pero sin jurar el Imperio, al recibirse la noticia de la convocatoria, decidió enviar sus Diputados a Guatemala. En San Salvador mandaba todavía Codallos, pero fue sustituido por don Justo Milla. Honduras siguió la corriente y dispuso enviar delegados. Y hasta Quezaltenango, que había sido la provincia que con mayor entusiasmo se había adherido al Imperio de Iturbide, aceptó la convocatoria y envió a sus representantes.

El 24 de junio de 1823 se instaló en Guatemala el Congreso General para el cual se había convocado en el Acta misma de Independencia. Y esta fecha está grabada en letras de oro en los anales de Centro América, porque ese Congreso, que al organizarse tomó el nombre de "Asamblea Nacional Constituyente de las Provincias Unidas de Centro América", habría de ratificar y confirmar la Independencia.

El Congreso todavía se reunió bajo la dudosa situación que se había creado con la anexión a México. Fue Filísola a quien correspondió hacer la apertura. Y tropas mejicanas formaron con las de Centro América para hacer los honores a la representación nacional. Y a Filísola tocó encargarse de la ejecución y cumplimiento de los primeros Decretos emanados de la gran Constituyente.

El primer punto que se puso a discusión fue el de la voluntad y capacidad de las provincias unidas del Centro de América para constituirse en una nación soberana e independiente.

El 19 de julio se expidió un Decreto que, de hecho, señala el verdadero principio de Centro América como una nación libre e independiente. Este Decreto fue redactado por el Diputado José Francisco Córdova y ordena la organización de un Poder Ejecutivo Provisional.

Aquí, tenemos que volver a la desgraciada "bifurcación". Durante la discusión del decreto que hemos mencionado se definieron los dos partidos que habrían de librar guerra a muerte para conseguir el predominio. Debe hacerse constar que en la Constituyente de 1823 figuraron los mejores hombres de Centro América, pero, por desgracia, divididos, bifurcados en dos partidos políticos de tendencias diametralmente opuestas.

Los liberales o "fiebres" dominaron desde el primer momento, tanto por su número como por la fogosidad de sus discursos y actitudes. Los ánimos se amargaron hasta el punto en que los amigos desconocieron a los amigos y los hermanos a los hermanos. Fue entonces que los centroamericanos empezamos a cometer el pecado de mostrarnos incapaces de una discusión objetiva y constructiva. Las emociones imperaron sobre las ideas, y más de un hombre de gran valor fue anulado y vilipendiado por tener el valor de defender sus ideas conservadoras. La bifurcación fue tan amarga y dolorosa durante los debates de la Constituyente, que don José Cecilio del Valle, el "Sabio", no pudo contener su amargura, y haciendo un llamado a la cordura, se expresó en esta forma:

"Si en vez de pensar en nuestra común felicidad, maquinamos nuestro mal recíproco; si en lugar de ocuparnos de los trabajos pacíficos de la legislación nos abandonamos a las disputas sangrientas de las divisiones intestinas, no gozaremos jamás de nuestra Independencia. Nos sacrificaremos los unos a los otros, y, en medio de cadáveres, cansados al fin de derramar sangre, nos sentaremos sobre escombros y ruinas a contemplar las de Centro América y a llorar nuestras desgracias".

Y como en una visión profética de la aventura del filibustero William Walker, o del dominio que han ejercido en diversos períodos de nuestra Historia extranjeros sin escrúpulos, añadió:

"Sabedor de ellas (nuestras desgracias) un aventurero, aprovechando esos momentos, vendrá a dictarnos leyes. Los pueblos, debilitados, abatidos y degradados, no tendrán la energía necesaria para conservar sus derechos y sucumbirán indecorosamente a la fuerza del poder..."

¡Qué bien veía el Sabio las desastrosas consecuencias que habría de traer la división de la familia centroamericana! ¡Cómo presintió a dónde habría de conducirnos la injustificable bifurcación!

Y como los monstruos se alimentan de su propia sangre o de la de sus hermanos, la bifurcación se fue acentuando al discutirse la forma de gobierno que habría de adoptar la República. Las opiniones se dividieron entre "centralistas" y "federalistas", y esta nueva división no fue menos amarga que las anteriores. Parece paradójico quejarse de que asunto tan importante se hubiera discutido en forma tan ardiente, y en vista de los resultados que ahora tenemos a la vista, podría haber algunos que se inclinaran más bien a quejarse de que las cosas no se hubieran discutido un poco más.

¿Cómo se llegó en la Gran Constituyente a escoger el sistema federal para la República Centroamericana que se estaba fundando?

Tal vez nunca se sabrán las verdaderas razones que inclinaron a los Diputados a optar por una u otra opinión. Hay quienes quieren atribuirlo todo al ejemplo de los norteamericanos. Otros atribuyen la forma federal de la primera República a las maquinaciones del Padre Delgado, ansioso de subir a la Silla Episcopal, cosa que, afirman, no habría podido conseguir dentro de un gobierno centralista respetuoso de las cosas de Roma. El hecho es que centralistas y federalistas se lanzaron a la lucha con la misma ferocidad con que lo habían hecho "fiebres" y conservadores cuando se discutía la Independencia, y con odio igual al que se habían demostrado los absolutistas partidarios de Fernando VII y los espíritus liberales que trataban de introducir reformas en las Cortes de Cádiz en 1812. La maldita bifurcación volvía una vez más a alzar sus dos cabezas odiosas, amenazando la unión de los centroamericanos, y el Diputado José Francisco Córdova, salvadoreño, vio caer en el vacío todos los argumentos que expuso contra el sistema federal en la naciente República.

Sin duda no es posible achacar a la Federación como sistema la culpa de nuestro desastre político, ya que esta forma ha sido experimentada con éxito en otros países. Y aquí mismo en América, las primeras colonias que lograron su independencia, las colonias inglesas en Norte América, se organizaron felizmente en la forma federada. La Federación naufragó en Centro América porque el clima histórico en que se implantó no era el adecuado. Las Provincias que pasaron a formar la República Federal habían sido administradas durante tres siglos por un gobierno eminentemente centralista. Esta tradición no debió haberse hecho a un lado. Y como la Historia es implacable, no se puede menos de pensar que alguna razón existe en atribuirse al Padre Delgado este evidente error histórico de haber inclinado a la Constituyente por la forma Federal. Él era, de eso no hay la menor duda histórica, el alma de la Constituyente de 1823; él era el líder indiscutido, y sin duda también su actitud en favor de la tesis federal, influyó en el ánimo de sus numerosos partidarios, que lo veneraban.

Duele, desde luego, hacer cargo a tanta distancia histórica y a un varón de tan esclarecida memoria como lo es el Padre Delgado. Pero el error federalista ha causado males tan graves y tan continuos a Centro América, y ha sido reconocido como error por la casi unanimidad de los historiadores, que precisa llegar al fondo de las cosas y admitir que alguien, más que los demás, tuvo que ser responsable por la decisión de la Constituyente. Bien sabemos todos que así sucede en los Congresos. Y si al Padre Delgado se atribuyen todas las cosas buenas que dispuso la gran Constituyente, salvo, claro está, las actitudes especialmente individuales como la de José Simeón Cañas, al demandar la abolición de la esclavitud, preciso es que el Prócer cargue también con los más funestos errores, especialmente cuando las razones lo señalan como culpable. Por lo demás, los sucesos posteriores a la Constituyente corroboran la acusación contra el Padre Delgado. Efectivamente, éste se hizo elegir Obispo por la Asamblea Salvadoreña, sin la menor consulta con el gobierno Federal de Guatemala.

¿Tendría en mira esta elección cuando en la Constituyente se pronunciaba tan vigorosamente por la tesis de una República Federal?

Desde luego, no fue solamente la forma federal de gobierno la culpable del fracaso de la República Federal. Fue la flojera de quienes ejercieron en los primeros años el Poder Ejecutivo. El primer Presidente Arce pareció gobernar haciendo esfuerzos por debilitar más aún de lo que por naturaleza, en un sistema federal, está debilitado el Poder Ejecutivo. Y cuando Morazán se hizo cargo de la Presidencia, ya la bifurcación había alcanzado su grado más alto. Liberales y Conservadores estaban definitivamente entregados a una lucha a muerte. Lástima que los partidos políticos no murieron. Murió la unión de Centro América.

La separación entre centralistas y federalistas se fue concretando en las personas de los respectivos candidatos para ejercer el gobierno provisorio. Todavía hubo algunos que intentaron conservar la autoridad de Filísola, alegando su prestigio militar. Pero el sentimiento nacionalista que por fortuna prevaleció en la Constituyente no dio lugar a que fuera nombrado un extranjero. Filísola, así, quedó eliminado. Sonaba siempre el nombre respetado de José Cecilio del Valle. Pero el Sabio había sido demasiado filosófico. Había aceptado un Ministerio en el Imperio de Iturbide y esto le restaba prestigio y lo hacía sumamente vulnerable. Sólo había unanimidad con respecto al General Manuel José Arce, que todavía estaba ausente, en Estados Unidos. Se le eligió, sin embargo, nombrándosele como suplente, para mientras no regresara, al Canónigo Antonio de Larrazábal.

Por fin se eligieron los otros dos miembros del Ejecutivo Provisional, quedando este cuerpo integrado así: Manuel José Arce, don Pedro Molina y don Juan Vicente Villacorta, dominando en él, como se ve, los salvadoreños. Para evitar este predominio de los hombres de San Salvador, una sección de la Constituyente intentó, sin resultados, hacer triunfar la candidatura del hondureño José Dionisio Herrera. Larrazábal renunció de su calidad de suplente de Arce y se eligió en su lugar a Antonio Rivera Cabezas. Filísola fue nombrado Jefe político de Guatemala, pero el astuto soldado, viendo en ese nombramiento una forma de separarlo del ejército, no aceptó el nombramiento y regresó a México, saliendo de Guatemala el 3 de agosto de 1823.

El triunvirato no pudo ejercer el poder en tranquilidad. El 14 de diciembre hubo en Guatemala una sublevación militar, encabezada por el Sargento Mayor Ariza Torres, quien desconoció la autoridad de su Jefe, el Comandante General Lorenzo Romaña. Este episodio ilustra gráficamente el clima de alerta democrática que en esos tiempos imperaba en Centro América. El Ejecutivo y la Constituyente tuvieron aviso de esta sublevación y se reunieron en el recinto de la Asamblea. La noticia cundió por toda la ciudad, provocando gran alarma.

Los funcionarios de mayor importancia, los Constituyentes y hombres adictos al nuevo estado de cosas, se hicieron presentes y empezaron a armarse, alistándose para la defensa. Ariza no esperaba una reacción tan enérgica, pero los hombres de la Constituyente dieron muestras en esa ocasión de su gran valor moral. Ariza, sin embargo, tenía en su poder las armas y pudo disolver por la fuerza a los que se habían reunido en la Asamblea. Los tres miembros del Ejecutivo Provisional tomaron refugio en casas particulares y por unos momentos se creyó que todo estaba perdido. Pero Ariza había sido impresionado por la actitud del pueblo y de los Constituyentes. Comprendió que su actitud había sido tomada como una traición a la causa de la libertad y de la Independencia y decidió entrar en componendas con el gobierno establecido. El Gobierno ofreció a Ariza olvidar el incidente y reconocerle la autoridad militar que había alcanzado con la sublevación. Sin embargo, el sublevado ya estaba desprestigiado por haberse alzado contra la Autoridad Civil, y más tarde se le envió a la Antigua Guatemala, en donde las tropas que le eran adictas se fueron poco a poco dispersando.

A pesar de su fracaso, el golpe de Ariza había provocado la alarma en el Gobierno. El 4 de octubre la Constituyente se declaró en sesión permanente para tratar de la situación. Los tres miembros del Ejecutivo Provisional presentaron su renuncia (aunque Arce estaba todavía ausente), y se nombró para sustituirlos al mismo Arce, a José Cecilio del Valle (que estaba ausente, en México) y a don Tomás O'Horan, para hacer cuyo nombramiento fue necesario derogar una disposición que estipulaba que los miembros del Ejecutivo deberían ser naturales de la República Centroamericana. Como suplentes de Arce y de Valle fueron nombrados don Juan Vicente Villacorta, quien antes había ejercido las funciones en propiedad, y don José Santiago Milla.

Tan seria era la situación del Gobierno de Guatemala, que la Constituyente y el Ejecutivo habían pedido ayuda a San Salvador, y el Gobierno salvadoreño había enviado tropas hacia Guatemala. El nuevo Ejecutivo Provisional, juzgando que el peligro había pasado, envió noticias al jefe de las fuerzas salvadoreñas de que podía regresar a San Salvador. Pero el Comandante traía de San Salvador órdenes terminantes. En la Capital salvadoreña se sabía que tanto el Ejecutivo como la Constituyente corrían peligro y las órdenes que llevaba el Jefe de las tropas eran las de llegar hasta Guatemala no obstante cualquier orden en contrario que recibiera de otra fuente que no fuera San Salvador.

Los salvadoreños hicieron su entrada en Guatemala el 12 de octubre y se les rindieron los debidos honores. En número eran superiores a los de la guarnición de Guatemala, y pronto se estableció entre soldados salvadoreños y guatemaltecos una evidente rivalidad. Hubo pequeños encuentros y la situación llegó a complicarse hasta el punto de que el jefe de las tropas salvadoreñas tuvo que desconocer al jefe guatemalteco y asumir el mando de todas las tropas estacionadas en Guatemala.

Estas rivalidades militares complicaron la situación política. Las noticias que llegaban a Guatemala desde las provincias, ahora Estados, no eran tranquilizadoras. En Nicaragua, no se había solucionado la pugna entre León y Granada, ni entre Masaya y León. Las discordias se renovaban a la menor ocasión y bajo todas estas discordias estaba siempre la mal disimulada rivalidad de las provincias con Guatemala.

Los hombres de mejor juicio de la Constituyente no tardaron en comprender el peligro que significaba la tardanza en dar a Centro América una Constitución. Y olvidando temporalmente sus propias divisiones, se dieron a la tarea de llegar a un acuerdo sobre la forma de gobierno que había de adoptarse. Correspondió a los "Centralistas" ceder a la mayoría que se pronunciaba por un Gobierno Federal.

En diciembre de 1823 la Asamblea Constituyente decretó las bases de una Constitución Federal para Centro América.

En virtud de esa Constitución, San Salvador, Honduras, Nicaragua y Costa Rica pasarían a ser ESTADOS DE LA FEDERACIÓN, incluyéndose el agregado de que Chiapas podría incorporarse cuando así lo decidiera libremente.

Durante todo este período, el alma y el brazo de la Constituyente y del Ejecutivo Provisional había sido San Salvador. Cuando las tropas salvadoreñas que habían sido enviadas a Guatemala para garantizar el orden regresaban a San Salvador, pasaron por Sonsonate con el objeto de consolidar la incorporación de aquella sección al territorio salvadoreño. Correspondió asimismo a San Salvador, que entonces empezaba a llamarse Estado del Salvador, decretar antes que las demás provincias, y aun antes que la República Federal, su propia Constitución.

Con base en las bases de la futura Constitución Federal, El Salvador convocó a una Constituyente del Estado y organizó su propio Gobierno, dándose en junio de 1824 su primera Constitución. La Constituyente centroamericana aprobó la actitud del Estado de El Salvador, y con el objeto de que los otros Estados siguieran el ejemplo, el 5 de mayo de 1824, expidió un Decreto ordenando que todos los Estados procedieran a organizar Congresos Constituyentes con el objeto de establecer sus respectivos Gobiernos. Se procedió al mismo tiempo a convocar para elecciones de Presidente y Vicepresidente de la República Federal, de Senadores y de Magistrados de la Corte Suprema de Justicia, lo mismo que para Diputados de la primera Asamblea Constitucional ordinaria de la Federación.

En el Ejecutivo Provisional los hombres importantes eran Arce y Valle. O' Horan estaba de tercero en discordia, haciendo esfuerzos por mantener una actitud neutral. Esto resultaba tanto más difícil cuanto Valle y Arce querían presentarse ambos como candidatos a la Presidencia. Arce tenía en su favor su enorme prestigio militar y los padecimientos, cárcel y destierro que había sufrido durante las luchas de la Independencia. Su personalidad ya se había impuesto a los centroamericanos por sus capacidades y virtudes. Su valor personal, su generosidad para con los enemigos vencidos, su talento y su simpatía personal, le habían ganado la voluntad del pueblo y la amistad de los hombres de mayor influencia. Valle, a su vez, tenía en su favor su gran preparación y su cultura. Pero se había opuesto a la Independencia, había intentado el mismo 15 de septiembre de 1821 retardar la proclamación de la Independencia, y por fin había aceptado un Ministerio del Imperio de Iturbide. Su conducta política había sido adaptadiza y tortuosa, pero la Historia tiene que reconocerle a Valle la extraordinaria labor cultural que hizo en favor de Centro América, aunque no pueda olvidar sus intrigas y los estorbos que siempre opuso al progreso.

Debido a las intrigas de Valle, el General Arce se fue poco a poco viendo relegado a un segundo y hasta un tercer lugar en el triunvirato ejecutivo. Decidió entonces abandonar Guatemala, dirigiéndose a San

Salvador, en donde gozaba de mayor prestigio y tendría más amplitud de acción. Desde su sede de San Salvador empezó a poner orden en las demás provincias. Personalmente dirigió las tropas que fueron a pacificar a Nicaragua, en donde habían aumentado las rivalidades y los odios. Debido a su gran capacidad administrativa y a su prestigio militar, Arce pudo restablecer la paz sin disparar un solo tiro. Expulsó de Nicaragua al Obispo, Fray Nicolás García, enviándolo a Guatemala. Obligó a Ordóñez a salir de Granada, y, de acuerdo con las instrucciones de la Constituyente, convocó a elecciones para que se eligiera una Constituyente del Estado nicaragüense. Reunida esa Asamblea, Arce regresó a San Salvador, dejando en León fuerzas suficientes para conservar la paz. La Constituyente nicaragüense eligió Jefe y Vicejefe del Estado, respectivamente, a don Manuel Antonio de la Cerda y a don Juan Argüello.

Federal de Centro América, entre luchas que traían alternativamente triunfos y fracasos. El curso de los acontecimientos, sin embargo, hacía destacar la figura de Arce, cuyo prestigio iba creciendo de día en día. Su actitud en Nicaragua lo transformó para muchos en el único centroamericano digno de ser el primer Presidente de la República Federal.

El 15 de septiembre de 1824 se reunió en Guatemala la Asamblea Constituyente de aquel Estado, la cual eligió a don Juan Barrundia y al Dr. Cirilo Flores para ejercer los cargos de Jefe y Vicejefe del Estado. El Vicejefe Flores habría de encontrar más tarde en Quezaltenango una muerte horrible, a manos de una muchedumbre de indígenas, que lo arrebataron del confesionario de una iglesia, en donde se había refugiado, y materialmente lo descuartizaron.

En El Salvador había sido elegido Jefe del Estado don Juan Manuel Rodríguez, mas después de decretada la Constitución de junio de 1824, fue electo, de acuerdo con ella, Juan Vicente Villacorta, y para Vicejefe, Mariano Prado.

El primer Jefe del Estado de Honduras fue Dionisio Herrera, pariente de José Cecilio del Valle, y el primer Vicejefe, don Justo Milla.

En Costa Rica, el primer Presidente fue don Juan Mora, padre de Juan Rafael Mora, que tan brillante actuación habría de tener durante las guerras centroamericanas contra el filibustero Walker.

La Constitución Política de la República Federal de Centro América fue decretada por la Asamblea Constituyente el 22 de noviembre de 1824. Y las Constituciones de los Estados se decretaron en el orden siguiente:

El Salvador. — Decretó la primera Constitución antes que todos los demás Estados y antes que la República Federal, el 12 de junio de 1824;

Costa Rica. — Decretó su Constitución el 21 de enero de 1825;

Guatemala. — Decretó su primera Constitución el 11 de octubre de 1825;

Nicaragua. — Decretó su primera Constitución el 8 de abril de 1826;

Honduras. — Decretó su primera Constitución el 11 de diciembre de 1826.

No puede cerrarse el Capítulo sobre la organización de la República Federal sin hacer el elogio del Padre José Matías Delgado y de la Asamblea Constituyente de 1824 que actuó bajo su inspiración. Dentro de la Historia de El Salvador no existe una figura que haya ejercido tanto dominio sobre los salvadoreños como el que ejerció Delgado. Sacerdote de moralidad a toda prueba. Cura de almas bondadoso y querido por el pueblo. Localista ferviente y partidario frenético de la Independencia, su influencia en las primeras luchas por la libertad fue decisiva. El pueblo salvadoreño tuvo siempre, y tiene todavía, para el Padre Delgado, una profunda veneración. Para los salvadoreños es "el Padre de la Patria".

Mas a pesar de todo esto y de lo cierto del dominio del Padre Delgado y de sus compatriotas salvadoreños en los acontecimientos que culminaron con la Independencia y la organización de Centro América en una República Federal, no es posible atribuir exclusiva o predominantemente al Padre Delgado y a sus parientes y amigos los éxitos y fracasos del período brillante en que les correspondió vivir y luchar.

La Asamblea Constituyente de 1824, si ciertamente actuó en muchas oportunidades bajo la inspiración directa del Padre Delgado, merece, como cuerpo colegiado, el agradecimiento y la admiración de los centroamericanos. No ha vuelto a tener Centro América un Congreso semejante. En la Gran Constituyente, como se le llama con razón, el espíritu centroamericano estuvo representado por los mejores hombres que figuran en la Historia. Fue en ella que se sentaron las bases de un poder popular y representativo. Se proclamó en ella la igualdad legal, la división de los Poderes, la libertad de expresión, la tolerancia religiosa, en fin, todos los derechos humanos, tal como se les entendía entonces y ahora, bajo la influencia de la ideología liberal. La esclavitud fue abolida, los esclavos libertados. Se discutió la posibilidad del Canal de Nicaragua. Se apoyó la iniciativa para la reunión panamericana de Panamá. Se tiraron las bases para el establecimiento del crédito público y se organizaron los distintos ramos de la Administración Pública.

Si alguna vez desentrañamos en Centro América el pensamiento democrático de los Próceres, en las discusiones de la Constituyente de 1824 encontraremos la fuente más copiosa. La visión que los Constituyentes de 1824 tuvieron del futuro de Centro América no fue la visión estrecha que, por desgracia, llegó a sustituirla más tarde en las luchas contra la Federación. Los centroamericanos tenemos una gran deuda de gratitud para con los Constituyentes de esa Asamblea. Y tal vez en el estudio minucioso y ordenado de las discusiones que en ella tuvieron lugar, podríamos los centroamericanos encontrar de nuevo el camino para una integración definitiva de Centro América y para la organización de una nueva República Centroamericana. Esta nueva República podría organizarse con éxito en la forma federal, porque los Estados de Centro América están ahora mejor estructurados, y, por consiguiente, mejor preparados para superar los peligros de una unión política que no destruye la libertad de cada uno de los Estados que la integran.

PRIMER CONGRESO FEDERAL Y ELECCIÓN DE ARCE

La Asamblea Nacional Constituyente clausuró sus sesiones el 23 de enero de 1825 e inmediatamente el gobierno dedicó sus actividades a la convocación y reunión del primer Congreso Federal constitucional u ordinario, que fue integrado con muchos de los Diputados que habían formado parte de la Constituyente.

Dos tareas principales tenían que enfrentar el primer Congreso Federal: sancionar la Constitución decretada por la Constituyente y convocar a elecciones para Presidente, Vicepresidente y demás autoridades federales de elección. Como quedó expuesto anteriormente, los candidatos eran Valle y Arce.

Aquí, una vez más conviene al historiador de Centro América detenerse a hacer algunas consideraciones de importancia, porque quiso la mala fortuna que desde estas primeras elecciones los centroamericanos nos dejáramos llevar por el afán de enmendarle la plana a la opinión del pueblo, manifestada en unos comicios libres. Como se verá con absoluta claridad, el triunfo correspondió legítimamente a Valle. El voto popular a él lo favoreció con una mayoría evidente. Pero los liberales, los "fiebres", los exaltados, queriéndole hacer siempre bien a la Patria, se apresuraron a ver en la voluntad popular un error, porque el elegido era un conservador. Y surgieron, entre los hombres más puros y patriotas, entre los más transparentes Próceres, entre los hombres que lo habían sacrificado antes todo en aras de la Independencia, los primeros malabaristas políticos, capaces de encontrar maneras de torcer lo que evidentemente estaba derecho y de volver lo blanco, negro.

Esta nuestra primera maniobra eleccionaria centroamericana se realizó de la manera siguiente: la elección se verificó mediante "Colegios Electorales", según el sistema corriente en las Federaciones. Se había tomado como base para fijar el número de votos del Colegio Electoral el Decreto de Convocatoria de 5 de mayo de 1824, emitido por la Constituyente. El total de los votos de los Colegios Electorales, estimados en esa forma, resultaba ser de 82. Cuando se realizó el recuento quedó establecido que solamente habían sido depositados 79 votos, de los cuales 41 a favor de Valle, 36 a favor de Arce, uno, correspondiente a la Junta Electoral de Cantarranas, en Honduras, a favor de un eclesiástico inelegible, y otro, el de Cojutepeque, que no fue aceptado por no haber llegado a tiempo los pliegos correspondientes. El voto de Cojutepeque, sin embargo, podía contarse moralmente a favor de Arce, porque siendo aquella porción un Departamento de El Salvador, podía tenerse por seguro, sin lugar a error, que el voto favorecía al General salvadoreño. El total de votos recibidos fue, entonces, de 79. Y aún concediendo a

Arce el voto de Cojutepeque, la mayoría absoluta correspondía a Valle, y no habría habido necesidad alguna de que el Congreso decidiera entre los dos candidatos.

Pero en el Congreso Federal había una enorme simpatía por Arce. Como la Constituyente, el primer Congreso Federal estuvo dominado emocionalmente por los "fiebres". Las maquinaciones en favor de Arce no tardaron en presentarse, y como el candidato triunfante era especialmente vulnerable por su conducta durante los días de la Independencia, cuando intentó retardar la declaración del 15 de septiembre, y por sus intrigas en Nicaragua, los "fiebres" no tuvieron mucho trabajo en encontrar, entre las mismas filas de los conservadores, Diputados que favorecieran a Arce. El Congreso interpretó la ley en el sentido de que la base para la mayoría absoluta debería siempre ser la de los 82 votos que resultaban de acuerdo con el Decreto de convocatoria. Interpretadas así las cosas, los votos recibidos por Valle, si bien llegaban a la mitad, no alcanzaban la mayoría absoluta que le hubiera dado al Sabio la victoria automática.

Paradójicamente, el Congreso Federal, en 1830, para dar el triunfo electoral a Morazán se vio obligado a hacer la maniobra contraria. Divididos los votos entre Morazán y (una vez más) José Cecilio del Valle, el primero alcanzó la mayoría del voto popular, pero si el cómputo se hubiera realizado como lo decidió el Congreso en 1825, esta simple mayoría no le habría concedido el triunfo al héroe de la Federación. Esta vez, el mismo Congreso Federal, casi idéntico en su formación al de 1825, declaró que el cómputo no debía hacerse de acuerdo con el número total de votos del Colegio Electoral, sino con el número de votos depositados. ¡Exactamente la tesis que habría dado el triunfo a Valle cinco años antes! Como premio de consuelo el Congreso ofreció a Valle la Vicepresidencia, pero el Sabio era demasiado orgulloso y valía demasiado para ocupar tranquilamente un segundo puesto. No aceptó la Vicepresidencia, que recayó por fin en don Mariano Beltranena, después de que también la había rechazado Barrundia.

Procedió el Congreso, después de haber reconocido el triunfo electoral de Arce, a organizar el Senado y la Corte Suprema de Justicia. Arce tomó posesión de la Presidencia en abril de 1825. A pesar de la evidente maniobra electoral que le había dado el triunfo, su elección fue recibida con agrado por toda Centro América. Valle hizo publicar elocuentes folletos en los cuales sostenía que se le había usurpado la Presidencia de Centro América. Pero sus palabras cayeron en el vacío. Los primeros pasos de la administración de Arce, inspirados en las ideas y tendencias liberales que le eran naturales al primer Presidente centroamericano, fueron acogidos benévolamente.

Desgraciadamente, pronto se le vio ligarse con el partido aristócrata, del que había recibido graves ofensas y era su enemigo natural. Algunos sostienen que Arce, electo inconstitucionalmente, quedó desde ese momento como enemigo de la Constitución. Los liberales más austeros, como Barrundia, y otros que sin serlo en tan alto grado se enorgullecían de su honorabilidad, fueron los primeros que desaprobaron la elección de Arce, y más tarde habían de ser los primeros en sufrir las venganzas del Presidente. Poco a poco, Arce, que había sido siempre uno de los "fiebres" más exaltados y un liberal de avanzada, se declaró enemigo del partido Liberal. Hay que aceptar que, como salvadoreño que gobernaba desde Guatemala y entre guatemaltecos a todo el pueblo de Centro América, Arce se encontró desde el principio en una posición incómoda, que se volvió insostenible para el Presidente cuando la diferencia de opiniones y sentimientos lo alejó de sus compatriotas y de sus compañeros de partido político. Don Pedro Molina, que había regresado de Colombia en ese tiempo con la esperanza de que se le eligiera Presidente, se encontró con Arce instalado ya en el poder. Desde ese momento empezaron a distanciarse. Arce trató de alejar a Molina nombrándolo Delegado para la Reunión Panamericana de Panamá, a la que concurrió Molina en unión de Antonio Larrazábal.

Habiendo instalado al General Arce en la Presidencia, el Congreso Federal, aunque inferior en la calidad de sus integrantes a la Constituyente, trató de seguir sus pasos. Durante un tiempo las condiciones le fueron favorables. Los Estados se ocupaban de redactar y promulgar sus respectivas Constituciones, los negocios públicos seguían un curso ordenado y el Presidente era un hombre respetuoso de las leyes y amigo de intervenir lo menos posible en lo que no concerniera directamente al Ejecutivo.

Pero se empezó a oír la queja de que el Congreso andaba muy lento en sancionar la Constitución Federal y, presionado por el malestar general, el Congreso nombró una Comisión especial para que emitiera dictamen sobre el delicado asunto. La Constitución tenía que ser sancionada por las dos terceras partes de los votos del Congreso. En caso de negarse la sanción, el asunto debía volverse a discutir, con intervención de los Senadores, y si se volvía a negar la sanción, correspondería a las Asambleas de los Estados decidir sobre la convocatoria a una nueva Asamblea Constituyente, a menos que las Asambleas de los Estados dispusieran ellas mismas dar la sanción.

Hubo entonces una oportunidad más de que se discutiera la forma de gobierno que había de adoptar definitivamente Centro América. La suerte parecía favorecer a la Patria, porque en la Comisión figuraba el Diputado salvadoreño José Francisco Córdova, quien redactó un dictamen en el que se hacía un estudio fundamental de la Constitución, señalando sus faltas, sus inconvenientes y haciendo resaltar su incompatibilidad con el ambiente centroamericano. El Diputado Córdova, en un afán de rectificar el error de una Constitución copiada, agregaba en el dictamen que "el tiempo transcurrido no significaba aprobación". Pero, convencido de que los centroamericanos estaban ya entregados a la forma federal de gobierno, terminaba su opinión declarando, o aceptando, más bien, que negar la sanción a la Constitución podía equivaler a desatar una guerra civil, que acaso produciría más daños que la misma Constitución.

El primero de septiembre de 1825 fue sancionada la Constitución, y de los Diputados presentes, sólo el Padre José María Castilla tuvo el valor de votar en contra.

Quedaba así confirmada la República Federal, en plenas funciones el primer Presidente y establecido en Guatemala el primer Congreso Federal. De aquí en adelante, toda la vida política de Centro América habría de girar sobre la Federación. No solamente en los Estados que antes habían sido provincias, sino en el mismo Estado de Guatemala, los odios y las divisiones políticas se preparaban a hacer su obra destructora.

Pero faltaba todavía que "el mejor de los centroamericanos", Francisco Morazán, hiciera los esfuerzos más heroicos para salvar a Centro América y a la Federación. Y faltaba que ofreciera su vida en aras del ideal de la Unión de Centro América.

TERCERA PARTE

CAPÍTULO IX: MORAZÁN EN HONDURAS

Primeros pasos de Morazán en la vida pública. El Morazán—
Napoleón y el Morazán de levita. La escribanía en Tegucigalpa. La
Independencia en Honduras. El Teniente Morazán. Sitio de
Comayagua. La Maradiaga y La Trinidad. Incursión a El Salvador.
San Miguel y el Coronel Domínguez. Gualcho.

Si en algo está acertado el historiador guatemalteco Manuel
Montúfar al enjuiciar a Francisco Morazán, es cuando dice de él que
"...no había entrado con calor ni decididamente en la Revolución".

Morazán no se convirtió en político ni en soldado llamado por una
irresistible vocación. Lo llevaron a la actividad política y a la acción
militar su ferviente patriotismo y la firmeza de sus convicciones
cívicas. Para desgracia de Centro América, los historiadores del
período morazánico y los biógrafos del prócer han insistido sobre sus
brillantes triunfos militares, mencionando sólo en forma breve e
incidental los verdaderos móviles, las razones, las ideas, las
convicciones, los sentimientos, que impulsaron a Morazán a tomar
las armas e intervenir directamente en los negocios públicos. Como
una consecuencia de esta insistencia de biógrafos e historiadores en
el aspecto militar de la vida de Morazán, el pueblo de Centro América
ha tenido que conocerlo casi exclusivamente como un semidiós de la
guerra, como un arcángel militante, de brillante e invencible espada.
A confirmar esta imagen de un Morazán—Napoleón han contribuido
las numerosas estatuas y monumentos en que el héroe aparece
jineteando, al estilo heroico—grandioso, un brioso corcel. Más
juiciosa, más fiel al verdadero espíritu de Morazán es la estatua que
se levanta en la ciudad de San Salvador, en la Plaza que lleva el
nombre del héroe, en la cual, si bien aparece ciñendo la espada, luce
una actitud de calma y meditación. Las demás insisten en el hombre
de la espada, como la que se levanta en el centro de la ciudad de
Tegucigalpa, en donde la espada desenvainada parece amenazar las
cabezas de los transeúntes. En la estatua de Amapala, Morazán

aparece con la espada envainada, pero en actitud altanera y con gruesas y abultadas charreteras.

La estatua que Centro América tiene todavía el deber de levantarle a Francisco Morazán, es la del Morazán cívico, la del funcionario público respetuoso de las leyes, que atendía a su Despacho de Presidente vistiendo levita gris, pantalón claro, y el nada napoleónico sombrero "bolero".

Porque este Morazán pacífico y civil es el verdadero. Es el que fue fusilado en San José de Costa Rica. Recuérdese que el gran hombre no fue al cadalso luciendo uniforme militar, sino su traje civil[12], como queriendo decirnos a los centroamericanos que quien moría sacrificado no era el "Héroe de Gualcho", sino el funcionario probo y el patriota honesto. Y esto quiso decirnos sin duda, porque el fusilamiento de un General derrotado, ordenado y ejecutado por otros Generales vencedores, podría justificarse.

Lo injustificable fue asesinar al ciudadano y al funcionario que no había tenido más norma, en una larga vida pública, que la de cumplir con su deber.

Quede lo dicho anteriormente para confirmar que Morazán no entró a la lucha política ni a la acción militar para alcanzar altos puestos públicos o coronarse de laureles militares, sino para cumplir con el deber ciudadano de defender a la Patria y sus instituciones. Las primeras luchas civiles y acciones militares en que participó, y las vejaciones y persecuciones que desde un principio sufrió, más bien inclinaban a Morazán a regresar a la tranquilidad de la vida privada[17]. Todavía no estaba convencido de que tenía una misión que cumplir ni de que el cumplimiento de esa misión debía sobreponerse a toda otra consideración.

"Morazán," dice el Dr. Martínez López[18], "encontrábase todavía empleado en casa del Escribano don León Vásquez, cuando vino la gloriosa emancipación de los pueblos del Centro, y admirador y

---

[12] Con Carlos Ulloa, testigo presencial del fusilamiento de Morazán y más tarde Obispo de Costa Rica, dice de aquel infausto suceso:
"…aquello era un bosque humano; la plaza estaba cuajada de gente de todas las edades y todas las condiciones. El ruido era comparable al del océano. Allí iba el General Morazán. El hombre era guapo. Porte de guerrero, alto y esbelto. VESTÍA UN TRAJE CIVIL. Su fisonomía revelaba firmeza. Su mirada centelleaba."

partidario de las nuevas ideas, abandonó el puesto que hasta entonces había desempeñado, y se unió a los patriotas que con más ardor defendían la Independencia. Esos patriotas eran don Dionisio de Herrera, Justo José de Herrera, Diego Vigil, León Rosas, José Antonio Márquez, y otros."

Fue urgido por estos patriotas que Morazán, "quien ya era conocido por su carácter arrojado y valeroso", entró por primera vez en las luchas políticas de Centro América. Los pliegos de la Independencia no llegaron a Honduras sino hasta el 28 de septiembre de 1821. Las noticias llegadas de Guatemala fueron recibidas por los hondureños con gran júbilo y entusiasmo. El 30 del mismo mes el Gobierno de Comayagua expidió el Decreto que proclamaba la Independencia. Este Decreto merece ser leído con atención, porque hace referencia directa a la Unión de las Provincias de Centro América. Dice así, el Decreto hondureño:

"El Gobernador, la Asamblea Provincial y el Consejo de la Ciudad, juntamente con Vosotros, juró la Independencia del dominio español el día 28 de este mes, el primer día de nuestra regeneración política, de la que surgirá nuestra futura felicidad."

"Esta era traerá el más preciado de los frutos: la perfecta unión y fraternidad de nuestras Provincias, confundiendo las equivocadas opiniones de nuestros opositores; verdadera justicia, que nos mantendrá en estrecho contacto con el Supremo Gobierno, que mantendrá este principio; la estimación de todas las ramas de la Agricultura, minería, industrias y comercio; y, finalmente, libertad para disfrutar de la tierra en que plugo al Omnipotente colocarnos, la tierra más rica y fértil del mundo, que no deja nada que desear.

"Este día glorioso, este momento feliz, debe ser dedicado, antes que todo, a dar gracias al Soberano Autor de todos los bienes, en una Misa que se ha resuelto celebrar solemnemente mañana, en la Catedral y a la que todos los miembros de las organizaciones oficiales deberán atender; y esta noche y las dos siguientes, habrá iluminaciones y diversiones públicas.

"Unión, Comayagua, Paz, y que no se oiga otro grito que el de '¡Viva la Independencia!'. Esto quiere decir Paz y Unión, y el que piense de otro modo será tenido como traidor al Estado.

Comayagua, 30 de septiembre de 1821."

En ninguno de los otros Decretos de Independencia se hace referencia tan directa y tan clara a la Unión de las Provincias, ni se relaciona la Independencia de Guatemala tan estrechamente "al fruto más preciado de la perfecta unión y hermandad de nuestras Provincias", como en el Decreto de Honduras, que sin duda leyó Francisco Morazán con el corazón henchido de patriotismo.

Pero poco tiempo después vinieron los días de la unión a México, y la bifurcación de que hemos hablado en capítulos anteriores tomó cuerpo y localización en las ciudades de Comayagua y Tegucigalpa. El gobierno de Comayagua, que presidía Tinoco de Contreras, favorecía la anexión al Imperio de Iturbide. Tegucigalpa, se oponía. Lo que sucedía entre Guatemala y San Salvador, y entre León y Granada, llegó a suceder en Honduras entre las poblaciones de Tegucigalpa y Comayagua. Cada una de estas bellas ciudades centroamericanas dio albergue en su seno a una de las dos cabezas del monstruo de la bifurcación.

Ante la decisión de Tinoco de someter a Tegucigalpa, los patriotas de esta población se prepararon para la defensa. Se organizó una fuerza de mil quinientos hombres, y Morazán, por primera vez, participó en la lucha, como Ayudante del Primer Batallón, con el grado de Teniente.

La primera comisión que se dio al Teniente Morazán fue la de ir a recibir y custodiar una provisión de armas y dinero que iba enviada a Tegucigalpa desde Guatemala para la defensa de la población. Se temía que agentes monárquicos se apoderaran de esas provisiones y que la ayuda quedara en poder de Comayagua.

El fracaso más completo encontró al fogoso Teniente en esta su primera misión, que sirvió para que empezara a perfilarse el temple de acero del futuro héroe. En el Valle de Comayagua fue capturado por el enemigo. Se le condujo a Comayagua y se le tuvo prisionero, aplicándosele torturas para que ofreciera toda la información sobre la situación de las tropas de Tegucigalpa. Morazán resistió con gran coraje las torturas y sus enemigos no pudieron sacarle la menor información. Finalmente fue puesto en libertad, por gestiones de amigos influyentes que tenía en la ciudad capital.

Ya hemos visto, en el Capítulo destinado a "Centro América", la serie de sucesos a que dio lugar la anexión al Imperio de Iturbide. Y hemos visto también cómo aquel Imperio fue de poca duración, y cómo San Salvador adquirió desde esa época una decidida preponderancia en los sucesos de Centro América. Caído en México el Imperio y cortados los lazos que unían a Centro América con el vecino del Norte, los Próceres se dieron a la tarea de organizar la Nación. Con relativa extensión hemos narrado anteriormente en qué forma se organizó y funcionó la Asamblea Constituyente de las Provincias Unidas del Centro de América, cómo se instaló y funcionó el primer Congreso Federal, cómo se adoptó la forma Federal de Gobierno, cómo se sentaron las bases para una Constitución Federal, y finalmente, cómo se decretó y promulgó esa Constitución Federal.

Vino luego la elección del General Arce como primer Presidente de la República Federal, que también hemos narrado en los primeros capítulos extensamente, en consideración a los lectores estudiosos que quisieran enterarse de estos importantes sucesos en forma un poco detallada.

Dejamos dicho que el fraude electoral que sirvió de trampolín a Arce para llegar al poder sentó un precedente funesto en la vida política de Centro América. Coincidimos en esto con lo que dice el propio Morazán en sus Apuntes de la Revolución de 29, escritos de su puño y letra, y de los cuales incluimos una copia fotostática entre los "Documentos" que justifican este estudio. Dice Morazán:

"La elección de Presidente de la República, hecha por el Congreso en el ciudadano Manuel José Arce, contrariando el voto de los pueblos que dieron sus sufragios al ciudadano José del Valle, fue, en mi concepto, el origen de las desgracias de aquella época."

Esta es una acusación tremenda y terminante que hace el General Morazán, pero plenamente justificada por la Historia.

Pero decíamos también que mientras densos nubarrones se reunían sobre el cielo de Centro América, hubo momentos de tranquilidad, que los nuevos Estados aprovecharon para organizarse constitucionalmente. Dionisio de Herrera fue electo Jefe del Estado de Honduras, y tomó posesión de su alto cargo el 16 de septiembre de 1824, pero no fue sino hasta el 11 de diciembre de 1826 que Honduras se dio su primera Constitución, habiendo sido la última en hacerlo, de todas las Provincias centroamericanas.

Don Dionisio de Herrera nombró a Morazán Secretario General del Estado, desde los primeros días de su Gobierno, pero éste tuvo que abandonar ese cargo, al ser designado Presidente del Consejo Representativo, el 6 de abril de 1826, por la Asamblea Ordinaria de aquel año.

Así vemos a Morazán internarse en la complicada red de los puestos administrativos y tomar un lugar prominente en la vida pública de Honduras. Fueron estos los primeros pasos de una carrera política y militar que lo habría de conducir al puesto de mayor honor entre los héroes de Centro América.

El 4 de abril de 1827, el Coronel Justo Milla, que el Presidente Arce había enviado a someter a Honduras, mientras él se ocupaba de El Salvador, derrotando primero a los salvadoreños en Arrazola, y siendo derrotado después en San Salvador, inició el sitio de Comayagua, en el que habrían de presentarse escenas de gran dramatismo y habría de aparecer por primera vez, en los campos de batalla de Centro América, una de las figuras más nobles y cautivadoras de cuantas produjo el período de la Federación: la figura de Trinidad Cabañas.

El enlistamiento de Cabañas, que más tarde habría de alcanzar el grado de General en los Ejércitos de la Federación y convertirse en el brazo derecho de Morazán, en la bandera liberal, ha sido descrito en esta forma por el escritor hondureño Céleo Arias:

"Sitiada la Capital del Estado, Comayagua, por fuerzas de Guatemala, al mando de don Justo Milla, Jefe Expedicionario de la oligarquía chapina, el ilustre patriota don Dionisio de Herrera, Jefe Supremo de Honduras, sostenía en persona la Plaza, al frente de un puñado de soldados, con la abnegación y el valor que solo se hallan en los hombres del partido liberal, entre los cuales descollaba la gran figura de Herrera. El padre de Trinidad Cabañas era ya anciano. Ardía en su pecho la llama del patriotismo e iluminaban su cerebro las ideas de libertad en una República Democrática. Llamó a su presencia a sus tres hijos varones: Trinidad, Urbano y Gregorio; les habló de la Patria y del honor; los conjuró a que se prestasen, hasta el sacrificio, en defensa de la buena causa, y se apresuró a presentarse con ellos ante el Jefe Supremo. 'Señor' le dijo, 'el peso de mis años no me permite acompañaros en este campo de batalla; pero aquí están mis tres hijos, dispuestos a derramar su sangre al pie de la bandera que defendéis'. Desde aquel día el joven Cabañas se hizo notable por su entusiasmo y por su valor. Pedía y ocupaba siempre los puestos avanzados y de mayor peligro. Largo sería enumerar sus actos de arrojo en aquel sitio memorable."

Durante el sitio de Comayagua, el mando estuvo en manos del español Antonio Fernández. Morazán peleó allí, pero sin ningún grado militar. Su actuación consistió más bien en realizar arriesgadas salidas de la ciudad sitiada, para traer gente y víveres de las poblaciones inmediatas. Se afirma también que ejecutó varios ataques de sorpresa, por la retaguardia, a las tropas de Milla, hasta el grado de que este Jefe Expedicionario llegó a cobrarle un verdadero odio, declarando que era Morazán el alma de la resistencia.

El doctor Martínez López, refiriéndose a la actuación de Morazán en aquella ocasión, dice:

"La última salida que dio Morazán fue cuando se dirigió a Tegucigalpa, en unión de los Coroneles Díaz y Márquez, en busca de recursos. Allá reunió 300 hombres, con los que a marchas forzadas regresaron a Comayagua, pero al llegar al Valle tuvieron noticias de que podrían ser atacados en el camino. En este concepto se dirigieron a la hacienda de 'La Maradiaga', de donde se mandó una pequeña fuerza al mando del Capitán Felipe Peña, para que se situara en la Villa de La Paz, quien al no más llegar fue atacado con 400 hombres, al mando del Teniente Coronel Hernández y el Capitán Rosa Medina. Peña, no obstante haber hecho una resistencia heroica, salió derrotado, teniendo que replegarse a 'La Maradiaga'."

Morazán y Díaz, parapetados en "La Maradiaga", aunque informados ya de la derrota de Peña, hicieron una resistencia heroica al enemigo, con el objeto de distraer parte de las fuerzas sitiadoras de Comayagua y dar ocasión de que llegaran refuerzos a salvar la situación. Los atacantes tuvieron por fin que retirarse, después de varias horas de un intenso fuego por parte de ambos lados. Morazán regresó a Tegucigalpa, porque, habiéndosele terminado el parque, ningún auxilio podía prestar a los sitiados.

La heroica Comayagua tuvo por fin que caer en poder de sus sitiadores, más por "la infame traición de un godo de apellido Fernández", como dice Arias, que por aconsejarlo así la situación militar que se había producido. De la traición de Fernández, dice el propio Morazán:

"Cuando se supo en la Plaza que la tropa auxiliar se había disuelto en la hacienda de 'La Maradiaga', después de haber rechazado la división que la atacara, al mando del Teniente Coronel Hernández, el desaliento se apoderó del ánimo de los cobardes. La perfidia del Comandante tuvo en ellos un apoyo y la plaza se rindió el 9 de mayo de 1827, por una capitulación en que todo lo sacrificaba el traidor por la conservación de su empleo, al Jefe que no había podido lograr ninguna ventaja sobre los sitiados. Y para que nada faltase a este documento vergonzoso, la firmeza con que había rechazado el Jefe Herrera las proposiciones de rendirse que se le hicieron, fue castigada, dejándole a merced del vencedor, como prisionero de guerra."

El historiador Alejandro Marure, refiriéndose al sitio de Comayagua, dice:

"...la población fue saqueada, incendiada y devastada de todas maneras. En estas escenas atroces se distinguieron particularmente las tropas insubordinadas del Clero, que todo lo talaban y destruían, sin que fuesen bastantes para contenerlas, las reconvenciones de algunos Oficiales veteranos, ni las órdenes severas del General en Jefe."

Como lo dejamos dicho, después del combate de "La Maradiaga", Morazán se dirigió a Tegucigalpa, a donde llegó precisamente cuando entraban las tropas salvadoreñas, que don Mariano Prado, Vice Jefe de El Salvador, había mandado en auxilio del gobierno de Herrera, al mando del Coronel Cleto Ordóñez.

Habiendo llegado tarde para salvar a la inmolada Comayagua, no quedaba más alternativa a los salvadoreños que abandonar Honduras. Ordóñez decidió salir hacia Nicaragua, y los Coroneles Gutiérrez y Díaz, que habían peleado en "La Maradiaga", se les unieron.

Después del sitio de Comayagua, Milla quedó, de hecho, como Jefe del Estado de Honduras, y en esa calidad convocó a elección de nuevas autoridades supremas. En esas elecciones, dirigidas por Milla, fue elegido Jefe de Honduras don Jerónimo Zelaya, y Vice Jefe don Miguel E. Bustamante. Morazán, perseguido, pensó muchas veces en volver a la vida privada, pero sus enemigos fueron los que con mayor fuerza lo empujaron hacia la ruta que el destino le había elegido.

Huyendo de las persecuciones se reunió con las tropas de Ordóñez, y con ellas habría llegado a Nicaragua, de no ser un incidente que le hizo pensar que era preferible regresar a Honduras. En un caserío de nombre "Hato Grande", las tropas de Ordóñez asesinaron a un ciudadano español llamado Miguel Madueño. Morazán, hombre de conciencia y ciudadano que esperaba siempre que los Jefes hicieran justicia, se alarmó ante la indiferencia de Ordóñez, que no impuso ningún castigo a los culpables. Decidió entonces regresar a Tegucigalpa, y para ese efecto pidió al gobierno de Milla un "salvo—conducto", que le fue concedido. Este salvo—conducto resultó ser una de las tantas tretas de Milla, pues al llegar Morazán, en compañía de los Coroneles Márquez y Díaz, a la población de Ojojona, los tres fueron capturados. Márquez y Díaz escaparon o se les dejó escapar, pero Morazán tuvo que sufrir 23 días de cárcel, "una estrecha prisión", según sus propias palabras. Refiriendo este suceso, dice en sus Apuntes:

"...Como uno de los Jefes de la fuerza que se disolvió en 'La Maradiaga', marché en busca del auxilio que mandaba el Vice Jefe del Estado del Salvador. Pero este auxilio, que llegó a Tegucigalpa después de haberse rendido la plaza de Comayagua, era tan pequeño, que tuvo que retirarse hacia el Estado de Nicaragua. Los Coroneles Díaz, Márquez, Gutiérrez y yo, buscamos en él nuestra seguridad y acompañamos al Jefe que lo mandaba. Un incidente desagradable, que podía comprometer nuestro honor, nos obligó a separarnos de él en la Villa de Choluteca y a pedir garantías al Coronel Milla para permanecer en Honduras. Nuestros deseos fueron satisfechos por ese Jefe, mandándonos el pasaporte con el mismo correo que condujo la solicitud. Al instante marché al pueblo de Ojojona, para disfrutar, en unión de mi familia, de la gracia que se me concediera. Por un presentimiento, que jamás cupo en la confianza que me inspiraba la palabra de Milla, dichos Jefes no corrieron la suerte que se nos aguardaba en aquel pueblo, y yo, víctima de mi credulidad, conocí, aunque tarde, lo poco que debe confiarse en los que defienden una mala causa. Diez horas después de haber llegado al pueblo, que había señalado para mi residencia, fui reducido a prisión por el Teniente Salvador Landaverri, de orden del Mayor Angullano, Comandante Local de Tegucigalpa, y conducido a aquella ciudad. A pesar de haber presentado a ese Jefe mi pasaporte, me hizo poner en la cárcel pública. La seguridad de que en semejante atentado no tuviera parte el Coronel Milla, me hizo dirigirle una exposición en que le expresaba con bastante energía los males que me proporcionaban sus ofrecimientos. La contestación de ese Jefe me dio a conocer el lazo que había tendido mi confianza y solo procuré entonces los medios de evadirme de la cárcel."

Morazán se evadió, efectivamente, dirigiéndose por el rumbo de San Miguel, hacia Nicaragua, en donde esperaba poder reunir suficientes hombres y armamentos para regresar a libertar a Honduras del poder de Milla. A su paso por el puerto de La Unión tuvo ocasión de conversar con don Mariano Vidaurre, que en calidad de Comisionado del gobierno de El Salvador, viajaba hacia Nicaragua, con el objeto de ver si era posible negociar un entendimiento entre el Jefe de aquel país, Coronel Ordóñez, y el Vice Jefe Argüello. Dice Morazán en sus Apuntes que Ordóñez, "que había llegado preso a León", logró organizar una revolución y derrocar a Argüello.

Aquí se presenta una situación un poco confusa para quienes estudian la vida y los actos de Morazán en los tiempos actuales, cuando ya la tradición oral y la historia anecdótica del gran héroe van desapareciendo y no viven muchas personas de quienes solicitar información. Biógrafos e historiadores afirman que Ordóñez, al fin, impresionado por la derrota sufrida por las tropas salvadoreñas que el Vice Jefe Prado había enviado para combatir a Milla, prestó a Morazán la ayuda que necesitaba. Pero Morazán, en sus Apuntes, dice:

"Entre tanto, el Coronel Ordóñez, que llegó preso a León, pudo formar una Revolución que tuvo por resultados la deposición del Vice Jefe Argüello Y EL AUXILIO QUE SE ME DIO DE LOS MILITARES QUE LE ERAN MÁS ADICTOS. Ciento treinta y cinco, entre ellos Jefes y Oficiales, componían mi pequeña fuerza. La fidelidad al gobierno al que habían pertenecido (el de Argüello) me inspiraba la mayor seguridad y la fundada esperanza de reunir los descontentos hondureños que produjeron las persecuciones de Milla y sus agentes, ponía de nuestra parte todas las probabilidades del triunfo."

Esto quiere decir que, principalmente, a Morazán le ayudaron las fuerzas de Argüello, y no las de Ordóñez, y que toda la ayuda que éste le prestó consistió en permitirle a Morazán que se llevara a Honduras a los Jefes y Oficiales enemigos del régimen de Ordóñez. Hemos querido señalar este detalle porque, después del incidente de "Hato Grande", y de que Morazán se había separado de Ordóñez "por un incidente desagradable, que podía comprometer nuestro honor", según las propias palabras de Morazán, estos dos jefes mal podían mantener unas relaciones muy cordiales.

En Choluteca, Morazán recibió ayuda del gobierno salvadoreño, consistente en los cuatrocientos hombres que habían sido derrotados por Milla en Sabanagrande, y que estaban al mando del Coronel Zepeda. Estas tropas formaron el grueso de las fuerzas de Morazán que invadieron Honduras y que se llenaron de gloria en la batalla de La Trinidad. A los salvadoreños se unían los ciento treinta y cinco nicaragüenses de que antes hemos hablado y el valiente contingente de hondureños, "tegucigalpas, texiguats y curarenes".

En la batalla de La Trinidad aparece por primera vez el genio militar de Francisco Morazán. Desde ese momento, Centro América cuenta con un gran soldado. Se empieza a sentir el aleteo de la gloria. El liberalismo, "atrevido, innovador, brillante, generoso, un tanto soñador, en alto grado heroico", como dice Vargas Vila en su panfleto sobre Morazán, empieza a encontrar su personificación en Centro América, y no hay en ese momento un solo centroamericano consciente que no se sienta sacudido por la presencia evidente del genio morazánico.

Desde los momentos de la preparación de la batalla, Morazán revela sus instintos de soldado genial. Sus tropas avanzan hacia Comayagua, a jornadas cortas, para evitar un ataque de sorpresa, como el que había causado la derrota de los salvadoreños en Sabanagrande. Precisamente en ese lugar, Morazán hace un alto, y allí almuerza con sus tropas. Siguiendo su marcha hacia Tegucigalpa, llega por fin al cerro de La Trinidad. Acampa, y se prepara para su primera gran batalla.

No corresponde a un trabajo de índole biográfica hacer extensas consideraciones sobre movimientos militares, ni estamos nosotros preparados para ello. La descripción técnica de las batallas corresponde a la Historia Militar. Pero tampoco resulta posible, cuando se trata de narrar la vida de Morazán, pasar por alto sus acciones militares más importantes. Diremos, pues, algunas palabras sobre lo que aconteció en La Trinidad. O más exactamente, dejaremos que las diga el más reciente biógrafo de Morazán: el Lic. Arturo Humberto Montes:

"Milla, que había estado observando los movimientos de las tropas constitucionales, marchó de Comayagua a Tegucigalpa y de este lugar salió al encuentro del que, por mandato celeste, se había de tornar desde ese día, en el genio militar más grande que ha tenido Centro América. La vanguardia del Ejército la componían 250 hombres bajo el comando directo de Morazán y de los Coroneles Remigio Díaz, Ramón Pacheco y Román Valladares".

"La retaguardia la componían otros 250 hombres, bajo el comando de los Coroneles Gutiérrez y Osejo, y el Capitán Francisco Ferrera. El gran amigo del prócer, Coronel Márquez, había quedado enfermo en Perspire. A las nueve de la mañana del memorable 11 de noviembre de 1827, se avistaron los dos ejércitos enemigos, disponiendo inmediatamente el General Morazán, según el historiador Martínez López, que él y los Coroneles Pacheco y Valladares resistirían los ataques del invasor por el frente y que el Coronel Díaz, dando una gran vuelta, atacaría la retaguardia del enemigo".

"A poco de haberse avistado los ejércitos, el batallón federal empezó a cañonear a la vanguardia morazanista desde el cerro que se llama de 'Milla', y cual una avalancha, se derrama sobre el Valle de La Trinidad y empezó a embestir las posiciones ocupadas en las alturas por dicha vanguardia. Pero todos los empujes de los invasores fueron rechazados por el intrépido Morazán y los valientes Coroneles Pacheco y Valladares. Una hora después, y mientras se batían fieramente los atacantes y los atacados, se oyeron nutridas descargas por el lado de la retaguardia del enemigo. Era el esforzado y pundonoroso Coronel Díaz, que, según lo convenido, entraba en acción y atacaba con bizarría al ejército de Milla; y apercibido de ello el General Morazán, ladeó, bajando el histórico cerro de La Trinidad, y flanqueando el lado derecho del enemigo, ordenó un ataque a la bayoneta, y cayó sobre él como un huracán, mientras bajaban también los Coroneles Pacheco y Valladares, con su gente, y caían asimismo sobre el enemigo, trabándose enconada y fiera lucha cuerpo a cuerpo en las faldas del renombrado cerro. Entre el rugir del cañón del ejército federal y los disparos del ejército constitucionalista, se oían los ¡Vivas! a Honduras, a Morazán y a la Constitución, de una parte, y a Arce, a Milla y al gobierno federal, por la otra. Trabados como estaban, en reñido combate, los dos ejércitos, por todas partes se veía al invicto caudillo, alentando y ayudando a sus tropas, hasta que por fin, a eso de las tres de la tarde, el ejército de Milla se declaró en la más franca derrota, dejando en el campo innumerables muertos, dos baúles de correspondencia, y todos los elementos de que disponía su ejército, compuesto de más de 600 hombres."

El 12 de noviembre de 1827 ocupó Morazán la población de Tegucigalpa, entre el júbilo de sus habitantes. Reorganizó su Ejército, nombró Comandante de la Plaza al Coronel Gutiérrez, y envió al Coronel Pacheco, al mando de 200 hombres, al pueblo de Gracias, con instrucciones de ayudar en todas las formas que fuera necesario al gobierno de El Salvador y de protegerlo de cualquier ataque.

Habiendo puesto orden en Tegucigalpa, Morazán se trasladó a la capital, en donde inmediatamente reunió al Consejo, que le encargó la Presidencia del Estado, nombrando Vice Jefe a don Diego Vijil. Convocó a elecciones de Diputados para una Asamblea ordinaria, la cual, una vez reunida, confirmó los nombramientos recaídos en Morazán y Vijil, como Presidente y Vicepresidente de Honduras, respectivamente.

Así, el antiguo y modesto escribiente de la Escribanía de don León Vásquez, en Tegucigalpa, había ya alcanzado el más alto honor que el Estado de Honduras podía conceder: la Presidencia del Estado.

Pero es aquí que Morazán empieza ya a actuar en función centroamericanista. La situación de El Salvador le preocupa intensamente. El Coronel Domínguez, enviado por el Presidente Arce para someter a El Salvador, había logrado dominar toda la zona oriental de San Miguel, después de derrotar, sucesivamente, al General salvadoreño Merino, en Quelepa, y al Coronel hondureño en Goascorán.

El Presidente Arce, a su vez, alarmado por los triunfos de Morazán y por la derrota de Milla, ordenó a Domínguez que se volviera contra Honduras. Morazán, refiriéndose a estos acontecimientos, dice:

"Luego que el Presidente de la República (Arce) tuvo conocimiento de estos sucesos, hizo marchar al Coronel Domínguez sobre Honduras. Yo tuve entonces que separarme del Gobierno para tomar el mando de la Fuerza, y establecí mi cuartel general en Texiguat."

Aquí vemos aparecer, por primera vez, al Morazán patriota, dispuesto a renunciar a las más altas posiciones, para defender a Centro América de sus enemigos. Por primera vez lo vemos abandonar con naturalidad la Presidencia de su Estado natal de Honduras, para hacerse cargo de las fuerzas y defender a El Salvador, protegiéndose en esta forma de un ataque a Honduras. Vemos, también, a Morazán empezar a demostrar su preferencia por "Texiguat", que no lo abandonó nunca. Atenido a la verdad, pero un tanto vanidoso, dice de estos sucesos Morazán:

"Domínguez hizo una ligera incursión por los pueblos de la costa. PERO SIN HABERSE ATREVIDO A ATACARME."

El Coronel Merino, perteneciente al Ejército salvadoreño, pero originario de Guayaquil, en el Ecuador, decidió, después de su derrota por Milla, regresar a su país de origen. A ese efecto embarcó en un buque de matrícula chilena, pero al pasar por el puerto de La Unión, el Coronel Domínguez, que como hemos dicho dominaba toda la zona oriental salvadoreña, sin consideración alguna a la nacionalidad extranjera de la nave, y sin prestar la menor atención a las protestas del Capitán, sacó por la fuerza a Merino, y lo tomó prisionero y lo fusiló en la ciudad de San Miguel.

El fusilamiento de Merino indignó la opinión pública, porque se había realizado con un completo desprecio de las normas del Derecho Internacional. El fusilado ya se había retirado del Ejército salvadoreño, cuando fue capturado. Iba ya con rumbo a su país de origen, desligado de las luchas políticas de Centro América. El barco de donde fue sacado por órdenes del Coronel Domínguez era un barco de matrícula chilena, es decir, extranjero y neutral, y el allanamiento de la nave se hizo a pesar de las protestas enérgicas del Capitán. Todas las normas del Derecho, pues, se habían violado. En cuanto al propio fusilamiento, más puede considerársele como un asesinato, ya que a

Merino se le capturó sin armas; no era ya un soldado, sino un civil, y estaba muy lejos de estar en campaña.

Desde el momento en que tuvo conocimiento del fusilamiento de Merino, Morazán comprendió que no podía llegar a un entendimiento con Domínguez y se dio cuenta de lo que pasaría a cualquier adversario que cayera en manos del agente de Arce. Consecuentemente, cesó en la correspondencia que había entablado, con el objeto de buscar una conciliación.

De las Memorias de Morazán se desprende con evidencia que tenía deseos de batirse con Domínguez, probablemente porque éste había logrado algunos triunfos militares de importancia, derrotando a los salvadoreños en Sabanagrande y a los hondureños en Quelepa. Desde el momento en que se dio cuenta de que no era posible ningún entendimiento, empezó a prepararse para la batalla. Las tropas que tenía no estaban integradas por veteranos o soldados profesionales, sino por voluntarios cuya única ventaja era la de que luchaban por sus ideas y estaban dispuestos a morir por la Patria. En su mayoría Jefes y soldados eran hondureños y nicaragüenses. Morazán se replegó hacia la población de Lolotique, que tenía una situación aventajada para esperar el auxilio de El Salvador, y para proteger la llegada de ese auxilio. Domínguez se había situado en la población de Chinameca, pero realizaba incursiones para ver si le era posible hacer retroceder a Morazán.

Con esta guerra de posiciones se preparaba la batalla de Gualcho, quizás la más famosa de todas las batallas de Morazán, y con la que está unido su nombre en el corazón de los centroamericanos. Morazán confiesa en sus Memorias que no le tocó a él escoger el sitio en que esa batalla se libró, ni la ocasión. Habían transcurrido once días sin que nada de importancia aconteciera, cuando Morazán recibió noticias de que llegaban las tropas salvadoreñas, al mando del Coronel Ramírez, a fortalecer sus escasas fuerzas. Comprendió que tendrían dificultades para cruzar el Lempa y que podrían ser sorprendidas por las fuerzas de Domínguez. Con el objeto de evitar cualquier sorpresa desagradable, decidió ir al encuentro de Ramírez, y en la medianoche del 5 de julio de 1828, inició la marcha. Domínguez, que había tenido conocimiento de los movimientos de Morazán, lo siguió, flanqueándolo por el lado izquierdo.

Una vez más correspondió al destino fijar el lugar y el día en que Morazán alcanzaría un sonado triunfo militar. Una lluvia incesante lo obligó a detener su marcha en la hacienda de Gualcho, en espera de que el tiempo mejorara. La posición en que estaba situada la casa de la hacienda no podía ser menos adecuada para la defensa. Unas alturas en forma de semicírculo la rodeaban, a una distancia de tiro de pistola, y por el lado opuesto había un río que no podía cruzarse, por estar muy crecidas sus aguas.

Morazán relata esta batalla en un inmejorable estilo heroico—militar. Dice así:

"A las tres de la mañana que el agua cesó, hice colocar dos compañías de cazadores en la altura que domina la hacienda hacia la izquierda, en razón de ser el único lugar por donde podía presentarse el enemigo. A las cinco supe la posición que éste ocupaba y pocos minutos después el Jefe de una partida de observación aseguró que se hallaba a tiro de cañón de las dos compañías de cazadores.

"No podía yo retroceder en esas circunstancias, porque una retirada con tropas que no son veteranas, tiene peores consecuencias que una derrota, sin la gloria de haber peleado con honor.

"No era posible continuar mi marcha sin grave peligro por una inmensa llanura, y a presencia misma de los contrarios. Menos podía defenderme en la hacienda, colocada bajo una altura de más de doscientos pies, que en forma de semicírculo domina a tiro de pistola el principal edificio, cortado por el extremo opuesto con un río inaccesible, que le sirve de foso. Fue necesario aceptar la batalla con todas las ventajas que había alcanzado el enemigo, colocado ya en actitud de batirse a tiro de fusil de nuestros cazadores."

"Conociendo el tiempo que debía gastar la división en saltar la altura que se hallaba entre el campo y la hacienda, hice avanzar a los cazadores sobre el enemigo para detener su movimiento, el que, conociendo lo crítico de mi posición, marchaba a paso de ataque.

"Entre tanto subía la fuerza por una senda pendiente y estrecha, se rompió el fuego a medio tiro de fusil, que luego se hizo general. Pero ciento setenta y cinco soldados bisoños hicieron impotentes por un cuarto de hora los repetidos ataques de todo el grueso del enemigo.

"Este, obligado por un instinto a tributar el respeto que se debe al valor, no se atrevió a hollar la línea de cadáveres a que quedó reducido el pequeño campo que ocupaban los cazadores, para detener la marcha de la división que marchaba en su auxilio.

"El entusiasmo que produjo en todos los soldados el heroísmo de estos valientes hondureños, excedió al número de los contrarios. Cuando la acción se hizo general por ambas partes, fue obligada a retroceder nuestra ala derecha, y ocupada la artillería ligera que la apoyaba; pero la reserva, obrando entonces por aquel lado, restableció nuestra línea, recobró la artillería, y decidió la acción, arrollando parte del centro y todo el flanco izquierdo, que arrastraron en su fuga al resto del enemigo, dispersándose después en la llanura.

"Entre los muchos prisioneros que se hicieron, se encontraron algunos vecinos del Departamento de San Miguel, que vinieron en gran número a ser testigos de nuestra derrota. Tal es la seguridad que tenían en la táctica, en la disciplina y en el número de nuestros contrarios.

"Los salvadoreños auxiliares, que abreviaron su marcha al ruido de la acción, con el deseo de tomar parte en ella, llegaron a tiempo de perseguir a los dispersos."

Después de Gualcho, Morazán se dirigió a San Miguel, encontrando en el camino a una comisión de comerciantes de aquella ciudad, que venía a pedirle al General que protegiera a la población, que ya estaba siendo saqueada por una banda de malhechores, que sin duda estaban tomando provecho de la situación.

La ocupación por Morazán y sus tropas de la ciudad de San Miguel dio origen a una campaña de difamación en contra del héroe que no terminó ni después de su muerte. Se le ha acusado de haber impuesto empréstitos innecesarios y excesivos a los comerciantes que más habían apoyado la causa de Arzú, de haber permitido que sus soldados saquearan los almacenes de los comerciantes remisos, y hasta de haber robado, personalmente, algunas bestias de montar y las más elegantes monturas de los "nobletes" migueleños.

Algo ha debido quedar de esa infame campaña en la mente de algunos sectores de Centro América, y el malicioso apodo de "Chico Ganzúa" no ha desaparecido aún del todo. La verdad es fácilmente aceptable para el lector de nuestros tiempos, libre de prejuicios en contra de Morazán. Como él mismo lo explica en sus Memorias, las tropas con que libró la batalla de Gualcho eran tropas voluntarias, sin más equipaje que la ropa que vestían. El tesoro de Honduras en aquel tiempo era tan exiguo que apenas alcanzaba a cubrir los más elementales gastos del gobierno. Presupuesto militar no había y Morazán viajaba sin reservas de dinero. Después de Gualcho, era natural que el Jefe quisiera pagar a sus soldados un mes adelantado de sueldo, y dotarlos de ropa y algunas armas. Para eso fue necesario que Morazán impusiera a los comerciantes de la ciudad un empréstito forzoso de dieciséis mil pesos.

Por lo demás, es creíble, también, que algunos grupos de soldados hayan cometido abusos en la ciudad que ocupaban. Pero las calumnias que se lanzaron contra Morazán no nacieron de una sana indignación por los abusos que acaso se cometieron, sino del odio que se sentía contra el gran liberal triunfador.

Mientras estos sucesos tenían lugar en la zona oriental de El Salvador, en el centro las tropas de Arzú sitiaban a San Salvador, que defendía valientemente el General Prem. Al tener conocimiento Arzú de los triunfos de Morazán, decidió darle batalla, y se dirigió hacia San Miguel con ese objeto. Morazán trató de cerrarle el paso del río Lempa, pero sus tropas estaban diezmadas. Muchos de los nicaragüenses que tan gallardamente se habían portado en Gualcho regresaron a su Estado de origen, de manera que atacar a Arzú habría equivalido a ir en busca de la derrota. Prefirió Morazán regresar a Honduras, para recuperar las fuerzas y prestar al gobierno amigo de El Salvador una ayuda efectiva.

CAPÍTULO X: MORAZÁN EN EL SALVADOR

Decir Morazán en El Salvador es abrir uno de los capítulos más interesantes de la Historia de Centro América. Y para el biógrafo, es preparar las alas de la imaginación para narrar el apasionado proceso de identificación entre un hombre genial y heroico y un pueblo ardiente y viril, que supo querer y comprender al Héroe, y que se abrazó a su gloria con determinación y coraje.

Aunque se tengan reservas para con las comparaciones y paralelos, al pensar en Morazán y los salvadoreños, no se puede menos que recordar el desesperado abrazo de Napoleón y los franceses. Y al decir San Salvador y Morazán, inevitablemente se viene a la mente la pasión entre París y el Emperador. Hay un misterioso enlace entre algunos hombres geniales y ciertos pueblos o ciudades que no puede explicarse sino por esas razones que la razón no comprende.

Pero ¿cómo no iban a entablar un diálogo afectuoso aquel hombre de ardiente patriotismo y un pueblo como el salvadoreño, que como se dice en el inmortal discurso de Álvaro Contreras, "fue siempre lealtad, siempre sacrificio y heroísmo en los grandes trances nacionales"?

¿Y cómo era posible que aquel genio defensor de las ideas liberales no entrara en un "affaire" eterno, que iría más allá de la muerte, con el pueblo que era, según la frase de Vargas Vila, "la cumbre más alta del liberalismo en Centro América"?

Como Napoleón pide en su Testamento ser enterrado en París, "en el corazón de esa ciudad que tanto amé", así Morazán encarga a su albacea que traslade sus cenizas a San Salvador "por ser el pueblo que más bien le ha correspondido".

Pero veamos cómo empezó el proceso de identificación de Morazán con El Salvador.

Decíamos en el capítulo anterior que Morazán, diezmadas las fuerzas con las que en Gualcho derrotó a Domínguez y no estando preparado para detener el avance de las tropas de Arzú, que había decidido buscarle batalla, regresó a Honduras. Arzú lo persiguió hasta el Goascorán, pero no se arriesgó a internarse más. Regresó a San Miguel y ocupó, como antes la había ocupado Morazán, esa ciudad.

Hemos dicho también que por estos días ya pueden advertirse las primeras señales de que Morazán no piensa exclusivamente como hondureño, sino como centroamericano. Atrás han quedado los días en que el héroe albergaba dudas de su misión y vacilaba entre la carrera política y militar, y el regreso a la Escribanía de don León Vásquez. Ahora, actúa con autoridad y decisión. Con modestia, pero con naturalidad, acepta su calidad de Jefe y las demostraciones de respeto y sumisión que se le rinden. Sabe que sus triunfos de La Trinidad y de Gualcho han llevado su nombre por toda Centro América, en alas de la fama. Sabe que sus enemigos han empezado a temblar a la sola mención de su nombre. Y sabe, también, que San Salvador le espera.

Sólo faltaba la acción de San Antonio para que los aristócratas recibieran directamente una lección del héroe y descartaran las últimas dudas de que el enemigo cuya destrucción tenían que buscar y conseguir, era MORAZÁN.

La primera medida de Morazán es la de ordenar a uno de sus Oficiales de mayor confianza, el Coronel Márquez, que salga de Comayagua hacia El Salvador, al frente de una división de 400 hombres. Él, Morazán, al frente de 1,200 hondureños, saldría de Tegucigalpa, conviniéndose que los dos ejércitos se reunirían en Goascorán. Tanto Márquez como Morazán emprenden la marcha el 2 de septiembre de 1828.

En Goascorán las dos divisiones se reúnen y forman un solo ejército de 1,600 hombres. Desde esa población, Morazán envía una nota al gobierno de El Salvador, informándolo que ha recibido con júbilo las noticias de la resistencia de la heroica ciudad de San Salvador, y de la valiente actitud del General Prem. Al mismo tiempo indica que ya acude en socorro del gobierno amigo.

Pero Morazán quiere vérselas con Arzú, que con una fuerte división federal ocupaba San Miguel. Pero el Brigadier guatemalteco, probablemente informado sobre el número y la calidad de las fuerzas de Morazán, y sabedor de la extraordinaria habilidad militar de éste, prefiere no hacerle frente, y evacúa la ciudad que ocupaba. Morazán, comprendiendo que la intención de Arzú no es más que la de huir hacia Guatemala, por los Departamentos de Usulután, en El Salvador, y Gracias, en Honduras, salvando tropas y armamentos, decide cortarle la retirada. Mediante un rápido movimiento de flanco se sitúa en el llano de La Pava (La Paba, dice Morazán en sus Memorias), al tiempo que sus enemigos se situaban en la margen izquierda de un arroyo, donde se proponían detener el avance de Morazán y evitar la ocupación de la hacienda San Antonio.

Allí se libró un combate que no duró sino tres cuartos de hora, por haberse desatado una lluvia, al entrar la noche. Morazán dice que los federales pasaron deliberando toda la noche, y que en la mañana del 9 de septiembre le enviaron emisarios, informándole de su decisión de rendirse.

Morazán pudo haber aniquilado al ejército enemigo, al que tenía completamente rodeado, pero prefirió aceptar la capitulación, que le fue propuesta directamente por el Teniente Coronel Aycinena, uno de los más obcecados representantes de la llamada "nobleza" de Guatemala. En esta forma, y por primera vez, los Aycinena y los Arzú recibieron personalmente una lección de táctica militar y de pundonor, del aguerrido Jefe liberal.

Triunfador una vez más en San Antonio, Morazán tenía el camino abierto hacia San Salvador, y San Salvador tenía los brazos y el corazón abiertos para recibirlo.

El 23 de octubre, en medio del entusiasmo delirante del pueblo de San Salvador, Morazán entra a la ciudad. No parecía sino que todos y cada uno de los sansalvadoreños había salido a la calle a recibir al héroe. Flores, palmas de coco, gallardetes, confetis y serpentinas adornaban las calles por donde tenía que pasar el Prócer. Los cañones lanzaban salvas, y de todas las gargantas salía el grito heroico de los salvadoreños: "¡Viva Morazán! ¡Viva Morazán!"

Ese 23 de octubre, en el corazón de San Salvador, nació para la Historia el héroe máximo de Centro América, el Defensor de la Gran Causa, el que habría de hacer realidad, durante ocho años, la Unión de Centro América.

Aunque la modestia le impide recordar en sus Memorias este glorioso recibimiento que le tributó San Salvador, Morazán no podrá olvidar nunca el suceso. San Salvador se vuelve desde ese día "su ciudad", su refugio, el último cuartel, desde el cual ha de luchar contra la nobleza—barbarie, personificada en Guatemala por Rafael Carrera.

Y en sus Memorias, escrito para la Historia de su puño y letra, deja para el pueblo salvadoreño este altísimo tributo:

"La fortuna, que jamás protege a los que huyen de los peligros de la guerra para poder disfrutar de las ventajas del triunfo, castigó a los que sitiaban la Plaza del Salvador, haciéndolos, por una capitulación, prisioneros de los sitiados y premiando de este modo el valor con que estos defendieron por tanto tiempo, su Patria y sus hogares.

"ESTE DESENLACE SE DEBIÓ A LA CONSTANCIA CON QUE EL PUEBLO SALVADOREÑO, SIN ARMAS Y SIN JEFES, SOSTUVO EL SITIO POR LARGO TIEMPO.

"Al patriotismo y generosidad de las mujeres del pueblo, que alentaban al soldado con su valor, y lo alimentaban con el trabajo de sus manos; a la firmeza con que el gobierno se negó siempre a admitir las proposiciones desventajosas que le hiciera el enemigo para rendirse; y al General Prem, que disciplinó algunas compañías y, colocándose con ellas a la retaguardia del enemigo, le interceptaba los convoyes y aprisionaba los reclutas que venían de Guatemala, batía las fuerzas que salían del Cuartel General de los sitiadores en busca de víveres, y alentando con todos estos hechos al pueblo, hizo a los soldados concebir esperanzas, y creer al Coronel Montúfar (Manuel), Jefe del Ejército sitiador, que se hallaba SITIADO (las mayúsculas son de Morazán), cuando dijo en uno de sus escritos que 'no puede sostenerse por mucho tiempo la plaza que no es socorrida, y menos cuando la atacan enemigos muchos y porfiados'."

Los salvadoreños debemos tomar nota de lo que debemos al General Prem, colombiano, y reservarle un sitio de preferencia en nuestros afectos históricos. Prem, los tres hermanos Merino, colombianos también, merecen que sus nombres sean recordados, a la par de los de los franceses Raoul, Saget y Soumaestre, que se encuentran más a menudo en los folletos que, hasta hace muy poco, nos habíamos atrevido a llamar, en Centro América, "Vidas de Morazán".

Pero ya está Morazán en San Salvador, y luego en Ahuachapán, organizando activamente un nuevo ejército.

"La presencia de Morazán en San Salvador," dice el historiador norteamericano Hubert Howe Bancroft, en su Historia de Centro América, publicada en 1887, "puso el terror en el ánimo de los guatemaltecos."

Entre los liberales de Centro América aconteció lo contrario. Los sucesos que estaban teniendo lugar en San Salvador hicieron renacer el optimismo y la idea de una invasión de Guatemala fue tomando cuerpo. En los primeros días de octubre había llegado a Guatemala una Comisión enviada por el gobierno de Costa Rica, con el objeto de mediar entre El Salvador y Guatemala. Pero ya los salvadoreños, que presentían la próxima llegada de Morazán en su auxilio, pudieron negociar en lo que ahora se llamaría "una posición de fuerza". Las gestiones costarricenses fracasaron porque los guatemaltecos no aceptaron las condiciones que Morazán y El Salvador imponían. Estos exigían una completa renovación y reorganización de todas las autoridades federales, que era precisamente lo que los guatemaltecos no podían conceder.

Mientras tanto, Morazán había instalado su Cuartel General en la ciudad de Ahuachapán y había organizado el ejército que debía tomar el nombre de "Ejército Aliado Protector de la Ley". El entusiasmo reinaba en Honduras y en El Salvador, extendiéndose hasta algunas zonas de Guatemala. Morazán demostró en este período de la organización de la invasión a Guatemala grandes dotes de organizador y hasta de diplomático. Inició, antes de la invasión militar, la penetración ideológica y moral, mostrándose en esto especialmente adelantado a su tiempo. Sus enemigos de Guatemala empezaron a sentir que su propio gobierno se desmoronaba, antes de que Morazán hubiera puesto un pie en territorio guatemalteco.

"Mientras que Morazán permanecía en Ahuachapán," dice Montúfar en sus Memorias de Jalapa, "empleaba todos los medios de seducción sobre los pueblos del Estado, y muy particularmente sobre el Departamento de Sacatepéquez, cuya cabecera se había hecho cuartel general de los descontentos, que habían logrado seducir al pueblo y organizar un plan de pronunciamiento para desconocer las autoridades del Estado existentes en la Capital, de cuyo punto dista nueve leguas. El Dr. don Mariano Gálvez, que existía en la Antigua por las consideraciones y la tolerancia de Aycinena y de las personas que influían en su gobierno, fue el alma y el motor de este proyecto. Incapaz de dirigirlo al descubierto ni de afrontar sus riesgos, los evita por una conducta simulada, que toca en el extremo de hacer un viaje a la Capital para denunciar otro proyecto de conspiración, que debía tener efecto en la misma Capital. El Gobierno descuidó mucho la Antigua Guatemala, y si alguna vez se tomaban medidas sobre aquel punto, eran relajadas después; si se enviaban tropas, luego eran llamadas a la Capital; y en esta alternativa, con un Jefe Político débil e ignorante, y con un Subprefecto de Policía poco prudente y no más ilustrado, se dio todo el tiempo que podían necesitar los descontentos para organizar su reacción. Esta tuvo lugar el 22 de enero de 1829, comenzando por reducir a prisión en la cárcel pública a todas las personas notables del vecindario que pudieran contrariarla, y estas prisiones se hicieron con la firme resolución de asesinar, según se había acordado en una Junta a que concurrieron don José Gregorio Salazar y otras personas que hoy figuran en la nueva administración. El Jefe Político, don Sebastián Morales, a pesar de su honradez, fue obligado a asistir a la Junta en que se acordó el desconocimiento del gobierno, y poner bajo la protección del General Morazán todo el Departamento, no reconociéndose otras autoridades que las depuestas en 1826. MORALES FUE EL CONDUCTO DE COMUNICACIÓN A MORAZÁN, quien al transmitir este acontecimiento al gobierno de San Salvador (Informe de Morazán al Gobierno) dice que la revolución SE HABÍA ANTICIPADO EN LA ANTIGUA, y le ponía en la necesidad de protegerla, apresurando la marcha sobre la Capital."

Como se ve, Morazán no estaba por encima de las tácticas griegas del Caballo de Troya, ni de la "Quinta Columna" usada por los franquistas durante la guerra civil española de 1936. Había en Guatemala una gran actividad diplomática, patriótica y moral que estaba siendo realizada por elementos dirigidos por Morazán desde su cuartel de Ahuachapán.

A principios de febrero de 1829, Morazán salía de El Salvador con rumbo a Guatemala y a la gloria.

CUARTA PARTE: LA INVASIÓN DE GUATEMALA

CAPÍTULO XI: NOTAS CRUZADAS ENTRE MORAZÁN Y AYCINENA

Habiendo organizado y "disciplinado", como él gustaba de decir, en El Salvador y desde su Cuartel General de Ahuachapán, el "Ejército Aliado Protector de la Ley", y asegurado del apoyo que encontraría en La Antigua Guatemala, que ya se había puesto bajo su protección, Morazán juzgó llegado el momento de empezar la invasión de Guatemala, y al mando de 2,000 hombres partió con ese rumbo.

El "Ejército Aliado Protector de la Ley" estaba dividido en tres columnas. Una de ellas, al mando del General Prem, llevaba instrucciones de dirigirse a la población de Chiquimula y de ocupar después la hacienda El Aceituno. La segunda debía acampar en la hacienda Corral de Piedra, donde debía unírsele el General francés Saget. Y la tercera, que constituía el grueso del Ejército, iba al mando del propio Morazán, con rumbo a Guanijiquilapa, y con el objetivo de acampar en el pueblo de Pinula.

El General Prem enfermó en Chiquimula, teniendo que permanecer en esa población y trasladando el mando de su División al Coronel Enrique Terrelongue, "Herique Terrelong", lo llamaba Morazán en sus Memorias.

"En Pinula," dice Morazán, "supe que la fuerza del Estado se había concentrado toda en la Ciudad." La "Ciudad" es la capital de Guatemala. Situado Morazán en Pinula, Terrelongue en El Aceituno y Saget en Corral de Piedra, se inició el sitio de Guatemala. Dejaremos la descripción de ese sitio a Morazán y a Manuel Montúfar, que representan criterios políticos opuestos. Como se verá, Montúfar se permite hacer algunas críticas a "los errores militares" de Morazán.

Dice Morazán:

"Para evitar la introducción de víveres y agua en la plaza, mandé situar una División en el pueblo de Mixco, al mando del Coronel Cerda, con orden de fortificarse inmediatamente. Pero ese Jefe, a quien solo conocía por la recomendación que de él se me había hecho, se confió en un valor del que carecía. Ni quiso fortificarse, ni tuvo la presencia de ánimo y arrojo que se necesita para defender un puesto que es sorprendido por el enemigo.

"Cerda acreditó en esa derrota su cobardía y el enemigo su crueldad, con el asesinato de los vencidos. En lugar de marchar inmediatamente sobre el Cuartel General de Pinula, aprovechando de mi permanencia en La Antigua Guatemala, a donde había ido con el fin de organizar un gobierno provisional, volvió a concentrarse en sus trincheras y yo regresé a Pinula." (Morazán se refiere al enemigo).

"Al día siguiente concentré todas las fuerzas en ese pueblo (Pinula) y marché con ellas a La Antigua Guatemala para reponer las bajas y pedir recursos al nuevo Gobierno.

"El General Nicolas Raoul, veterano del Ejército de Napoleón, que hoy ocupa un lugar distinguido en el Ejército francés, entró al servicio en concepto de Jefe del Estado Mayor.

"A la experiencia y conocimientos militares de ese Jefe (el más instruido que haya venido a Centro América), de los que siempre he hecho uso en lo que ha estado a mi alcance, debo en gran parte no haber sido nunca sorprendido, ni sufrido jamás una derrota en trece años de guerra casi continua, provocada por los desafueros de la República.

"El enemigo, envalentonado con el triunfo de Mixco, salió por segunda vez de sus trincheras, para atacarme en aquella ciudad.

"Yo marché inmediatamente a su encuentro, pero las noticias de los espías me persuadieron que no lo encontraría en el camino que yo llevaba. Me regresé por eso a la ciudad, dejando a las órdenes del Coronel Terrelong un batallón y un escuadrón, para que explorase el campo.

"En San Miguelito, una legua de distancia de la ciudad, se encontró ese Jefe con el enemigo, y se batió con tal ardor, que la Infantería, que había sido rodeada por aquel y se defendía a la bayoneta, de tal modo se confundió con los contrarios, que se le consideraba ya muerta o prisionera.

"En ese momento, usando de su arrojo acostumbrado, el Teniente Coronel Corzo, Comandante del escuadrón, con cuarenta dragones, cargó sobre el enemigo, con tan buen éxito, que llegó a tiempo de salvar nuestra infantería, que todavía peleaba, sin quererse rendir.

"Aquel retrocedió asombrado y una segunda carga completó la derrota. Cuando recibí el parte de que el Coronel Terrelong se hallaba frente al enemigo, marché con el resto del Ejército. Las descargas seguidas que se oían en el camino me acreditaban que aquel Jefe se había comprometido en una acción con tan poca tropa, pero todos mis esfuerzos por tomar parte en ella fueron inútiles. Solo llegué al campo de batalla para premiar el valor, socorrer a los heridos y proteger a los prisioneros. Perseguí los restos del enemigo hasta Sumpango, y pasé al día siguiente al pueblo de Mixco, en donde permanecí algún tiempo.

"Allí se me manifestaron, por medio del Señor Juan Antonio Alvarado, los deseos que tenía de mediar en nuestras desavenencias, el Ministro de los Países Bajos, y de tener a ese fin una conferencia conmigo. Esta tuvo lugar a los pocos días en la hacienda 'Castranaza', aunque sin ningún resultado por entonces.

"De Mixco marché a situarme en la hacienda 'Azeituno'. Antes de llegar a la de 'Las Charcas', se me aseguró que el enemigo se aproximaba a la misma hacienda. Cuando llegué a ella observé que venía a distancia de un cuarto de legua.

"Entonces conocí que quería aprovechar para atacarme el momento en que se había disminuido el ejército con la marcha de la Primera División sobre el Dpto. de Los Altos, al mando del Teniente Coronel Jonama, con el objeto de perseguir una fuerza enemiga que obraba sobre aquellos pueblos a las órdenes del Coronel Irrizarri."

"Al momento formé la fuerza para aguardar al enemigo, que en triple número se presentaba en la llanura. Todo el valle se veía cubierto de caballería, que se aumentaba a la vista con una multitud de espectadores. Esta caballería se formó fuera de los tiros de nuestra artillería ligera. El de fusil no alcanzaba al grueso de la infantería. Solo una parte de esta, en número de quinientos soldados, se aproximó, formando en batalla, a menor distancia y rompió el fuego al mismo tiempo que las guerrillas de cazadores que hizo desplegar. Los nuestros lo contestaron a pie firme.

"Cansado de aguardar que se aproximase el resto de la caballería enemiga, que continuaba a la distancia que se había colocado desde el principio, hice marchar dos compañías de cazadores por el flanco derecho y tirar algunas bombas. Estas hicieron mucho estrago en la caballería y a las primeras descargas que aquellas hicieron, avanzando siempre sobre el enemigo, este huyó, y el resto siguió su ejemplo, sin haber hecho un solo tiro. La caballería lo imitó, volviendo caras, y la nuestra, aunque en pequeño número, cargó sobre esa confusa masa de hombres, que huían sin motivo, haciendo un terrible estrago en todo el valle, y centenares de prisioneros.

"Al día siguiente marché de la hacienda de 'Las Charcas' a la del 'Azeituno', en donde permanecí hasta la llegada de la tropa que se hallaba en Quezaltenango, de la que se reorganizaba en la Antigua Guatemala, y se reclutaba en el Estado del Salvador.

"Días después me dio parte el coronel Jonoma de haberse echado el pueblo de Barrio sobre los enemigos y entregándoles prisioneros a los principales Jefes. Pero esa noticia, que no podía ser más satisfactoria, añadía estas, sumamente desagradables. Me aseguraba que el teniente coronel Menéndez había sublevado contra él la división, y que la viruela maligna, que había comenzado a propagarse entre los soldados, le obligaba a regresar al Cuartel General.

"Temiendo que muy pronto cundiera la epidemia en todo el Ejército, tomé varias precauciones para evitarlo, aunque no quedé satisfecho, por no haber encontrado la vacuna.

"Con la mediación del ministro de los Países Bajos, de que he hablado, se reunieron en el sitio de Ballesteros para tratar de la paz por el Vicepresidente de la República: los ciudadanos Arbéu, por el Gobierno del Estado de Guatemala; el General Espinosa por el Estado del Salvador; y yo, por los de Honduras y Nicaragua. Las proposiciones que por una y otra parte se hicieron fueron desechadas y los Comisionados se retiraron.

"Pero mis deseos de una transacción eran tan vivos como fundados los temores que tenía de que se disolviera el Ejército por la epidemia de viruelas. Volví por esto a excitar al General Verver, ministro de los Países Bajos, para una nueva Conferencia, a la que concurrieron los mismos Comisionados. El General Espinosa y yo, les presentamos la proposición siguiente:

"Primero. –Que se estableciera un gobierno provisorio en el Estado de Guatemala, compuesto del mismo Jefe, Ciudadano Aycinena, del ciudadano Mariano Prado, y yo;

"Segundo. –Que los dos ejércitos debían reducirse al número de mil hombres; y componerse en iguales partes de salvadoreños y guatemaltecos;

"Tercero. –Que el gobierno provisorio debía instalarse en Pinula, y entrar después a Guatemala con aquella fuerza, para dar respetabilidad al mismo gobierno, y para mantener el orden del Estado;

"Cuarto. –Un olvido general por lo pasado."

Entre los documentos que presentamos con este libro está, en la parte final, el verdadero Proyecto presentado por Morazán, que difiere sensiblemente del que citamos ahora, copiado de los Apuntes de Morazán).

"Tan satisfecho estaba yo de que sería aceptada esta proposición, porque conocía la debilidad a que se hallaba reducida la Plaza, como grande fue mi admiración al verla rechazada.

"Si el enemigo ignoraba la causa de tanta generosidad, sabía muy bien que no era acreedor a ella por la conducta observada con los gobiernos y pueblos del Salvador y Honduras, en circunstancias menos difíciles para ellos.

"Pero todavía aparece más ventajosa esa proposición, si se compara con las que hicieron a los salvadoreños para que rindieran la plaza, tan fuerte entonces, que los de alcanzar la mejor ventaja, concluyeron los sitiadores por rendirse a los sitiados.

"La Plaza fue ocupada al siguiente día (13 de abril de 1829), bajo las condiciones que le impusiera el vencedor."

Para suplir la brevedad del lenguaje que Francisco Morazán empleó en sus Memorias, agregaremos que el 11 de abril este Jefe había recibido la primera comunicación del Jefe de Guatemala, don Mariano de Aycinena, en la que proponía la suspensión de las hostilidades, para mientras se negociaban las condiciones de la capitulación. Las notas cruzadas entre Aycinena y Morazán son las siguientes:

"Al ciudadano Francisco Morazán, General en Jefe de los Ejércitos Aliados del Salvador y Honduras.

Señor General:
Creo haber llenado mis deberes, defendiendo el Estado y la Capital, hasta donde me ha parecido razonable. Ahora propongo a usted se suspendan las hostilidades, interim se arregla una capitulación, para lo que estoy dispuesto y espero se sirva usted decirme el punto a que deben concurrir los Jefes que anunciaré al efecto.

Tengo el honor de ofrecer a usted mis respetos y consideraciones.
Dios, Unión, Libertad.
Guatemala, 11 de abril de 1829.
(Firmado) MARIANO DE AYCINENA.

A esta Nota, Morazán contestó en la siguiente forma:

"Señor General:
Acabo de recibir la estimable nota de usted en la que, al manifestarme haber cumplido hasta hoy con su obligación, defendiendo este Estado y su Capital, me propone suspensión de hostilidades, para arreglar una capitulación, a cuyo efecto vendrán dos Jefes por su parte, al punto que señale. La posición en que me hallo no me permite perder un momento, ni convenir en otra cosa que no sea la rendición de la plaza, ofreciendo que se garantizarán las vidas y propiedades de cuantos existen en ella.

Creo, Señor General, que está en los intereses de usted, y de cuantos se hallan a sus órdenes, el adoptar esta proposición, pues estoy seguro de que los nuevos esfuerzos no harán más que multiplicar víctimas y desmejorar su situación.

Tengo el honor de ofrecer a usted mis respetos y consideración.
Dios, Unión, Libertad.

FRANCISCO MORAZÁN.

Como se ve, Morazán entendía muy bien las ventajas de la capitulación incondicional, el "unconditional surrender" de las tropas aliadas, al mando del General Eisenhower, bajo la inspiración del Presidente Roosevelt y del Primer Ministro Churchill, en la Segunda Guerra Mundial.

A la nota de Morazán, Aycinena respondió con otra, en esta forma:

"Señor General:
Al excitar a usted para una conferencia en la que pudiesen fijarse las bases, bajo las cuales pudiera ser ocupada esta plaza, no he tenido otro objeto que evitar la efusión de sangre y ahorrar víctimas a nuestra patria.

Veo con sentimiento que se desecha este medio tan necesario para arreglar puntos demasiado interesantes a ambas partes y que me da la satisfacción de haber agotado mis recursos a fin de impedir la prolongación de los males consiguientes a la guerra."

"Aún es tiempo, Ciudadano General, de poner término a estos desastres, cuya responsabilidad no puede ya pesar sobre el Gobierno que es a mi cargo. La conferencia sería indispensable, aún cuando la plaza se hallase en el caso de una rendición, y no veo los inconvenientes que puedan impedirla, así como tampoco alcanzo que esta llegue a verificarse sin una suspensión momentánea de hostilidades por ambas partes.

Tengo el honor de repetir a usted las seguridades de mi aprecio. —Dios, Unión, Libertad.—Guatemala, 11 de abril de 1829. —(f) MARIANO DE AYCINENA."

Todavía la nota anterior tuvo que ser contestada por Morazán, y lo fue en los siguientes términos:

"Al Ciudadano Mariano Aycinena. —
Cuando usted se sirva decirme que conviene en lo que le he propuesto en mi nota de hoy, estaré pronto a admitir los comisionados que deben arreglar la capitulación y entonces se suspenderán las hostilidades por el tiempo que sea necesario.
Señor General:

Los males de la guerra que afligen a Centro América pesarán sobre los autores de ellos y nunca sobre aquellos que lo han hecho por defenderse y por sostener los derechos del pueblo.

Tengo el honor de protestar a usted mis respetos y alta consideración. —Dios, Unión, Libertad. —(f) FRANCISCO MORAZÁN."

Al tiempo que los dos Jefes se cruzaban estas notas, las fuerzas aliadas de Morazán iban estrechando el sitio y acabando con las últimas resistencias de la plaza. La desesperación de Aycinena, de los Jefes de las fuerzas federales y de los defensores de la Capital, había alcanzado su grado más alto. Aycinena, desesperado, envió a Morazán esta última nota:

"Ciudadano Francisco Morazán, General en Jefe de las tropas de El Salvador y Honduras:

Estoy de acuerdo con las bases que usted fija en su primera nota y esto quise decir en la mía última. En tal concepto, mandaré los comisionados al punto que usted designe, desde luego que se sirva darme el correspondiente aviso.

Reitero a usted mis consideraciones y respetos. —Dios, Unión, Libertad. —Guatemala, 12 de abril de 1829. —(f) MARIANO DE AYCINENA."

Tanta era la premura de los sitiados, que sin esperar más, Aycinena envió a don Manuel Arzú y a don Manuel Francisco Pavón con una credencial que los acreditaba como Comisionados. La credencial decía así:

"Ciudadano General Francisco Morazán:

Los ciudadanos Brigadier Manuel Arzú y teniente coronel Manuel Francisco Pavón, son los Comisionados que he nombrado para las conferencias en que se debe arreglar el modo en que ocupe usted la plaza con sus tropas. Y he dado mis instrucciones y suscribo a cuanto ambos convengan.

Reitero a usted mis consideraciones y respetos. —Dios, Unión, Libertad. —(f) MARIANO DE AYCINENA."

Arzú y Pavón convinieron con Morazán en los siguientes términos para la capitulación:

Arto. 1°. —Desde esta hora habrá una suspensión de armas, y tanto el ejército del General Morazán como el que se halla en la plaza, recogerá sus partidas a los puntos que ocupan, evitando todo acto de hostilidad.

Arto. 2°. —Mañana a las diez del día entrará el ejército sitiador a la plaza principal de esta ciudad.

Arto. 3°. —Las tropas sitiadas se replegarán antes de este acto a sus cuarteles, y se depositarán en la sala de armas todas las existencias en la plaza mayor.

Arto. 4°. —El General Morazán, si lo tuviere por conveniente, incorporará a su ejército los individuos de las fuerzas capituladas que no quisieren ser licenciados, ya sean de las milicias del Estado, o de la fuerza Federal que exista unida a ellas.

Arto. 5°. —Cuatro comisionados del ejército sitiador pasarán mañana a las ocho del día a la plaza, para asegurarse del cumplimiento del Arto. 3°, y luego que se hayan recibido formalmente de todos los elementos de guerra y armas que existen en la plaza, darán aviso de ello, para la ocupación de la misma plaza.

"Arto. 6°. —El General Morazán garantiza las vidas y propiedades de todos los individuos que existan en la plaza.

"Arto. 7°. —Les dará pasaporte, si lo tuviere por conveniente, para que salgan a cualquier punto de la República, o fuera de ella.

"Arto. 8°. —El General Morazán, y los Comisionados, a nombre del Jefe que representan, ofrecen, bajo su palabra de honor, cumplir esta capitulación en la parte que les toca.

En Guatemala, a 12 de abril de 1829. —(Firman) FRANCISCO MORAZÁN, MANUEL ARZÚ, MANUEL FRANCISCO PAVÓN."

Como todos sabemos, al día siguiente, 13 de abril, entraba a Guatemala el "Ejército Aliado Protector de la Ley".

La versión que ofrece Manuel Montúfar de estos acontecimientos difiere en algunos puntos, y es conveniente conocerla. Dice así:

"El Gobierno de la Capital, teniendo a Morazán en Pinula, y después en la hacienda de Aceituno, punto dominante y fuerte sobre la misma Capital, y habiendo situado otra división en Mixco, no podía impedir que los pueblos de Sacatepéquez y Escuintla prestasen obediencia al Gobierno instalado en La Antigua. Este pronto se fortificó: todos los descontentos de la Capital se reunieron en él: Raoul tomó partido en el ejército de Morazán, y se comenzaron las operaciones sobre la Capital por pequeñas escaramuzas en Las Garitas y al frente de sus fortificaciones: el agua se cortó a la ciudad, y podía decirse sitiada, porque estaban tomadas sus principales avenidas: sin embargo, no dejaban de entrar algunos víveres, ni llegó a sentirse la falta del agua, porque aún conservaban los sitiados algunas vertientes capaces de abastecer la ciudad, mientras no se estrechase el sitio.

Entre las escaramuzas, la más notable es la del cinco de febrero, por la puerta o garita del Golfo: el Jefe que atacó por aquel punto a los sitiados tuvo que retirarse con pérdida: esta pequeña función dio algún aliento a los sitiados, que habían perdido toda su energía, reduciéndose a la defensiva, sin hacer salidas.

Los errores militares de Morazán eran reiterados: cada una de sus fuerzas o divisiones, diseminadas en Mixco, en Aceituno y en Pinula, pudo ser batida por los guatemaltecos, sin que fuese fácil a los sitiadores protegerse recíprocamente con la celeridad necesaria: pero nada se hacía. Entre tanto, Morazán era reforzado incesantemente de San Salvador y de La Antigua, y los sitiados estaban reducidos a la Capital, sin recibir auxilio de ningún punto. Tres líneas de fortificación pasajera defendían la ciudad; pero no había fuerza numérica necesaria para cubrir estas líneas en una ciudad harto extensa y abierta, en un campo sin abrigo ni apoyo, dominantes, como el santuario del Cerro del Carmen, El Calvario, La Merced, San Francisco y la Catedral, puntos todos fuertes y fáciles de defenderse, dotándoseles de fuerza, municiones y víveres. Este sistema habría impedido la internación de los sitiadores en la ciudad, aún después de tomada la primera línea.

"En medio del desaliento y del desconcierto de todas las medidas militares que se tomaban en lo interior de la ciudad, se dispuso una sorpresa sobre la división de Mixco, cuyo punto dista de la Capital cerca de cuatro leguas, en posición dominante. La fuerza de Mixco era de las más considerables de Morazán, y la mandaba don Cayetano de la Cerda. El General Cáscaras dio todas las instrucciones para el ataque antes de dejar el mando de la plaza, que debía reasumir Aycinena. La sorpresa se dio por el Coronel Pacheco, el 15 de febrero, y fue de un éxito tan glorioso como feliz para los guatemaltecos; Morazán perdió casi toda aquella división entre muertos, prisioneros y dispersos: este golpe le debilitó, acobardando su ejército y haciéndole muchas bajas, por las deserciones que siempre en las tropas de Centro América son una consecuencia de los sucesos desgraciados. Morazán tomó entonces una resolución que solo la casualidad pudo justificar: levantó el sitio de la Capital y reconcentró en La Antigua todas sus fuerzas, dejando cortadas sus comunicaciones con San Salvador, donde en quince días nada se supo de este General, comenzando a temerse que estaba sitiado en La Antigua, aunque por largos rodeos podía comunicarse por las costas de Escuintla y Sonsonate. Esta ocurrencia produjo tales temores en San Salvador, que temiéndose otra invasión de Guatemala, comenzaron a reponerse las fortificaciones de la ciudad; pero los errores militares de los guatemaltecos excedieron a los de Morazán, y no supieron sacar fruto de la victoria de Mixco. Aunque Morazán estuviese fortificado en La Antigua, sin atacarle se le pudo reducir a la ciudad y cortarle por partidas de guerrillas todas las comunicaciones y recursos; y también se le pudo atacar en regla en la misma Antigua, pues que durante su permanencia allí, envió una división a Quezaltenango, que debió ser seguida por otra de Guatemala, y desecha entre esta y las pocas fuerzas que Irisarri hubiera podido ponerle en los difíciles y ásperos caminos de Istaguacán y La Laja. En vez de esto, Irisarri, que no pudo contar con los pueblos de Los Altos, se retiró con muy pocas fuerzas hacia Soconusco, para ser destruido y hecho prisionero en los pueblos de San Pedro y San Marcos Sacatepéquez y en el de San Pablo, corroyano con Soconusco. La división de Morazán ocupó Los Altos, recogió los prisioneros que habían hecho los pueblos, sacó fuertes contribuciones, que Irisarri no había podido sacar a los quezaltecos, y la división de Morazán dejó a éstos en la impotencia de organizar ninguna clase de resistencia.

De la Capital de Guatemala salió una fuerte división al mando de Pacheco hacia los pueblos de Sumpango y El Tejar, como para reducir a Morazán al recinto de La Antigua; pero Pacheco diseminó su fuerza, dejando gran parte de ella en Sumpango y acercándose a San Miguelito con otra parte, que fue batida y dispersada en el mismo punto por las tropas de Morazán. Este suceso inesperado volvió al ejército de Morazán la fuerza moral que había perdido en Mixco, y con los reemplazos que obtuvo en La Antigua, volvió a ocupar el mismo pueblo de Mixco a principios de marzo.

Intentando pasar de este punto a sus antiguas posesiones de Aceituno y Pinula, las fuerzas de Guatemala se presentaron en la hacienda de Las Charcas, a cortarle el paso: allí estuvo perdido Morazán, y los guatemaltecos debieron obtener una victoria de grandes y casi decisivos resultados; pero el fatalismo había dispuesto otra cosa: el error y la desgracia estaban con los guatemaltecos, que en vez de una victoria, sufrieron una derrota completa y muy costosa. Debiendo atacar a Morazán cuando sus tropas salían de un barranco para desplegar en la llanura y posesionarse de las casas de la hacienda, le dejaron salir, formarse, parapetarse en los corrales y situar su artillería: entonces comenzaron el ataque las tropas de Guatemala por el flanco de Morazán mejor apoyado: la derrota siguió inmediatamente, y el campo lleno de cadáveres, prisioneros y armas, decidió para siempre la suerte de Guatemala. Morazán recobró sus antiguas posiciones, y otra vez los guatemaltecos quedaron reducidos a la ciudad, sin haber hecho el acopio de víveres necesario para sostener un sitio. Todas las operaciones de Morazán en este sitio fueron dirigidas por Raoul, que conocía el plan de defensa de la ciudad, sobre el que fue consultado y cuyos recursos conocía. A pesar de las faltas que se cometían en Guatemala, Morazán no habría podido rendir la ciudad sin la dirección de un militar inteligente.

Como se ve, Morazán y Montúfar, con pequeñas diferencias, concuerdan en cuanto a los hechos, pero los enfocan con criterios muy diferentes, que reflejan las diferencias políticas e ideológicas que en los días de Morazán dividían a Centro América. La versión

de Montúfar es más realista, y estudia con mayor detención las fortificaciones y defensas de la Capital de Guatemala.

Vuelven una vez más a diferir Montúfar y Morazán cuando escriben sobre la intervención del Ministro de los Países Bajos. Queda al investigador decidir si la memoria no le fue completamente fiel a Morazán al exponer en sus Memorias las condiciones para la rendición, o si Montúfar ha alterado el Proyecto que afirma que fue presentado por Morazán, y que presenta entre los Documentos Justificativos de sus Memorias de Jalapa. Una cosa es cierta: escribe con mayor corrección el apellido del Ministro de los Países Bajos, Verveer, que Morazán escribe con una sola "e".

Desde ese punto hasta la rendición de Guatemala, las versiones son casi iguales.

El 14 de abril de 1829, Morazán dirige al pueblo de Centro América una Proclama, redactada en el estilo heroico—militar— liberal de la época.

EL GENERAL EN JEFE DEL EJÉRCITO ALIADO DEFENSOR DE LA LEY, A LOS HABITANTES DE CENTRO AMÉRICA:

Conciudadanos:

El Estado de Guatemala, que ha sido por tanto tiempo la propiedad de los tiranos, ya pertenece a los libres, y su administración a las autoridades legítimas.

Ayer ha ocupado la Capital de la República el Ejército que tengo el honor de mandar; allanando antes con sus armas las fortificaciones que los enemigos creyeron inexpugnables, y hoy se ve humillada y abatida, a solo el peso de sus propios crímenes, esa cerviz altanera de la aristocracia que insultaba al hombre libre y le presagiaba los males de su futura suerte.

El deseado día de la paz ha llegado; el sagrado código de nuestras instituciones, que ha conservado el patriota a costa de su sangre, lo presenta como un don precioso para los pueblos, y a su vista desaparece el tiempo de las desgracias.

A este tiempo de ruinas y de horrores, de devastaciones y de crímenes, sucederá el del orden, y en él tendrá su trono la justicia y la ley, que osaron destruir los tiranos de Centro América.

Los poderes de la Federación del Estado de Guatemala, que he convocado, volverán en breve a ocupar los asientos de que fueron arrancados por la violencia del Primer Mandatario de la República, y a esta triste lección desaparecerán las esperanzas de sus cómplices, y las miras ambiciosas del usurpador.

Cuando el orden constitucional esté restablecido; cuando el que deba servir el Poder Ejecutivo de la Nación sea electo por el Congreso Federal, según las leyes, restituirá el Ejército Protector a sus respectivos Estados; y yo iré a dar cuenta de todo a sus Gobiernos, llevando la gran satisfacción de haber llenado sus deseos y cumplido con mis obligaciones.

Nueva Guatemala, abril 14 de 1829. –

La ocupación de la ciudad de Guatemala por Morazán inicia un período de gran actividad administrativa de parte del vencedor. Es este uno de los períodos más discutidos de su vida y de su actuación política. La bifurcación que había partido en dos la población centroamericana, hacía imposible la reconciliación de criterios. Los liberales eran liberales; y los conservadores eran los conservadores. Podía haber, en uno y otro bando, cuando se encontraban en posiciones difíciles, momentos en que aparentaban conciliación, pero la guerra era a muerte y sin cuartel.

Desde el momento de ocupar la plaza, Morazán asumió todos los poderes. Y en el acto fueron reducidos a prisión los Jefes principales del partido contrario: el Vicepresidente Mariano Beltranena, que había estado ejerciendo las funciones de Jefe del Estado; el propio Jefe del Estado, don Mariano de Aycinena; el Secretario de Relaciones, don Juan Francisco Sosa; y el Secretario General del Gobierno del Estado, don Vicente del Piélago. El ex—Presidente Arce, que ya no se sentía seguro ni con los unos ni con los otros, evidentemente confiaba más en la generosidad de Morazán, porque había venido casi siguiendo las tropas del General. En Guatemala, se había refugiado en su casa de habitación, y al parecer, no creía correr grave peligro, recordando la forma generosa en que Morazán había actuado con él cuando el gobierno de El Salvador lo intimó a que abandonara la ciudad de Santa Ana, en donde por un tiempo se había instalado Arce. Pero Morazán juzgó que la seguridad del Estado y de la República lo exigía, y Arce fue hecho prisionero.

El Vicepresidente Beltranena elevó a Morazán una protesta, desde su prisión:

"Hallándome en el Palacio Nacional el día de ayer con los Secretarios del Despacho, dedicado a los asuntos de gobierno, fue ocupada la Capital por las fuerzas de los Estados de Honduras y del Salvador, después de haber capitulado la guarnición que la defendía.

"El Secretario de Estado dirigió inmediatamente, por mi orden, una comunicación al General de dichas fuerzas, en solicitud de que le informase si el gobierno podía considerarse libre y expedito en el ejercicio de sus funciones; y habiéndosele contestado que desde el momento de la ocupación de la plaza debían cesar de funcionar todas las autoridades que existían en ella, repuso el Secretario de Estado: que el gobierno se abstendría de todo acto gubernativo, cediendo al imperio de las circunstancias.

"Durante estas comunicaciones, el Coronel J. Gregorio Salazar me comunicó de palabra orden de prisión, y también la intimó al Secretario de Estado.

"Fui arrancado en unión suya del Palacio del Gobierno, para ser conducido a un cuartel, por el mismo Jefe y un Oficial subalterno.

"Se ha violado en mi persona la Suprema Autoridad de la Nación, y se ha ultrajado al pueblo centroamericano.

"Yo solo puedo responder de mi administración y de mi conducta a sus representantes; la ley fundamental que lo prescribe ha sido hollada por el poder de las armas.

"Yo protesto solemnemente contra la ilegalidad y contra la violencia de estos procedimientos.

"En el cuartel en mi prisión, a 14 de abril de 1829. (Firmado) M. DE BELTRANENA.

El Secretario de Estado y del Despacho de Relaciones interiores y exteriores, justicia y negocios eclesiásticos. (Firmado) J. F. DE SOSA."

Don Juan Barrundia, que estaba emigrado, regresó a ocupar nuevamente la Jefatura del Estado. Beltranena fue sustituido por el prócer Juan Francisco Barrundia. El Congreso y el Senado quedaron disueltos y se convocó a elecciones. El Congreso se instaló el 22 de junio de 1829, y el 25 del mismo mes designó a Barrundia Presidente provisional de la República Federal.

La pena de muerte, que había sido dictada para algunos de los más comprometidos, fue sustituida por la deportación, y así tuvieron que abandonar Centro América, el ex—Presidente Arce, el ex— Vicepresidente Beltranena, el ex—Jefe del Estado de Guatemala, don Mariano de Aycinena, el Arzobispo Casaus, y todos los frailes de las órdenes de Santo Domingo y de la Recolección, a quienes se creía responsables del horrible asesinato del Vicepresidente Cirilo Flores por una multitud de indígenas, azuzados por algunos sacerdotes.

Todas estas medidas eran medidas extremas, aunque la conmutación de la pena de muerte por la del exilio incline a pensar lo contrario. Morazán había desafiado con ellas a las fuerzas más poderosas de la reacción, y éstas no se lo habrían de perdonar un solo momento. Desde el exilio estuvieron maquinando, hasta dar en tierra, aunque algunos años después, con Morazán y la causa liberal.

El 20 de abril, apenas siete días después de la capitulación, Morazán dio un Decreto anulando en todas sus partes y declarando sin ningún valor el acuerdo del 12, en virtud del cual había ocupado la ciudad. Aycinena, desde su prisión, protestó por lo que él consideraba una violación al derecho de gentes. El 26 de abril dirigió una enérgica nota de protesta a Morazán:

"Si no hay más derecho que el de la fuerza", decía en la nota, "¿qué sería entonces de la seguridad, de la propiedad, de la libertad, cuyo goce afianzan las leyes, de qué el Ejército al mando de usted se llama 'Protector'? Usted puede enjugar las lágrimas que la guerra ha hecho derramar y restituir la paz a la República. Yo, al menos, protesto no tener parte alguna en los males que se quieren causar. Protesto a la faz del pueblo de Guatemala haber cumplido con mi deber y con religiosidad el pacto celebrado solemnemente con usted. Protesto que no he dado ni podido dar motivo alguno para su quebrantamiento, cualesquiera que sean los fundamentos que se aleguen y las apariencias en que pretenda apoyarse un concepto contrario."

Decía esto Aycinena, porque la razón que dio Morazán para declarar nulo el convenio de la Capitulación era la de que algunos Jefes guatemaltecos lo habían quebrantado a su vez, permitiendo a los soldados que huyeran con las armas que portaban. Se basaba el Decreto en que existiendo en la ciudad, el 8 de abril, mil quinientos fusiles, el Ejército sitiador solamente había recibido, en el momento de la entrega de la plaza, 431 fusiles.

Esta cuestión dio lugar a largas averiguaciones y hasta una carta de Raoul, dirigida a don Manuel Montúfar, en la cual le decía a su "amigo" que cuando el Decreto se expidió y se tomaron otras medidas, él, Raoul, "ya no tenía influencia en el ánimo de Morazán".

"El 13 de abril", dice en parte la carta, "estando todavía al frente de la columna, recibí de boca del General en Jefe la orden de reducir a prisión a Arce, a Aycinena, a Beltranena y a sus Secretarios. Le hice la reflexión, que me parecía conveniente que este fuera el último día de la revolución, y le manifesté mi temor de que esta medida resultase una infracción de la capitulación; el General me contestó que no podía absolver, y que la capitulación daba garantías solamente por las vidas y las propiedades."

"Esta aseveración de Raoul podrá ser cierta", dice Montúfar, "pero cuando dio su Informe el 8 de mayo sobre el reclamo de Aycinena contra la violación de la capitulación, HABÍA MUDADO DE OPINIÓN."

El Decreto llamado de "Amnistía" fue emitido por Morazán el 4 de junio, y a pesar de que salvó las vidas de Arce, Aycinena, y del propio Montúfar, entre otros, Montúfar, hablando como vocero de los conservadores, lo combate en esta forma:

"Jamás fueron más profanadas las palabras de amnistía y de indulgencia que cuando se sustituyeron a la de proscripción de un Estado entero. En efecto, por estos dos Decretos del 4 de junio (verlos entre los Documentos que presentamos con este estudio), resulta reo todo el pueblo del Estado Soberano de Guatemala; este pueblo es el que se amnistía o indulta, y las excepciones de esta gracia son todos los que obtuvieron cargos públicos, todos los que prestaron auxilios para sostener un gobierno, sea legítimo o de hecho, y, por último, todos los que, directa o indirectamente, contribuyeron al mismo fin: Esto será siempre escandaloso en los anales del furor revolucionario."

De las protestas que Arce, Aycinena y otros prisioneros enviaron a Morazán, dice el historiador Bancroft, norteamericano, que "son la mejor prueba de que Morazán no era un tirano".

De todas las medidas que en este período tomó Morazán, sin duda la más impresionante y espectacular es la de la expulsión de los frailes. "Durante la noche del 10 al 11 de julio", dice Bancroft, "una fuerza armada, actuando por órdenes de Morazán, se posesionó del Arzobispo (Casaus) y de los frailes de varias órdenes, y los despachó a la costa atlántica, de donde embarcaron hacia La Habana. Esta medida fue después aprobada por el Congreso. Los frailes expulsados fueron los Dominicos, Franciscanos y Recoletos. Los de la Orden de la Merced no fueron expulsados. Eran unos pocos y no se habían dedicado activamente contra la causa liberal. Los Hospitalarios Betlemitas, que dedicaban su tiempo a la enseñanza y al cuidado de los enfermos, tampoco fueron expulsados. Algunos de los frailes se dijo más tarde que habían muerto durante el viaje, por las condiciones en que tuvieron que viajar. El mismo Montúfar confiesa que no era posible que en los buques, los reverendos se alimentaran con las mismas suculentas viandas a que estaban acostumbrados en sus conventos. En cuanto al Arzobispo, viajó con todo confort. Juan B. Asturias, quien hizo el inventario de sus propiedades, informó el 31 de diciembre de 1829, que 436 pesos se habían pagado por una mula con montura, que llevó al Arzobispo a la costa. Se le concedieron 4.000 pesos para gastos de viaje, y 2.016.50 para pagar a sus pajes que debían transportarlo a él y sus efectos. Una persona que tiene todo eso no puede llamarse desprovista. San Pedro no habría necesitado tanto."

Que la expulsión de los frailes haya sido una medida absolutamente necesaria, la mayoría de los historiadores serios lo dudan. Pero, como hemos dicho ya varias veces, la guerra entre liberales y conservadores era a muerte. Y cuando les llegó el turno a los conservadores, se mostraron más crueles y despiadados de lo que habían sido con ellos los liberales.

El Congreso Federal, sin embargo, no se contentó con confirmar la expulsión de los frailes, sino que felicitó al Ejecutivo por el celo con que se había realizado la expulsión. El Arzobispo Casaus llegó a la ciudad de La Habana gozando de magnífica salud. El Gobierno español le otorgó una pensión de seis mil pesos, y más tarde se le nombró para ocupar una sede vacante en La Habana, sede que conservó hasta su muerte. Años más tarde, la Asamblea Constituyente de 1839 restituyó a Casaus todos sus anteriores derechos, reconociéndolo como el legítimo Arzobispo. Se le invitó repetidas veces para que regresara a Guatemala, pero él se negó a regresar.

El 28 de julio de 1829 la Asamblea de Guatemala decretó la supresión de todas las órdenes monásticas, exceptuando a los hospitalarios betlemitas, a los que se permitió permanecer como sacerdotes seculares. Se suprimieron los conventos de monjas, y se confiscaron todos los bienes que les pertenecían.

El Congreso Federal aprobó este acto con fecha 7 de septiembre, declarando que la Nación ya no recibiría ni reconocería dentro de su territorio ninguna orden religiosa.

A fines de noviembre, Morazán, que era el legítimo Jefe del Estado de Honduras, se vio obligado a regresar a ese país, en donde su antiguo adversario, el Coronel Domínguez, estaba organizando un movimiento en contra del gobierno constituido. En Honduras, para dirigir él mismo las operaciones de pacificación, depositó el mando en el Consejero Juan Ángel Arias.

Para el año de 1830 había logrado su objetivo, y esta fecha coincidía con la renovación que debía efectuarse de las autoridades federales de elección.

El sabio José del Valle vuelve a aspirar a la Presidencia de la República Federal, y él y Morazán se disputan los votos. El escrutinio se realizó en junio de 1830. Morazán había recibido mayoría de votos, pero no la necesaria para ser electo, si los votos se hubieran de contar, como en 1825, para las elecciones en que se disputaron la Presidencia Arce y Valle, es decir, por el total de votos de los Colegios Electorales, y no por el total de votos efectivamente recibidos. El Congreso Federal no se inmutó. La maniobra que se había realizado para dar el triunfo a Arce cinco años antes se realizó... al revés.

El Congreso decidió que la votación debía decidirse por el total de votos recibidos. Y el Sabio, filosófico, y comprendiendo tal vez que la situación de Centro América exigía la presencia en la Presidencia de un hombre enérgico y activo, aceptó con generosidad la sentencia. El absolutismo parlamentario que había elegido a Arce en 1825, eligió a Morazán en 1830.

QUINTA PARTE: PRIMER PERIODO PRESIDENCIAL DE MORAZAN

CAPÍTULO XII: MORAZÁN, ELECTO PRESIDENTE DE LA REPÚBLICA FEDERAL

Morazán entró a ser el segundo Presidente electo por votación popular de la República Federal de Centro América, el 16 de septiembre de 1830. Entre el General Arce, el primer Presidente electo por votación popular, y Morazán, habían ejercido la Presidencia, primero, el Vicepresidente don Mariano Beltranena, en quien Arce depositó el mando en tiempos de la guerra con El Salvador, y después, a partir de la toma de la Capital de Guatemala, don José Francisco Barrundia, quien fue llamado del exilio para hacerse cargo de la Presidencia.

La característica de los primeros tiempos de la Administración del General Morazán es la MODERACIÓN. Como lo dice magistralmente Montúfar en sus "Memorias de Jalapa", el Presidente "se atrincheró detrás de la magistratura civil". Montúfar no dice esto en tono de elogio, pero la gran verdad que logró encerrar en una frase tan bien hallada, viene a ser, a pesar de la intención contraria de quien la escribió, el mejor elogio que puede hacerse al héroe de la Federación. Tiene esa ventaja el buen escritor e historiador, y es que en su inspiración está el aliento de la verdad. Le resulta casi imposible mentir, o tan difícil, que cuando miente, su estilo pierde toda la fuerza. Queriendo acusar a Morazán de inercia, Montúfar lo revela a Centro América como un ciudadano ejemplar para quien la Presidencia no es pretexto de mando, sino una "Magistratura Civil".

La República que lo había hecho Presidente no podía encontrarse en un estado más lamentable. Las rentas públicas habían casi desaparecido y el Tesoro Público se hallaba agotado por los gastos de la guerra. En la Capital, los comerciantes, sobre quienes habían pesado impuestos y confiscaciones de uno y otro bando, alternativamente, no encontraban alicientes para rescatar sus negocios de la ruina. Los más importantes capitalistas habían pertenecido al partido vencido de los aristócratas; las familias se hallaban divididas; muchos ciudadanos de importancia estaban en el exilio; y, sobre todo, la Iglesia, sobre cuyas instituciones estaba fundada la economía de los tiempos de la Colonia, se veía reducida a la inactividad, y esto producía un cese de la mayor parte de la actividad de la ciudad de Guatemala.

El Estado de Guatemala lo formaba entonces lo que se consideraba una zona "inmensa" entre los dos Océanos, comprendida entre el Río Paz y los límites de las provincias de Chiapas y Yucatán. La población total de los departamentos de Guatemala y Escuintla, que incluían la Capital de Guatemala, no ascendía sino a 87,129 habitantes. La única "Ciudad" era la Capital. Fuera de la Capital, había en esos departamentos siete "Distritos", cinco "Villas", 32 "pueblos" y doce "lugares sin Municipalidad", o "caseríos".

Quezaltenango y Soconusco sólo contaban con ciudad, Quezaltenango, más siete distritos, dos villas, 36 pueblos y tres "lugares sin Municipalidad", con una población total de 61,242 habitantes.

Verapaz y el Petén comprendían una Ciudad, tres villas, seis Distritos, y 25 pueblos, con una población total de 65,041 habitantes.

Sacatepéquez y Chimaltenango tenían igualmente una sola ciudad, siete distritos, tres villas, 52 pueblos, con una población total de 94,609 habitantes.

Sololá y Suchitepéquez carecían de una población que mereciera la categoría de Ciudad. Contaban sólo con seis distritos, cinco villas y un "lugar sin Municipalidad", con una población total de 59,718 habitantes.

Los primeros Censos que se levantaron sobre la población de Centro América coinciden en fijar una población media de un millón y medio para las cinco Provincias, con los agregados de Chiapas y Soconusco, que entonces pertenecían al Reyno de Guatemala. El Barón de Humboldt hizo un cálculo de un millón cuatrocientos mil. Posteriormente, en la "Historia de Guatemala" de don Domingo Juarros, la población se fijó en dos millones de habitantes. Los intentos de Censos que se hicieron más tarde hicieron concluir a los encargados de realizarlos que los anteriores habían fijado un número muy bajo, pero en todo caso, la población de toda Centro América no pasaba, en tiempos de Morazán, de tres millones de habitantes.

El sistema de Rentas antes de la Independencia estaba bien organizado y alcanzaba para cubrir los gastos del "Reyno", pero estaba basado en la organización de un Estado teológico y colonial, y tuvo que hacerse a un lado desde los primeros años de la Independencia. Los Próceres, por desgracia, no tuvieron tiempo de reorganizar económicamente el nuevo Estado que había surgido. Las discordias y la bifurcación se presentaron casi inmediatamente, de manera que la República de Centro América se encontraba en la posición de quien se ha desprendido de un sistema económico y no lo ha sustituido con otro. El "tributo", que pagaban durante el sistema colonial todos los "indios" mayores de 18 años y menores de 60, fue suprimido, y con él otros impuestos de naturaleza religiosa, como los novenos de diezmos y las vacantes religiosas. Quedaron vigentes los productos de la Casa de la Moneda, los "quintos de metales", que era un impuesto sobre los productos de minería.

El Gobierno Federal era el que más padecía de la nueva organización. Dentro de la República Federal, los Estados conservaron sus rentas y no contribuían a la formación y mantenimiento de una Hacienda Federal, exhaustos como estaban casi todos, por las continuas revoluciones.

Así, pues, el General Morazán se hizo cargo del Gobierno de una República Federal pobre y sin fuentes seguras de ingresos. Desde su primer Mensaje oficial demostró su preocupación por la reorganización del país. Comprendía que la instrucción pública era la única base sólida para el progreso y mejoramiento de Centro América. En su Mensaje—Contestación al Presidente del Congreso, en las ceremonias de la Toma de Posesión, dice a este respecto:

"La instrucción pública, que proporciona luces, destruye los errores y prepara el triunfo de la razón y de la libertad, nada omitiré para que se propague, bajo los principios que la ley establecerá. Por desgracia hasta ahora, parte de la juventud se vé entregada en manos de la ignorancia y de la superstición; los funestos vicios del sistema colonial se trasmiten entre nosotros de padres a hijos, y el trastorno y las revoluciones que se han repetido en los Estados desde la Independencia, son la escuela en donde aprende a conocer sus derechos esa desgraciada y preciosa parte de la República, que es la destinada a consolidar el sistema que nos rige."

Su visión de estadista centroamericano le hacía ver con claridad la enorme importancia de un futuro Canal por Nicaragua. El proyecto de ese Canal preocupaba la opinión pública y oficial desde los días de la Gran Constituyente de 1824, debido a las proposiciones que se habían hecho al Gobierno de la nueva República de parte de importantes empresas francesas. Refiriéndose a ese proyecto, dijo Morazán, en su primer Mensaje:

"Esta obra grandiosa por su efecto y sus resultados tendrá el lugar que merece en mi consideración, y si yo logro destruir siquiera los obstáculos que se opongan a su práctica, satisfaré en parte los deseos de servir a mi Patria."

No se puede dejar de mencionar su comprensión de la necesidad de hacer conciencia sobre el destino unitario del Continente americano. En otro párrafo del primer Mensaje dice así:

"La alianza de los pueblos americanos, aunque se ha frustrado hasta ahora, no está lejos el momento de ser puesta en práctica en combinación admirable. Ella hará aparecer al Mundo Nuevo con todo el poder de que es susceptible por su ventajosa posición geográfica e inmensas riquezas; por la Justicia de los Gobiernos y por la identidad de sus sistemas; por su crecido número de habitantes, y sobre todo, por el común interés que nos une."

Por este párrafo puede verse cómo Morazán compartía el ideal Panamericano de Bolívar, y cómo se adelantaba a las formas modernas de "integración" por medio de la "identidad de sistemas".

"Morazán se superó para fomentar la educación y la industria nacional", dice el historiador norteamericano Bancroft. "La Agricultura y el comercio empezaron a revivir, pero por desgracia esto no habría de continuar por mucho tiempo. El demonio de la lucha política andaba suelto, una vez más."

Para realizar la vasta labor que se había propuesto, Morazán empezó por rodearse de los mejores hombres con que podía contar. En 1831, su Gabinete de Gobierno estaba integrado de la siguiente manera: Ministro de Justicia y Negocios Eclesiásticos: don Manuel Julián Ibarra; Ministro de Guerra y Marina: General Carlos Salazar; Ministro de Relaciones Exteriores: Dr. don Pedro Molina; y Ministro de Hacienda: Dr. Pedro J. Valenzuela.

En los primeros años de la República Federal, los Estados estaban regidos políticamente en esta forma: El Dr. Mariano Gálvez era Jefe de Guatemala; el Dr. José María Cornejo, Jefe del Estado de El Salvador; el Coronel José Antonio Márquez, Jefe de Honduras; el Dr. don Dionisio de Herrera, Jefe de Nicaragua; y don Juan Mora Fernández, Jefe de Costa Rica.

Respaldando el interés que Morazán demostraba por la Instrucción Pública, el Lic. hondureño Arturo Humberto Montes, cita una noticia que aparece en el "Boletín Oficial" de Guatemala, correspondiente al día primero de mayo de 1831. Este "Boletín" figura en el Archivo Nacional de Guatemala, en la sección "Federal". La nota dice así:

"El año pasado fue establecida una escuela de primeras letras en esta ciudad, por el método de Lancaster. Verificado un exámen general, se han notado progresos asombrosos y se han palpado sus ventajas."

"A este examen concurrieron el Presidente de la República; el Vice—Jefe del Estado de Guatemala, funcionarios de los Cuerpos representativos y diversos empleados y ciudadanos particulares.

"La escritura, la lectura y la aritmética fueron el material principal del examen, y causaba cierta admiración ver ejecutar operaciones difíciles a los jóvenes tiernos; que niños de cinco años pudiesen ya formar caracteres perfectos y escribir una cantidad sobre la pizarra, y que este fuese el fruto de solo tres meses de enseñanza.

"A los premios designados, del fondo para la Escuela, el Presidente de la República los distribuyó, agregando escudos de oro. Los progresos sucesivos serán aún mayores, por el estímulo puesto en este examen, y el General Morazán parecía más grande, premiando a la tierna juventud de que estaba rodeado, de lo que fue recogiéndo laureles en la campaña, o impávido en medio del fuego de la guerra."

La noticia del "Boletín Oficial" no se distingue mucho, ni en la mala redacción, de las que actualmente leemos en las propagandas oficiales de los Estados modernos. Pero cuando se toma como base para la propaganda de una administración la obra que se realiza en el ramo de Instrucción Pública, hay razones para creer que se trata de un gobierno genuinamente interesado en el progreso y en la cultura. Recuérdese a este efecto el período de obsesión cultural que vivió el

México de la Revolución, en los tiempos en que el Ministerio de Educación estaba en manos de José Vasconcelos. Si la lectura de la noticia del "Boletín Oficial" no puede dejar de provocar una sonrisa, por la semejanza a las noticias oficiales que leímos ayer, en el Diario, o la Gaceta o el Boletín Oficiales, detengámonos a reflexionar que por lo menos Morazán se adelantaba a su tiempo, señalando a la opinión pública lo que su administración estaba realizando en el campo de la instrucción pública.

Mas apenas había terminado Morazán su primer año de gobierno cuando, una vez más, se soltó por Centro América "el demonio de las divisiones políticas", como le llama Bancroft a ese fenómeno que nosotros queremos llamar "La Bifurcación Política de Centro América".

El partido servil, aunque derrotado, no había permanecido inactivo. En 1831 organizó un complot contra el régimen liberal de Morazán que tenía ramificaciones por todas partes. El ex—Presidente Arce invadiría desde México, bajando por el lado de Soconusco. El Coronel Domínguez, el viejo enemigo de Morazán desde los días de San Miguel, ocuparía Honduras. Y por el mismo tiempo, el aventurero español Ramón Guzmán, a la cabeza de 200 negros, se posesionaría del Castillo de Omoa y haría ondear la bandera de Fernando VII. La ramificación de este complot se extendería hasta El Salvador, como pronto veremos, en donde la traición estaba personificándose en el Jefe de ese Estado, don José María Cornejo.

En la primera mitad del mes de diciembre de 1831 se recibió en Guatemala, procedente de Honduras, la noticia de que Guzmán, a la cabeza de 200 negros, se había posesionado del Castillo de Omoa. El "Boletín Oficial" de Guatemala, con fecha 15 de diciembre, publica la información en la forma siguiente:

"Por un correo extraordinario que acaba de llegar este mismo día, mandado por el gobierno del Estado de Honduras, se ha tenido la desagradable nueva de que el pérfido y revolucionario Ramón Guzmán, español, puesto a la cabeza de 200 morenos, sorprendió el fuerte y cuartel de Omoa el 21 del mes próximo pasado, habiéndose tomado el armamento y municiones de guerra que allí había y poniendo en el momento 500 hombres sobre las armas. Esta noticia la ha confirmado el Jefe de Honduras por interceptación que ha hecho de dos cartas particulares que dirige el expresado Guzmán a dos vecinos del Departamento de San Miguel, incluyendo una proclama de Domínguez y otra suscrita por él mismo."

"La revolución que ha fraguado este presidiario parece estar en consonancia con la que se propone hacer a este gobierno el expulso Domínguez, según una carta que se remitió inmediata—mente al Presidente de la República, de todo lo que se impuso al público en el "Boletín" del 28 de octubre último y por la tentativa que por las Chiapas está haciendo el ex—Presidente Arce. Pero este suceso que los enemigos de la República consideran favorable a sus siniestras intenciones, no lo será sino por poco tiempo. Ni Arce, ni Domínguez, ni Guzmán, ni ningún otro con sus planes premeditados y combinados, serán capaces a destruir el sólido edificio de la paz y libertad que se levanta en Centro América, a pesar de sus enemigos."

Morazán habría de vencer estas primeras dificultades, pero no sin que antes dieran lugar a uno de los fenómenos menos bien estudiados de los años de la Federación: el del Distrito Federal "ambulante".

Arce había realizado su invasión con muy pocos hombres, unos cien descontentos, que fueron derrotados por las fuerzas que Morazán mandó a detenerlos, al mando del General Raoul. La derrota se realizó en Escuintla de Soconusco, el 24 de febrero de 1832. Guzmán se vio acosado por las tropas al mando del Coronel Terrelongue. Desesperado, izó la bandera española en el Castillo, en la goleta "Ejecutivo", cuyo nombre cambió por el de "General Domínguez", envió a pedir ayuda al Capitán General de Cuba, presentándose él y sus súbditos, como leales a la Corona del Rey de España. Pero el "Ejecutivo", navegando bajo el nombre ilegítimo de "General Domínguez", fue capturado por la goleta "Deseada", con toda su tripulación, cargamento y armamentos. El Cuartel rebelde de Omoa se rindió el 12 de septiembre de 1832, después de un sitio de cinco meses. Ramón Guzmán fue fusilado al día siguiente, en el mismo fuerte, por órdenes del Coronel Agustín Guzmán, por estar Terrelongue sufriendo de grave enfermedad. La bandera española que había ondeado en el Fuerte fue llevada a Guatemala, y en el aniversario de la Independencia, fue arrastrada por las calles de la Capital, atada a la cola de un caballo.

El Coronel Domínguez se había posesionado del puerto de Trujillo, casi al mismo tiempo que Guzmán se posesionaba de Omoa. El Gobierno Federal tenía dos goletas armadas en Izabal, a más de dos barcos nacionales bajo el mando de Terrelongue. Domínguez capturó el barco francés "Fénix", cuyo Capitán era el francés Duplessis, a quien Domínguez tomó prisionero y fusiló en la plaza de Omoa. Duplessis murió como un héroe. Su ejecución fue un asesinato exactamente igual, sino peor, al del General Merino, a quien, como se recordará, había hecho fusilar, en una forma absolutamente ilegal e injusta, en la plaza de San Miguel, el mismo Coronel Domínguez.

Domínguez llegó a Yoro el 7 de marzo de 1832 y fue derrotado en Tercales el 9 del mismo mes, y nuevamente en Olanchito. Se vio obligado a huir hacia Trujillo dejando atrás doscientos fusiles, otras armas y el dinero de sus tropas. Bancroft asegura que entre los objetos dejados atás por Domínguez había un gran número de rosarios y oraciones a la Virgen de Guadalupe. Habiéndose trasladado a Omoa organizó una tropa de seiscientos hombres, y con ella atacó a las fuerzas federales en Jaitique, el 26de marzo. Fue derrotado una vez más, y huyendo hacia Opoteca, fue perseguido, capturado y conducido a Comayagua. En esa ciudad pagó todos sus crímenes, siendo fusilado el 14 de septiembre.

Por la narración anterior puede deducirse la importancia de este complot. El Arzobispo Casaus, desde La Habana, estaba ya movilizando al clero. El Obispo Fray Luis García, de Chiapas, apoyaba al ex—Presidente Arce, cuyos amigos aseguraban que estaba respaldado por el Gobierno mexicano.

Mas las ramificaciones que tuvieron repercusiones más inmediatas fueron las que el complot tenía en El Salvador. El Jefe de este Estado, don José María Cornejo, de quien Montúfar, en su "Reseña Histórica", dice que era "un servil en el fondo, e indudablemente tenía relaciones con los invasores; como fue probado en la proclamación de Domínguez y del Padre Herrera y en los elogios que los serviles hacían de él y su rebelión, había empezado a impacientar al Gobierno Federal de Morazán con quejas y protestas". Todo el malestar giraba alrededor de uno de los más grandes errores de la Constitución Centroamericana de 1824, al no haber fijado el lugar que ocuparía el Distrito Federal, es decir, la sede del Gobierno y residencia del Presidente de la República, del Congreso y Senado Federal.

El Art. 65 de la Constitución de 1824 solamente decía que "cuando las circunstancias de la Nación lo permitan, se construirá una ciudad para residencia de las Autoridades Federales, las que ejercerán en ella una jurisdicción exclusiva". Después de la organización de la República Federal, el Presidente y demás altos funcionarios del Gobierno Federal habían residido en la ciudad de Guatemala, que se consideraba, al mismo tiempo, la capital de la Federación y Capital del Estado de Guatemala. Por un corto tiempo las Autoridades del Estado de Guatemala se habían trasladado, en tiempos de Arce, a la Antigua Guatemala, precisamente por los inconvenientes que provocaba la existencia de dos gobiernos en una misma ciudad. Pero luego habían regresado a la ciudad de Guatemala, y el malestar había vuelto a presentarse.

La situación era típicamente centroamericana. Los guatemaltecos se resentían de tener en su antigua ciudad capital al Gobierno Federal, de mayor importancia que el Gobierno del Estado. Y los otros Estados centroamericanos se resentían de que la sede del Gobierno Federal estuviera en Guatemala.

Este estado de cosas habría de dar lugar al peregrinaje de Morazán en busca del lugar más conveniente para instalar la Capital Federal. En su manifiesto de Jalpatagua, fechado el 2 de enero de 1832, Morazán se refiere a este problema:

"La residencia de las Autoridades Federales en Guatemala ha sido el continuo pretexto de quejas y desavenencias entre aquellas y el Estado de El Salvador. La habitual resistencia que este ha puesto a las Leyes emitidas por el Congreso, se ha fundado en la errónea opinión de sus hijos de que todo se hace en Guatemala por la intriga, por el influjo inmediato de los guatemaltecos y por su espíritu de capitalismo, usando la expresión de un distinguido salvadoreño."

Morazán decidió entonces trasladar la sede del Gobierno Federal a la ciudad de San Salvador. Lo que en realidad perseguía era dominar la situación de rebeldía en que el Jefe del Estado salvadoreño, Cornejo, se había colocado. No es posible pensar, como lo afirman algunos historiadores, apoyados en declaraciones políticas de Morazán, que éste creyera que con su presencia en San Salvador terminaría toda la oposición. Morazán estaba informado de lo que realmente sucedía en El Salvador y tenía razones de peso para creer que Cornejo lo estaba traicionando. Puede haber albergado esperanzas de que una actitud conciliadora de su parte tuviera la virtud de hacer reflexionar al Jefe salvadoreño.

Al tener noticias Cornejo de los proyectos de Morazán, reunió extraordinariamente la Asamblea de El Salvador, la cual emitió un Decreto por el cual se declaraba inadmisible el traslado de la Capital Federal a San Salvador, y se prohibía al Presidente de la República, General Morazán, entrar a territorio salvadoreño, agregándose que si a pesar de la prohibición, el Presidente continuaba la marcha que había emprendido hacia San Salvador, se le resistiera y se le rechazara por la fuerza. Esta resolución de la Asamblea salvadoreña fue comunicada al Dr. Pedro Molina, Ministro de Relaciones Exteriores de la Federación, el 29 de diciembre de 1831. El Dr. Molina contestó, por conducto del Ministro general, al Jefe Cornejo, con una nota fechada el 19 de enero de 1832, en Jalpatagua.

La nota dice así:

"Al ciudadano Jefe del Estado del Salvador. — En el camino he recibido el día de hoy la nota de usted de 29 de diciembre pasado, transcribiéndome el Decreto de la Asamblea reunida extraordinariamente, en que se ha servido acordar: 1° — Que desaprueba la determinación que el Poder Ejecutivo, en uso de sus facultades extraordinarias, tomó de trasladarse a esa ciudad. Y 2° — Que si continúa su marcha, se le desconozca e impida su entrada por la fuerza, expidiéndolo del territorio; y habiéndolo puesto en conocimiento del ciudadano Presidente, ha acordado decir a usted en contestación, que lo decretado por la Asamblea no le hará retroceder un paso y que continúa su marcha, a efecto de que la autoridad que se ha creído competente para embarazar sus miras y determinaciones las impida de hecho con la fuerza armada, lo que le será muy fácil verificar, no llevando otra cosa en su apoyo, el ciudadano Presidente, que la moral que le da su representación en la República, a la que compete el derecho de juzgar si la Asamblea, excediéndose de los límites de sus atribuciones, poniendo obstáculos al Ejecutivo Nacional en sus planes de defensa de la República y otros objetos de interés común, ha cometido un crimen digno de escarnio.

"Esta ocasión, ciudadano Jefe, me proporciona la de reiterar a usted las seguridades de mi aprecio.

Dios, Unión, Libertad.

(f) PEDRO MOLINA."

Después de haber dirigido al pueblo centroamericano el Manifiesto de Jalpatagua, en el que exponía los motivos del traslado de la capital a San Salvador y hacía ver lo ilegal de lo resuelto por la Asamblea de aquel Estado, Morazán emprendió su marcha hacia la ciudad salvadoreña de Santa Ana. En esa ciudad recibió una nota del General Vicente Villaseñor, quien, destacado por Cornejo con una columna para detener a Morazán, se había detenido en Coatepeque. La nota de Villaseñor decía así:

"Coatepeque, enero 5 de 1832. — Ciudadano Presidente de la República: Acabo de llegar a este pueblo con la división de mi mando, y uno de los objetos con que el Gobierno del Estado ha hecho marchar la fuerza es con el de sostener la providencia en que se dispone que ninguna de las Autoridades Federales se introduzca al territorio del Estado, oponiendo la fuerza en caso necesario. En las instrucciones que el Gobierno me ha dado, me previene que si las Autoridades Federales, o alguna de ellas, se introduce en el Estado, la haga regresar, haciendo que se le trate con el debido respeto. Nos hallamos en este caso, y es que el ciudadano Presidente de la República se sirva regresar. Si yo, como soldado del Gobierno del Estado, debo guardar toda consideración debida al supremo Gobierno de la República, espero que usted, que es la persona que se halla investida con él, no dé lugar acaso a un paso inevitable por mi parte y tal vez funesto para la República.

Reciba usted, ciudadano Presidente, las consideraciones de mi respeto.

Dios, Unión, Libertad.

(f) V. VILLASEÑOR."

A esta nota de Villaseñor contestó, en nombre de Morazán, el Dr. Pedro J. Valenzuela, que había acompañado a Morazán en su viaje a El Salvador. Decía la contestación:

"Ciudadano Vicente Villaseñor. — Es recibida en este momento la comunicación que usted dirige al Señor Presidente de la República, intimándole las órdenes que trae de su gobierno para sostener la providencia de la Asamblea en que dispone que ninguna de las autoridades federales entre en el territorio del Estado, oponiéndole la fuerza en caso necesario. El Ciudadano Presidente me ha ordenado, para que usted lo comunique a su gobierno, que accede a la fuerza que se le opone, porque ha venido en paz y con el único objeto de promover el bien de la República, y en consecuencia, no debiéndose frustrar sus miras benéficas por la oposición gratuita de las autoridades de este Estado, ha acordado trasladarse al de Nicaragua, dando cuenta con lo acaecido al Cuerpo Conservador, para que, si lo estima conveniente, reúna extraordinariamente al Congreso o le dé cuenta en sus próximas sesiones ordinarias.

Dios, Unión, Libertad.

Santa Ana, enero 5 de 1832.

(Firmado) VALENZUELA."

No se permitió tampoco a Morazán pasar por territorio salvadoreño en tránsito para Nicaragua, por lo cual el Presidente de la República Federal se vio en el caso de regresar a Guatemala.

Había empezado la era del "Distrito Federal Ambulante", y Morazán, Presidente Federal de una República importante, andaba como un mendigo, buscando hospedaje para él y su Gobierno Federal. Esta situación trae a la memoria aquellos rois fainéants, de Francia, que recorrían el territorio francés, con sus Ministros y sus Cortes, en carros tirados por bueyes o burros, e instalaban su trono en cualquier castillo en donde un señor feudal les diera posada.

Mientras regresaba a Guatemala, Morazán debe haber meditado sobre los inconvenientes del sistema federal, sobre todo cuando en el momento de la organización, se ha olvidado de fijar un sitio como sede definitiva de las Supremas Autoridades. Aunque de mala fe e inspiradas en odios y rivalidades, tal vez las reformas que pedían algunos de los Jefes de los Estados Centroamericanos, entre ellos el mismo Cornejo, habrían sido necesarias. A ese ambular de Morazán y el Gobierno Federal condujo el sistema que ahorcaba toda la autoridad del Ejecutivo, dando lugar al absolutismo del Congreso. Y el olvido de los Constituyentes, cuando no fijaron la Capital Federal, hizo que el Presidente no tuviera una casa, un albergue propio, teniendo que vivir y ejercer sus funciones a la merced del Gobierno del Estado que le permitía instalar su Gobierno Federal en su territorio. Sólo la benevolencia de algún Gobierno podía hacer el milagro de que el Gobierno Federal tuviera un lugar en el cual instalarse. Tal vez si se hubiera creado pronto un Distrito Federal, en donde el Gobierno de la República hubiera tenido jurisdicción exclusiva, los Estados habrían visto con simpatía esa zona, y habrían cuidado de que se mantuviera libre de las zozobras de la política, y hasta habrían contribuido económicamente a convertirla en una ciudad que habría sido el prototipo de las demás ciudades.

Pero no se remedió a tiempo el olvido de los Constituyentes, y a causa de ello la vida política de la República Federal de Centro América presentó al mundo ese fenómeno único de un Gobierno ambulante y menesteroso.

En el caso del Jefe José María Cornejo, sin embargo, la traición ya había tomado posesión de su alma. El Jefe del Estado de Guatemala, Dr. Gálvez, previendo conflictos serios entre El Salvador y Guatemala, envió al Coronel Nicolás Espinosa a San Salvador, con poderes para mediar entre Morazán y Cornejo. Espinosa, al acercarse a la población de Atiquizaya, tuvo informes de que ya estaban giradas las órdenes de detenerlo a él también, y emprendió el regreso a Guatemala, descontento e indignado ante la actitud de Cornejo.

Declarado el Gobierno de Cornejo en abierta rebeldía al de la República Federal, el paso siguiente tenía que ser el de separarse de la Federación. Este paso se dio por el Gobierno del Estado de El Salvador el 7 de enero de 1832. Un Decreto declaró suspendido el pacto de Unión y la secesión del Estado de El Salvador.

Mas el pacto de unión todavía era fuerte en los demás Estados, y en esta ocasión demostró Centro América que, si un Estado podía perder temporalmente el juicio, la voluntad de los demás podía poner remedio al conflicto. El Gobierno del Estado de Guatemala aceptó su obligación de ayudar al Gobierno de la República por todos los medios a su alcance. Nicaragua, en donde el Jefe era don Dionisio de Herrera, pariente político y amigo leal de Morazán, no solamente contribuyó con una división de 800 hombres, sino que por Decreto declaró fuera de la ley a los nicaragüenses que prestaran su apoyo a la causa de El Salvador. Correspondencia con el enemigo, o cualquier expresión verbal o escrita que directa o indirectamente lo favoreciera, sería penada con la muerte. Costa Rica, por medio de su Ministro de Relaciones, don Joaquín Bernardo Calvo, en nota fechada en San José el 3 de marzo de 1832, declaró su firme disposición de apoyar a Morazán, poniendo a las órdenes del Gobierno de la República toda la ayuda que le fuera posible prestar …hubiera vuelto a la razón, y se habría evitado el espectáculo, tan grato a los serviles, de liberales luchando contra liberales.

Uno de los elementos persistentes en la vida de Morazán es su afán de justificar por medio de Manifiestos sus acciones militares. Cada vez que se le presenta la ocasión, lanza un Manifiesto. El último y más extenso e importante, lo lanzará de la población entonces colombiana de David. Antes de atacar El Salvador, con fuerzas nicaragüenses y hondureñas formando el grueso de sus tropas, Morazán cede al impulso, y lanza el Manifiesto siguiente:

PROCLAMA: EL PRESIDENTE DE LA REPÚBLICA, A SUS HABITANTES

Desde el momento en que la República se vió amenazada en el exterior por el expulso Manuel José Arce y sus agentes, y expuesta en el interior por las continuas resistencias del Estado del Salvador a obedecer las leyes federales, bajo el pretexto de que eran dictadas por el influjo del partido que desde Guatemala dirigía los destinos de la Nación, solo pensé en buscar remedio a los males que amenazan a esta. Creía haberlo encontrado en la facultad que se dió al Ejecutivo para poder trasladar el Gobierno al punto que lo creyese conveniente y traté de hacer uso de ella, trasladándolo a la ciudad de San Salvador. Me persuadí que iba a proporcionar al Ejecutivo Nacional los recursos necesarios para obrar contra Arce y Domínguez, luego que estuviera colocado en medio de un pueblo que se ha distinguido siempre en defensa de las libertades públicas, y que al mismo tiempo destruiría los temores que manifestaban de aquel Estado con la existencia del Gobierno Federal en Guatemala, si estos eran de buena fe, o descubriría sus miras, si solo se tomaban como un pretexto para poder transformar el sistema.

Sin embargo, de los bienes que en mi concepto iban a reportarse con la traslación del Gobierno Federal a San Salvador, quise consultarla antes con las autoridades de aquel Estado, para quitar todo motivo que pudiese entorpecer una medida que creí tan benéfica como ventajosa a la causa pública. Lo que puse en conocimiento del Jefe José María Cornejo. Este, después de aprobarla en los términos más expresivos, asegura que es la medida salvadora de la República y pide que no se ejecute con fuerza armada para no inspirar desconfianza a los descontentos.

Una contestación semejante satisfizo completamente mis deseos, y me aseguró de los bienes que iban a reportarse con la traslación. No tuve ya ningún obstáculo en llevarla a efecto y solo pensé en mi marcha con la prontitud que exigían las circunstancias. En las inmediaciones de Jalpatagua recibí el Decreto de la Asamblea de San Salvador, en el que se resistía la entrada de las autoridades federales a aquel Estado, y se mandaba repeler con fuerza armada, si llegaban a pisar el territorio.

Si fue escandaloso este atentado cometido por una Asamblea desautorizada, en circunstancias que agravaban el mal público, fue mucho más escandalosa todavía la conducta que observó el Jefe de aquel Estado. Aprobar la traslación de las autoridades federales a San Salvador, para tener después el placer de ejecutar el Decreto que resistía; aconsejar que no fuese con fuerza armada el Ejecutivo Nacional, para oponerse en seguida a su entrada en el Estado, haciendo uso de las bayonetas, es un hecho que pone al descubierto las miras de aquel funcionario y dan una idea exacta de su carácter.

Resistida en Santa Ana con fuerza armada la traslación del Gobierno Federal a la ciudad de San Salvador, en los términos que lo he dicho al público en primero y segundo Manifiesto, la decreté al Estado de Nicaragua. Pero como el verdadero motivo de esta oposición era el de disolver los Poderes Federales, poniendo al Ejecutivo en impotencia de obrar contra los trastornadores del orden público, también se opusieron a que continuase mi marcha para Nicaragua, obligándome a regresar al Estado de Guatemala.

Estos hechos escandalosos no podían sostenerse si no es con otros más escandalosos todavía. El plan de las autoridades de El Salvador ya estaba descubierto y revelado el misterio con que habían ocultado por tanto tiempo sus verdaderas miras a los pueblos. Era necesario, pues, dar el último paso que tenía meditado de antemano en favor de los enemigos del sistema, y acordaron: que no se diese ningún auxilio al Gobierno Federal ni a los Jefes de los Estados para obrar contra Arce y Domínguez, desconociéndose al mismo tiempo a los Supremos Poderes Nacionales; evitar todo lo que pudiese influir en la destrucción de los enemigos del sistema; disolver el pacto federativo, rompiendo el lazo que une a los Estados con la Federación, y sumir a la República en el desorden y la anarquía, es lo que han pretendido las autoridades de El Salvador, para poder levantar sobre las ruinas de la Patria ese sistema opresor de que han hecho ya un funesto ensayo en los pueblos que tienen la desgracia de obedecerles.

Sus hechos lo acreditan, y sus papeles lo manifiestan de la manera más consciente. Las opiniones que han expresado siempre muchos de los que están colocados en los primeros destinos de aquel Estado, y la conducta que han observado en todo tiempo los que rodean a estos, han descubierto sus miras de un modo inequívoco. La abierta oposición del benemérito pueblo salvadoreño contra unos funcionarios que no respetan las leyes que juraron obedecer, no deja nada que dudar de su constancia y decisión en defender la Carta Fundamental.

Tales son los hechos que han trastornado el orden en algunos puntos de la República y que amenazan en el día su existencia política. La opinión general se ha declarado ya de un modo decidido contra sus autores, y el deber que me imponen las leyes como Primer Magistrado de la Nación me ha obligado a colocarme a la cabeza del Ejército que han puesto a mis órdenes los gobiernos de los Estados de Nicaragua, Honduras y Guatemala, con el único fin de conservar la paz y sostener el sistema Federal.

He aquí el objeto más sagrado, el interés más grande que puede presentarse en la República, y el único que ha llamado la atención de todos los habitantes; y yo protesto a la faz de los pueblos cuya causa sostengo, que el Ejército que tengo el honor de mandar sabrá defender la ley fundamental a costa de su sangre y sostener los sagrados derechos consignados en ella.

Gozarán de libertad los centroamericanos: será efectiva la igualdad de los ciudadanos: tendrán seguridad los habitantes de la República, y sus propiedades serán respetadas religiosamente.

Cuartel General en marcha, 28 de febrero de 1832.
FRANCISCO MORAZÁN.

Como todos los Manifiestos de Morazán, el anterior es sumamente interesante. El primer Manifiesto a que se refiere en este segundo, es el de Comayagua, dirigido a los nicaragüenses, en el cual los excita para que se unan al Ejército que el Estado de Guatemala ha puesto a sus órdenes. No creemos necesario transcribirlo, porque lo único que tiene de interés es el estilo, puramente grandioso, "Con el único objeto de salvar a la Patria me he separado del Gobierno Federal", y luego: "Volad a libertarla de las manos de la tiranía. La fortuna aún no se ha cansado de proteger la causa de los libres, ni ha abandonado jamás a los valientes". Cosas por el estilo, que ni son propias del estilo o del pensamiento de Morazán. El Manifiesto que dejamos citado, sí tiene gran importancia y refleja el modo de pensar y sentir de Morazán. Insiste en el tributo al pueblo de El Salvador: "...colocado en medio de un pueblo que se ha distinguido siempre en defensa de las libertades públicas..." Y hace la defensa del sistema federal: "...con el único objeto de conservar la paz y sostener el Sistema Federal... el único que haya llamado la atención de todos los habitantes". Conviene señalar que Morazán es, por lo general, enjundioso en sus escritos. Porque escribe con facilidad manual, es un poco extenso, pero su estilo es correcto, y lo que escribe abunda en ideas, aun en los casos, como el del Manifiesto anterior, en que solamente persigue un fin político—militar.

Y es acertado en sus apreciaciones, porque, efectivamente, el pueblo de El Salvador se coloca de parte del héroe. Cuando se tiene noticias de su llegada, la villa de Metapán se pronuncia en su favor. En Jocoro, 600 salvadoreños apenas si le hacen resistencia. "En realidad, casi no le hacen ninguna resistencia. Los daños del Presidente son sin importancia", dice Marure, en sus "Efemérides". De Jocoro, se traslada a San Miguel, en donde es recibido con demostraciones de júbilo, si no con júbilo verdadero. El General Prem y el General Salazar se apoderan de Chalchuapa el 18 de marzo. La intención de estos Generales es la de ocupar Santa Ana. A ese efecto dirigen una nota, firmada por Salazar, a la Municipalidad, anunciándoles su intención, y tienen la sorpresa de ser informados por el Alcalde de esa ciudad, don Valentín Barrientos, que pueden pasar a ocupar la ciudad en el momento que lo deseen, porque las tropas del Estado la han desocupado. El Alcalde ofrece todos los auxilios que pueda prestar a las tropas de Morazán.

Morazán recibe las noticias de la ocupación de Santa Ana por Prem y Salazar, en San Miguel, y desde allí gira instrucciones para que los dos ejércitos marchen sobre San Salvador. En Soyapango, planea la toma de las posiciones de "La Chacra" y la garita de "San Sebastián". Sale de esa población el 28 de marzo. En "La Chacra" hay fuertes contingentes de Cornejo, pero entre Domínguez, el Coronel Benítez, el Coronel Valladares y el propio Morazán al frente del grueso de las tropas, vencen al primer empuje la defensa de las fuerzas de Cornejo y toman "La Chacra" y luego San Sebastián. Las fuerzas de Morazán siguen en su empuje sobre San Salvador, en donde Cornejo hace una terca resistencia, atrincherando sus fuerzas en algunas de las casas principales y en las cúpulas de las Iglesias. Los contingentes de Benítez, Valladares y Domínguez logran desalojar esas fuerzas. Villaseñor, derrotado en Jocoro, vuelve a serlo en San Salvador, y con esto la derrota de los enemigos de Morazán es completa, huyendo algunos de los Jefes de las fuerzas de Cornejo con rumbo al puerto de La Libertad, para embarcar hacia Costa Rica.

Se tomaron muchos prisioneros después de la batalla, y los principales de ellos, en número de treinta y ocho, fueron enviados a Guatemala, en donde se les alojó en el Convento de San Francisco, en espera de que fueran juzgados por tribunales especiales. Entre estos prisioneros estaba el propio Cornejo y don Juan J. Cañas.

Morazán asumió en forma provisional el mando de El Salvador, en espera de que mediante las elecciones que fueron convocadas, el país se organizara en forma legal. Elegidas las nuevas autoridades bajo los auspicios de Morazán, se tomaron por parte de la Asamblea del Estado de El Salvador, medidas enérgicas, destinadas a evitar que los enemigos de la causa liberal volvieran a repetir sus intentos de alterar el orden. Se declaró ilegítimo el régimen que había gobernado a El Salvador desde 1831 hasta la derrota de Cornejo. Por Decretos del 7 de junio y 27 de julio de 1832 se organizaron los tribunales que deberían juzgar a los salvadoreños "traidores". Afortunadamente, la aplicación de estos Decretos no fue tan implacable como se podía esperar por la forma en que habían sido redactados.

Poco a poco, la calma fue volviendo en El Salvador, y aunque no había de durar mucho tiempo, dio lugar a Morazán de pensar que el país estaba definitivamente pacificado. El 9 de abril de 1832, el General Morazán informó al Congreso Federal de estos acontecimientos en la forma siguiente:

"Comandancia General del Ejército Federal de Operaciones.
Al Ciudadano Secretario del Gobierno Supremo del Estado de Honduras.
Al Ciudadano Ministro de Estado y del Despacho de Guerra del Gobierno Supremo Nacional.

Con esta fecha digo lo que sigue: El 29 del presente di a usted parte de la ocupación de esta plaza, y hoy tengo el honor de poner en su conocimiento los pormenores de una acción que ha salvado a la República y ha puesto en completa nulidad a sus enemigos. A las once de la mañana del día 27 ocupó el pueblo de Soyapango con la división de Nicaragua y Honduras. El enemigo se hallaba colocado en las trincheras de su primera línea y trabajaba a mi presencia por mejorarlas. Para evitarlo dispuse atacar al amanecer, el 28, y di orden al Comandante de la División del Estado de Guatemala para que obrase conmigo desde Apopa, en donde lo creía situado, según se lo había prevenido desde Cojutepeque. Pero este aún no había tenido lugar de cumplirla, y fue necesario diferir el ataque hasta el 29. Como este debía darse por Soyapango, San Esteban y Milingo, era necesario llamar la atención del enemigo a otros puntos. Con este objeto salí el 28 a las nueve y media de la mañana del Cuartel General con la primera brigada de Infantería, perteneciente a la división de Nicaragua, al mando de mi Ayudante de Campo, Teniente Coronel, Ciudadano Narciso Benítez, y con la segunda de la misma arma, correspondiente a la División de Honduras, a las órdenes del de igual clase, Ciudadano F. Domínguez, compuestas ambas de cerca de cuatrocientos hombres, y me dirigí con ellas sobre las fortificaciones de "La Chácara".

Llegué sin obstáculos a menos de tiro de fusil, y pude examinar muy bien la posición del enemigo por aquella parte. Cuatro trincheras mal colocadas, sin fosos, guardadas por sesenta hombres y dos cañones que solo podían dañar al aire con sus tiros componían la primera defensa en aquel punto. Unas fortificaciones tan débiles y mal defendidas no podían menos de excitar los deseos de tomarlas. Al mismo tiempo que pensaba en hacerlo, recordaba cuál era la posición del enemigo, y deducía de ella que, desde antes de batirlo, se hallaba en una completa derrota. Una pequeña fuerza de ochocientos hombres diseminada en una línea de cuatro leguas no podía replegarse a la segunda línea antes de que yo la atacase, como sucedió en efecto. Estas consideraciones, y el no perder la ocasión favorable que se me presentaba para tomar las trincheras que estaban a mi vista, me decidieron a obrar.

Con este fin mandé al Teniente Coronel C. F. Domínguez que llamara la atención del enemigo por la izquierda, hacia el frente de una trinchera en que estaba colocado un cañón de a cuatro, y previne al de igual clase C. N. Benítez que avanzase por la derecha, sobre otra que se hallaba situada en una pequeña altura. Este cumplió exactamente con mis órdenes, y lo siguió el Ayudante de la Primera Brigada de la División de Nicaragua, C. Perfecto Valenzuela, con sesenta soldados pertenecientes a la misma brigada. Al mismo tiempo mandé al Teniente Coronel, C. F. Domínguez, que atacase por la izquierda, lo cual ejecutó con prontitud, y las posiciones que ocupaba el enemigo fueron tomadas simultáneamente.

Como el Teniente Coronel Benítez, luego que ocupó una de las trincheras de "La Chácara", se dirigió sobre la línea de la derecha, tuve que suspender mi movimiento hacia la ciudad, porque no sabía cuál era el lugar que ocupaba. Los fuegos de la tropa que estaba a sus órdenes me sacaron de esta incertidumbre y me dieron a conocer que se había aproximado a la plaza y que se hallaba comprometido. Entonces marché a protegerlo y di órdenes para que el resto del Ejército viniese a ocupar la garita de San Sebastián, lo que ya había verificado el Coronel Comandante de la División de Nicaragua, C.

Román Valladares, batiendo las partidas que se opusieron a su paso, desde que observó nuestro movimiento.

Este se continuó sobre la plaza de la parroquia de esta ciudad, con bastante oposición, porque los enemigos hacían una vigorosa resistencia en las calles y casas que ocupaban. Pero todo cedió a la estrepidez de nuestros soldados, y los sitiados fueron reducidos a su último atrincheramiento, en donde siguieron defendiéndose. Se continuó el ataque sobre estos por dos puntos que fueron sostenidos con valor por más de una hora, a causa de no haber llegado los instrumentos necesarios para romper la casa que enfrenta con la trinchera que está al lado de la Iglesia de San Francisco. Pero habiéndolo logrado el Coronel C. Román Valladares, hizo subir sobre su techo a algunos tiradores que la dominaban.

Al mismo tiempo que estos rompieron el fuego, marchó de frente la mayor parte una Compañía de la Cuarta Brigada de la División de Nicaragua y algunos soldados de la Primera y Tercera Brigada, que lograron forzar la trinchera después de una seria resistencia. Este movimiento fue secundado por el Comandante de la Cuarta Brigada, Capitán C. N. Lacayo, que ocupó inmediatamente la trinchera que se hallaba a la izquierda de la Iglesia Parroquial. Los enemigos, que no creyeron a nuestras tropas capaces de un arrojo semejante, huyeron despavoridos por diversas direcciones y dejaron la plaza en nuestras manos, después de tres horas de fuego.

Yo los perseguí por el camino del puerto de La Libertad, con un piquete de caballería de la División de Honduras y otro que había pertenecido al enemigo, y se me había presentado, al mando del Oficial F. Malespín, cuando tomé la primera línea; pero las noticias que recibía continuamente me dieron a conocer que se habían dispersado. Y por esto me regresé, dando orden a mi Ayudante de Campo, Mayor de la Federación C. Miguel Cubas, para que continuara hasta el puerto. Pero cuando este llegó, ya se habían embarcado algunos, de cuyo número son: Gerónimo Páiz, Vicente Villaseñor y Carmen Salazar.

La sorpresa que recibieron los enemigos por habérseles atacado cuando menos lo esperaban ha economizado la sangre americana. De la División de Nicaragua, hubo dos soldados muertos y diez heridos, contándose en este número al valiente Subteniente Manuel Orozco.

De la División de Honduras murió un Sargento Segundo y un soldado, y fueron heridos dos de esta clase. También han sido heridos el Teniente Coronel C. N. Benítez, y mortalmente, el Subteniente de la Federación, C. Francisco Ríos, que hacía tres días se me había presentado con pliegos del Gobierno.

El Comandante de la Primera Brigada, Teniente Coronel Benítez, y el de la segunda de igual clase, C. F. Domínguez, que obraron por "La Chácara", así como los Oficiales y soldados de una y otra, pelearon con mucho valor. El Comandante de la Cuarta Brigada, Capitán C. N. Lacayo, sus Oficiales y tropa, entraron en acción, han peleado con el mismo valor. No ha sido menos el valor que han manifestado los demás oficiales y soldados, pertenecientes a las Divisiones de Nicaragua y Honduras, y no es posible recomendar particularmente a ninguno, porque todos se han distinguido, y son acreedores a la consideración del Supremo Gobierno.

También son dignos de recomendación los Gefes, Oficiales y tropas de la Fuerza Federal y División de Guatemala, que aunque no pelearon por la distancia en que se hallaban, ardían en deseos de partir con los leoneses y hondureños los riesgos y la gloria del triunfo, con cuyo objeto, luego que recibieron mis órdenes, hicieron una marcha de cinco leguas en tres horas, por un camino malísimo.

Tales son los pormenores, C. Ministro, que ofrecía poner en conocimiento de usted, con el fin de que los elevase a la alta consideración del Supremo Poder Ejecutivo Nacional, sirviéndose usted igualmente asegurarle, que la opinión de estos pueblos, declarada del modo más decisivo contra sus opresores, nos ha abierto las puertas de esta ciudad.

Y lo transcribo a usted para que se sirva ponerlo en conocimiento de ese Supremo Gobierno, sirviéndose usted entre tanto, admitir mi aprecio y consideración.

Dios, Unión, Libertad.

San Salvador, abril 9 de 1832.

(Firmado) FRANCISCO MORAZÁN

Llaman la atención dos cosas en el anterior Informe de Morazán: llama "Ciudadanos" a todos los que cita por sus nombres, al estilo revolucionario francés. La "C" que aparece antes de cada nombre significa "Ciudadano". Y también llama la atención el detalle del Oficial salvadoreño Malespín, "que había pertenecido al enemigo", y que se pasó, después del triunfo de Morazán, a las filas del vencedor. Este fenómeno se repetirá incesantemente durante las batallas de la Federación, como lo veremos adelante, cuando la confusión política alcanzó grados increíbles. Los humildes soldados, sobre todo, llegaron a no saber por qué ni por quién peleaban. El norteamericano John L. Stephens, uno de los viajeros más inteligentes y observadores que haya recorrido Centro América precisamente en los días en que más cruel era la guerra entre los partidos políticos, relatando una de sus estancias en Ahuachapán, dice: "Los soldados entraron en la Plaza, depositaron sus armas y gritaron: "¡Viva Morazán, viva Morazán!" En la mañana los había yo oído gritar: "¡Viva Carrera, viva Carrera!" ... Pero nadie gritaba: "¡Viva la Patria!"

Mientras Morazán pacificaba El Salvador, en Guatemala el Congreso Federal seguía en su obra legislativa, basada en los principios liberales tal como se les entendía en aquella época. El 2 de mayo de 1832 se decretó la libertad de cultos, declarándose que la Religión Católica no sería desde entonces la única tolerada en la República. "Todos los habitantes de la República son libres para adorar a Dios según su conciencia. El Gobierno Nacional les protege en el ejercicio de este Derecho". En la "Gaceta del Salvador" del 12 de octubre de 1854 figura la información de este suceso, atribuyendo la paternidad de la moción a don José Francisco Barrundia, lo mismo que el haber logrado que fuera aprobada.

Morazán se equivocaba al pensar que la ocupación de San Salvador "había puesto en completa nulidad a sus enemigos", como lo dice en su Informe. A la caída de Cornejo, fueron electos Jefe y Vice Jefe de El Salvador don Mariano Prado (quien para aceptar este puesto tuvo que renunciar de la Vicepresidencia de la República, que ocupaba) y don Joaquín San Martín. La Vicepresidencia de la República Federal fue desempeñada, a la renuncia de Prado, por don José Gregorio Salazar, quien era Senador de la República.

Las guerras habían dejado a El Salvador en un estado de verdadera pobreza. El Gobierno se vio en la necesidad de levantar fondos por medio de la imposición de contribuciones que no fueron del agrado de la población. El 24 de octubre de 1832 tuvo lugar un tumulto contra el gobierno de Prado, que fue sofocado con energía por tropas al mando de los Coroneles Narciso Benítez y Máximo Menéndez, y el Capitán Esteban Ciero. La asonada, sin embargo, impresionó a Prado, quien creyó necesario advertir a los enemigos del orden público que su actitud sería dominada sin contemplaciones. El Jefe Prado sin duda había tenido muchas lecturas en el idioma francés, porque la Proclama que dirigió a los salvadoreños con esa ocasión presenta desde el principio muchas formas gramaticales francesas. "La asonada del 24 en la noche", dice Prado, "es una prueba de ingratitud remarcable". Muchos perversos de "La Vega", "San Esteban", "La Ronda" y "San José", que quieren dar el tono a la cosa pública, creyeron que se me impondrían como se han impuesto a otros Gobernantes. Ellos han sido bien escarmentados y yo les haré sentir todo el peso de la Ley".

Pero la verdad es que la gran confusión centroamericana que habría de echar a perder nuestro mejor esfuerzo para permanecer unidos, ya había empezado, y no valieron las palabras enérgicas del Jefe Prado para establecer la calma. El 14 de noviembre de 1832 hubo un levantamiento en San Miguel. Prado, que había trasladado la capital de El Salvador a Cojutepeque (aún las capitales de los diversos Estados tuvieron que seguir, temporalmente, el destino ambulante del Gobierno Federal) envió al Coronel Benítez, del Ejército Federal, a dominar la rebelión. Benítez ocupó San Miguel, pero la situación general del país no mejoró, porque, en realidad, era provocada y dirigida por el Vice Jefe San Martín, deseoso de sustituir a Prado en la Jefatura del Estado.

Finalmente, el Jefe Prado tuvo que buscar refugio y la ayuda de Morazán en Guatemala, y allá se trasladó el gobierno salvadoreño, con la Cámara y el Senado, lo mismo que la Corte Suprema de Justicia, convirtiéndose en un verdadero "Gobierno en el exilio".

A la ausencia de Prado, San Martín asumió la Jefatura del Estado, en el mes de febrero de 1833.

Este acontecimiento acabó de dividir en tres secciones a El Salvador. Benítez, que estaba ocupando la zona de San Miguel, desconoció la autoridad de San Martín. Y Máximo Menéndez, anterior Jefe de la Plaza de San Salvador, abandonó la ciudad y estableció su cuartel en la ciudad de Ahuachapán, en donde había nacido, esperando las órdenes del Presidente de la República, Morazán. San Martín, movido por las quejas que recibía de la conducta de Benítez en San Miguel, de quien se decía que estaba levantando impuestos e imponiendo contribuciones a la población, decidió atacarlo. Benítez, a su vez, decidió salir al encuentro de San Martín. Las dos fuerzas se encontraron en San Vicente, hubo una batalla en la que salió derrotado Benítez, quien huyó hacia el Estado de Honduras.

Morazán, que había observado el curso de los acontecimientos en El Salvador con gran alarma, se decidió a abandonar una vez su posición en Guatemala, y se trasladó a Ahuachapán, con el objeto de lograr una pacificación verdadera. Deseoso de evitar el derramamiento de sangre entre hermanos, Morazán en este trance dio demostraciones de una gran paciencia ante las provocaciones de San Martín, al que bien pudo haber sometido fácilmente por la fuerza. La falta de recursos económicos y de una Bolsa Militar bien proveída, obligó a Morazán a ir de una en otra ciudad de El Salvador. De Ahuachapán se dirigió a Santa Ana, y de esa ciudad pasó a Chalchuapa, en donde recibió una nueva provocación de San Martín, quien esta vez exigía que le fueran entregados los Coroneles Benítez, Menéndez y Angulo, a los que juzgaba sus enemigos. Morazán, en su afán de evitar un encuentro innecesario con San Martín, se trasladó a Jutiapa, pasando antes por Güija. Desde allí envió a uno de sus Secretarios, Máximo Orellana, para que buscara una conciliación con San Martín. Desde Guatemala, el Jefe de aquel Estado, don Mariano Gálvez, interesado también en la conciliación, aunque inclinado por San Martín, envió al General Espinosa, quien había sido Ministro de Guerra en el Gobierno Provisional de la República Federal del Dr. Barrundia, y que por lo tanto ejercía influencia sobre todos los hombres de Centro América, para que se uniera a Orellana en las mediaciones.

La paciencia de Morazán y la intervención de Orellana y Espinosa lograron por fin que se llegara a un entendimiento. De acuerdo con este entendimiento, en El Salvador habría de reunirse una Asamblea Extraordinaria, que expediría un Decreto General de amnistía para los que no habían aceptado la autoridad de San Martín, que, desde luego, comprendía a sus enemigos principales, Angulo, Benítez y

Menéndez. Se convocaría, también, a elecciones, con el objeto de elegir nuevas autoridades.

Morazán ratificó el convenio en Jutiapa el 14 de abril de 1833 y regresó a Guatemala. Cansado de sus viajes, solicitó al Congreso Federal un permiso para retirarse a descansar por un tiempo en su Estado natal de Honduras, y al serle concedido este permiso, se trasladó a Comayagua. Pero el destino había decretado que desde el momento en que Morazán se entregó en cuerpo y alma al servicio de Centro América, no habría de tener un solo momento de verdadero descanso. Cada vez que tuvo ocasión de alejarse de sus ocupaciones como Presidente de la República Federal de Centro América, algo acontecía que lo obligaba a dejar el descanso y volver a las luchas centroamericanas.

San Martín, efectivamente, de acuerdo con el acuerdo a que había llegado con Morazán, convocó a elecciones y él mismo fue electo como Jefe de El Salvador. La Asamblea de este Estado confirmó esa elección y, ya en calidad de Jefe, o Presidente de El Salvador, San Martín dio escape a sus ambiciones y a su odio contra Morazán, atribuyéndole sentimientos de venganza para con él y con el pueblo salvadoreño. Por desgracia, el Dr. Mariano Gálvez, Jefe de Guatemala, compartía los sentimientos de San Martín, y como éste, dio a los naturales deseos de Morazán, de descansar por un tiempo en su Estado de origen, una interpretación torcida.

Todas estas dificultades que Morazán debió enfrentar desde los principios de su primer período, aunque obedecían desde entonces a la envidia que despertaba su grandeza y eran ya preludios de las que vendrían después, no eran más que juegos de niño, si se les compara con la ola de oposición que sus enemigos estaban preparándole y en la que habría de ahogarse el Paladín centroamericano.

Con el sentido de la Historia, que no le faltó un solo momento a Morazán desde que fue electo Presidente de Centro América, una vez más sintió la necesidad de justificar ante el pueblo centroamericano y ante la Historia, su actitud. El 9 de julio de 1833 lanzó desde Comayagua un nuevo Manifiesto, explicando las verdaderas razones (la necesidad de un descanso) que lo habían movido a trasladarse a Honduras. Este Manifiesto fue recibido con violencia por San Martín, quien se sentía alentado por las simpatías que le demostraba el Jefe del Estado de Guatemala, Dr. Gálvez. Estos dos Jefes, de personalidades muy diferentes, sólo tenían en común para formar una alianza, su envidia contra Morazán. Puede pensarse que el Dr. Gálvez, hombre de gran ilustración y de mentalidad jurídica mejor estructurada que la de Morazán, haya sentido para el sistema federal las reservas que otros hombres de leyes sentían. Posiblemente uno de los mayores errores que Morazán cometió fue el de no haber enfrentado al descubierto la oposición que se iba formando en Centro América contra el sistema federal, en vista de las fallas tan evidentes que tenía. Morazán siguió considerando como enemigos suyos a todos los que se oponían al sistema federal, "el único", según sus propias palabras, "que interesaba a los centroamericanos". Esta actitud de Morazán ahondó y consolidó la bifurcación política de Centro América. Fue el primer motivo verdadero que dividió a los mismos liberales. En realidad, fue en el que se enredó el propio Arce, cuya lealtad estuvo siempre dividida entre su amor a Centro América, y las dudas que desde un principio albergó respecto del sistema federal. Morazán mismo le enrostra en sus "Memorias" al Presidente Arce esta división de sus lealtades:

"Él admitió la primera Magistratura de un Gobierno contrario a sus opiniones, y prestó juramento de cumplir y hacer cumplir una Constitución (la Federal) que según lo repite tantas veces en su Memoria de 1830, impresa en México, sistematiza la anarquía y autoriza el desorden."

Morazán se negó a aceptar, a pesar de que la evidencia se lo comprobaba, que Arce, en este punto, tenía la razón. El sistema federal, sin duda alguna, estaba ya "sistematizando la anarquía y autorizando el desorden".

Si Morazán en los primeros años de su Gobierno se hubiera enfrentado al problema y hubiera tomado en sus manos la tarea de reformar la Constitución, limpiándola de las fallas evidentes que tenía y conformándola al verdadero espíritu de Centro América, su nombre no solamente se habría llenado de gloria, como se llenó, sino que Centro América habría encontrado el camino para realizar su destino. Pero Morazán no quiso nunca aceptar que la Constitución federal había sido una copia del sistema norteamericano. Que había sido nada más una idea, y que las ideas, como dice el salvadoreño Francisco

Gavidia, cuando no concuerdan con los hechos, traen el desorden y la confusión.

La forma inquebrantable en que Morazán defendió el sistema federal, creyendo que sólo de esa manera podría defender la unión de Centro América, contribuyó a que hombres como el Dr. Gálvez, creyeran indicado dedicarse ellos mismos a la tarea de dar a Centro América un sistema más original y más propio. Por lo menos, en el momento histórico que ahora estamos relatando, no hay duda de que el Dr. Gálvez, lo que se proponía al entrar en una alianza con San Martín, era realizar él mismo, encabezar, la reforma que él juzgaba necesaria. Lo que olvidó, es que no se puede pactar con las tinieblas. Sólo después de haber jurado la alianza con San Martín se dio cuenta de que éste estaba aliado al ex—Presidente Arce, y de que, en su afán de reformar la Constitución Federal, había entrado en los caminos de la traición. No siguió adelante, porque era un hombre consciente, y cuando llegó el momento del crujir de dientes entre Morazán y San Martín, abandonó a éste a su propia suerte, limitando sus ambiciones al dominio del Estado de Guatemala.

Obligado por el malestar que su presencia provocaba en Guatemala, el Gobierno Federal, al clausurar sus sesiones el Congreso el 8 de julio de 1833, se hizo autorizar para trasladarse a la población salvadoreña de Sonsonate. Con la autorización del Congreso, el Vice—Presidente de la República, don Gregorio Salazar, dispuso el traslado de las autoridades federales a esa población. El 6 de febrero de 1834 llegaron a Sonsonate el Vice—Presidente Salazar, su Ministro de Relaciones Exteriores, don Marcia Zebadúa, y otros altos funcionarios federales.

En Guatemala, la prensa batió palmas ante la decisión y ante el traslado. La "peregrinación" del Gobierno Federal ambulante empezaba a hacerse crónica. Tan crónica, que al poco tiempo el Gobierno se trasladaba a San Salvador, desconcertando con esta medida a los guatemaltecos, que no sabían si entristecerse o regocijarse de que la Capital de la República de Centro América estuviera en San Salvador.

El traslado del Gobierno Federal a San Salvador desató el rompimiento definitivo entre Morazán y San Martín. Morazán no quería que la sangre se derramara, y San Martín fingía iguales sentimientos, pero al mismo tiempo aumentaba el número de sus tropas en Cojutepeque. Morazán, comprendiendo que esa concentración de fuerzas no significaba otra cosa que la preparación para un ataque a San Salvador, con el objeto de desalojar al Gobierno Federal, se preparó para la defensa.

El ataque de San Martín se realizó el 23 de junio de 1834, entre las siete y las ocho de la mañana. El Ejército de San Martín quedó completamente derrotado por las tropas federales al mando de Morazán y del General Saget. A este General correspondió rendir Informe de esta acción a las autoridades provisionales de El Salvador. Dice así este Informe:

"República Federal de Centro América.—Ejército de Operaciones.—Estado Mayor General.—San Salvador, junio 24 de 1834.—Ciudadano Senador, Carlos Salazar, Jefe Provisional del Estado y General en Jefe del Ejército: Ayer, como a las seis y media de la mañana, el Oficial de la Avanzada apostada en el camino de San Jacinto, dio parte de haber avistado al enemigo. Poco después se oyeron los tiros con que la misma avanzada sostenía los fuegos de aquel, marchando en retirada a la Plaza. Ello fue suficiente para que los cuerpos se colocasen con prontitud y orden en los puestos que de antemano se les tenía designados, sin necesidad de otra señal. El enemigo, apoyando su derecha en la Iglesia de La Merced, destacó una nube de tiradores que rodearon la plaza desde la esquina de Santo Domingo, hasta la de la Presentación. Trataron de aturdirnos con sus ataques repetidos, pero constantemente fueron detenidos por los fuegos de la plaza; y las cargas de nuestra Caballería los obligaban, cuando escapaban de la lanza, a replegarse o a tomar la fuga por los barrancos. Entre tanto, su cuerpo principal, con su reserva, se adelantó a colocarse en la calle de la casa de Delgado; nuevas partidas fueron destacadas para apoderarse de todas las casas que rodean la plaza de aquel lado."

De las ventanas de estas se nos hacía un fuego mortífero, y por la casa de las López, lograron introducirse hasta la de Patiño. Este fue el momento en que el enemigo creyó haber adquirido algunas ventajas, mas nuestros soldados, advertidos del riesgo, se introdujeron por una tronera bastante elevada, por la que no cabía más que un individuo, y al momento que se reunieron unos pocos dentro, desalojaron a los cobardes que se ocultaban, para asegurar el éxito de un ataque que no podían continuar. Por todas partes se obró con toda intrepidez y hasta una partida de caballería echó pie a tierra y con lanza en mano los desalojó de otra casa. La fuga y dispersión de los enemigos fue la señal de una carga general que sembró el terror y la muerte en las calles y caminos por donde huían despavoridos. Se les persiguió en todas direcciones a tres o cuatro leguas de esta ciudad, tomándoseles diez barriles de pólvora, una multitud de prisioneros, carabinas y otros elementos de guerra. La caballería enemiga se presentó por Santo Domingo, amagando nuestras partidas, pero tan luego como una de estas le cargó, volvió caras y se disolvió completamente. La pérdida de los facciosos es considerable. El Coronel J. Dolores Castillo, que dirigía la acción, el Teniente Coronel Pedro Velásquez, Comandante de Cuerpo, el Mayor Felipe Canal, el Capitán Nicodemus, el Teniente Paiznaleño y otros cuatro o cinco oficiales, que no ha sido posible reconocer, han quedado en el campo. Otros van heridos. No se ha podido averiguar a punto fijo, el número de soldados que han muerto, pero hasta ahora se sabe que pasan de setenta. A los prisioneros tomados se les ha dado libertad y los heridos son asistidos en los hospitales con el mismo esmero y cuidado que los nuestros. De nuestra parte tenemos pérdidas muy sensibles. Los valientes Capitanes Francisco Salazar y Vicente Cucufate y los ayudantes Pedro Castillo y Mariano Henríquez y veinte individuos de tropa, fueron muertos. El Benemérito General Francisco Morazán, los Tenientes Coroneles Vicente Herrero, José Yañez, Miguel Cubas, Domingo Paguaga; los Capitanes Antonio Marín y Francisco Madrid; los Subtenientes Miguel Bran, J. Tomás Arrivillaga y 59 individuos de tropa han sido heridos. La mayor parte de los demás Jefes y Oficiales han perdido sus caballos. El fuego duró cinco horas. Los Jefes, Oficiales y tropa llenaron su deber. Las tres armas han rivalizado entre sí, y sería difícil decir quiénes son los que se han distinguido. Usted, ciudadano General, que todo lo ha presenciado, sabrá si los individuos que componen la división que ha dado una nueva vida a la causa de la libertad, son dignos de ser recomendados a sus respectivos Gobiernos. Entre tanto me es muy satisfactorio poder asegurar a usted que las propiedades han sido respetadas, y que no obstante que las puertas de la casa de las señoras López han sido abiertas al enemigo, y haberse encontrado en la del señor Benito Patiño, donde también obtuvo aquel prevenciones de hilas y demás cosas que no estaban hechas para nosotros, el soldado no ha allanado más piezas que aquellas de donde se nos hacía fuego, sin tomar nada de ellas.

Tengo el honor, ciudadano General, de ofrecer a usted mis respetuosas consideraciones.—Dios, Unión, Libertad.

(f.) ISIDORO SAGET.

La derrota de San Martín fue, pues, completa. Él salió huyendo hacia San Miguel, con los Federales en su persecución, que le dieron alcance en Jiquilisco, deshaciéndolo en la forma más definitiva. San Martín dejó allí su espada, su caballo y su capote. Los Federales lo tomaron todo: equipaje de los Oficiales, correspondencia oficial y particular y numerosos prisioneros, como lo afirma el mismo General Saget en el informe sobre esta acción.

Así quedó por fin pacificado El Salvador. Carlos Salazar quedó como Jefe provisional. Se convocó a elecciones y salieron electos para Jefe, don Dionisio de Herrera, y Vice—Jefe, don José María Silva. Aquí aparece otro de los detalles que debe llamar la atención de quien estudia la época de Morazán. Las elecciones eran invariablemente ganadas por los hombres afectos al partido que controlaba el Gobierno. Herrera, desde luego, que ya había sido Jefe de Honduras y de Nicaragua, sintió escrúpulos y no aceptó la Jefatura de El Salvador, a pesar de las excitativas de Morazán y otros hombres prominentes. En su lugar fue nombrado el General Nicolás Espinosa, de quien ya hemos hecho mención como Ministro de la Guerra de la República Federal.

Por su brillante actitud en El Salvador, la Asamblea Nacional lo declaró "Benemérito de la Patria", por un Decreto fechado el 24 de octubre de 1834. El Decreto dice así:

"La Asamblea Ordinaria del Estado de El Salvador, bien impuesta de los grandes conatos que emplearon los Generales, Benemérito Francisco Morazán, Nicolás Espinosa y Carlos Salazar, para hacer valer los derechos de los pueblos que representan, y que no es la única ocasión que estos ciudadanos empeñan su esfuerzo para dar vida al

Estado y a la República Federal, siendo reconocida a sus relevantes servicios, por un testimonio de gratitud, Decreta:

Artículo 1.—El Estado le concede al Ciudadano Francisco Morazán el título de General de su Ejército, y le da, así mismo, el de Benemérito de la Patria.

2.—En el mismo Estado se harán honores de Generales a los Ciudadanos Nicolás Espinosa y Carlos Salazar, en concepto de los Despachos que tienen del Gobierno del Estado de Guatemala y tendrán igualmente el renombre de Beneméritos de la Patria.

Pase al Consejo. Dado en San Vicente, a 11 de octubre de 1834.
—JUAN J. GUZMÁN, Diputado Presidente.
—JOAQUÍN BARAHONA, Diputado Secretario.
—GERARDO BARRIOS, Diputado Secretario.

—Sala del Consejo Representativo del Estado, San Vicente, octubre 26 de 1834. Pase al Jefe del Estado.
—FRANCISCO GÓMEZ, Presidente.
—GUADALUPE RODRÍGUEZ, Secretario Consejero.

Por tanto, ejecútese. Lo tendrá entendido el Secretario General del Despacho y dispondrá se imprima y publique y circule.
San Vicente, octubre 28 de 1834."

Así sabía corresponder El Salvador a los esfuerzos de Francisco Morazán. Políticos ambiciosos podían confundir temporalmente la opinión pública, pero el pueblo salvadoreño, cuando se le dejaba en libertad, se mostraba leal a la causa morazánica, al liberalismo y a la Unión de Centro América.

SEXTA PARTE: SEGUNDO PERIODO PRESIDENCIAL DE MORAZAN

CAPÍTULO XIII: MUERE VALLE; MORAZÁN ASUME LA PRESIDENCIA

El segundo período de Gobierno del General Morazán fue precedido por un doloroso acontecimiento que conmovió a Centro América: la muerte del Dr. José Cecilio del Valle. "José del Valle", como le llama Morazán en sus Memorias, y como lo llaman los primeros historiadores de esa época.

El primer mandato popular de Morazán expiraba constitucionalmente el 16 de septiembre de 1834, y el Congreso Federal, de acuerdo con la Constitución, convocó a elecciones de Autoridades Supremas a principios de ese año.

Se presentaron como candidatos, Francisco Morazán, y, por tercera vez, el Sabio, José del Valle, y la calidad de estos dos hombres puede darnos una idea de la grandeza de aquel período histórico, a pesar de la confusión y las sombras que se proyectaban sobre Centro América.

Con sobrada razón debe henchírseles el pecho de orgullo a los hondureños al recordar que los dos centroamericanos más grandes del período morazánico nacieron en el Estado de Honduras, así como los salvadoreños nos conmovemos al hacer memoria de los acontecimientos de la Independencia y de la Gran Constituyente, cuando la figura de José Matías Delgado dominaba el escenario.

La Historia no le ha hecho debida justicia a Valle, a pesar de los esfuerzos de los estudiosos e investigadores, que insisten, una y otra vez, en sus estudios y escritos, en la erudición y sabiduría del gran hondureño. Valle tuvo la razón en muchas ocasiones. Lo perdió, por desgracia, su carácter adaptadizo, que le hacía siempre seguir el camino de la menor resistencia. Los liberales independencistas no le perdonaron nunca su brillante y bien razonado discurso del 15 de septiembre, en los propios momentos de la Independencia, cuando, aún pronunciándose por la Independencia, pedía que no fuera declarada sino hasta después de saberse la opinión de todas las Provincias del Reyno.

Los partidarios de la Independencia dieron por sentado que aquella actitud de Valle no era sino un hábil ardid para retrasar la declaración y ganar tiempo. En realidad, es perfectamente posible que la mentalidad ordenada y jurídica de Valle, nada enfurecida ni mesiánica, se resistiera a aceptar la juridicidad de aquella Independencia por Declaración, caída como del cielo.

Que Valle tenía gran popularidad lo comprueban los resultados de cada una de las tres elecciones presidenciales en que se presentó como candidato. En cada una de ellas la decisión pudo haber sido a su favor. En dos de ellas, la primera y tercera, el número de votos que recibió fue mayor al de sus contrincantes. En la segunda, si los votos se hubieran contado en la forma en que lo fueron para la elección de Arce, habría podido triunfar. Pero hombre de mentalidad recta y consecuente, lo que había sostenido como legal en 1825, quiso sostenerlo en 1830, y concedió el triunfo a Morazán.

En su tercer esfuerzo por llegar a la Presidencia, el voto popular lo favoreció en forma que no dejaba lugar a dudas. Pero el destino había decretado que este gran sabio y hábil estadista no habría de ser Presidente de Centro América. Viniendo de su hacienda hacia la Capital de Guatemala, murió en el camino, antes de que se hiciera el recuento de los votos que le habrían concedido el triunfo tan ansiado y tan perseguido.

En su muerte, los más grandes honores le fueron tributados. La Asamblea del Estado de Guatemala decretó que todos los funcionarios residentes en la Capital deberían llevar luto por tres días. Las campanas de las Iglesias repicaron por su alma en la mañana, al mediodía y al anochecer. Se decretó que un retrato de Valle, que se pagaría por contribución de todos los Diputados, sería colocado en el Salón de Honor de la Asamblea. La Asamblea de Guatemala también decretó que se insinuara a los gobiernos de los demás Estados que tributaran honores a Valle. Esta insinuación no era necesaria. La Asamblea de El Salvador, el 9 de abril de 1834, ordenó que se le tributaran a la memoria de Valle los mismos honores que había decretado la Asamblea de Guatemala, y los demás Estados se unieron en las manifestaciones de dolor ante la muerte de este centroamericano, quizás el más sabio que haya existido en el período que siguió a la Independencia.

José Cecilio del Valle murió el 2 de marzo de 1834, y su muerte hizo necesario que se convocase nuevamente a elecciones. Desaparecido el Sabio, era natural que el pueblo volviera sus ojos a Morazán, y el gran soldado fue favorecido por el voto popular, siendo declarado electo para un segundo período de gobierno por Decreto dado en San Salvador el 2 de febrero del año siguiente de 1835.

Ese Decreto es el siguiente:

"El Congreso Federal de la República de Centro América.— Estando ya casi reunida la totalidad de los pliegos de las Juntas Departamentales para la elección de Presidente de la República, a que convocó el Decreto del 2 de junio de 1834; y teniendo en consideración que es urgente cumplimentar el voto público posesionando cuanto antes al electo. Habiéndose procedido en virtud del acuerdo anterior al escrutinio y regulación de dichos votos con arreglo a los artículos 46 y 47 de la Constitución; y resultando que el ciudadano Francisco Morazán ha reunido la mayoría absoluta conforme se advierte en la tabla adjunta. Siendo satisfactorio al Cuerpo Legislativo llenar los deseos del pueblo con su presente declaratoria emitida en cumplimiento del Artículo 52 de la Constitución Federal, Decreta:

"Se da por Presidente de la República, popularmente electo, al Ciudadano Francisco Morazán, y el Gobierno dispondrá lo conveniente para que preste Juramento y tome posesión el 14 del presente mes de febrero. Comuníquese al Supremo Poder Ejecutivo para su cumplimiento y que lo haga imprimir, publicar y circular. Dado en San Salvador a 2 de febrero de 1835."
(Firmado) MARIANO RAMÍREZ, Diputado Presidente;
MARIANO GÁLVEZ IRUMGARAY, Diputado Secretario;
LUIS LEIVA, Diputado Secretario.
—Al Supremo Poder Ejecutivo.
—Por tanto, Ejecútese.
—Casa del Supremo Gobierno, en San Salvador, a 2 de febrero de 1835.
—José GREGORIO SALAZAR.

El Secretario Accidental de Estado y del Despacho de Relaciones, —MIGUEL ÁLVAREZ CASTRO.

Vice—Presidente de la República Federal para el segundo período de Morazán, resultó electo don José Gregorio Salazar, quien fue reconocido como tal por el siguiente Decreto:

"El Congreso Federal, considerando que verificado el escrutinio de votos electorales para Vice—Presidente de la República no ha resultado elección popular, y que en tales casos el Congreso está llamado por la Constitución para elegir entre los que tengan base de cuarenta o más votos; habiéndose ejecutado en consecuencia en el ciudadano José Gregorio Salazar y señalado el 16 del presente mes para su posesión, por ser él en que cumple su período administrativo, según el Artículo 111 de la Constitución, el actual Presidente de la República, ha tenido a bien decretar y Decreta:

"Se da por Vice—Presidente de la República, constitucionalmente electo, al Ciudadano Gregorio Salazar, quien se posesionará de su destino y el 16 del presente mes tomará el Gobierno de la República.—Comuníquese al Supremo Poder Ejecutivo para su cumplimiento y que lo haga imprimir, publicar y circular.—Dado en Sonsonate a dos de junio de 1834.—

NICOLÁS ESPINOSA, Diputado Presidente.—

V. CASTELLANOS, Diputado Secretario.—

MARIANO GÁLVEZ, Diputado Secretario."

Ya para 1835, dentro del segundo período administrativo de Morazán, tanto él como los otros altos funcionarios del Gobierno Federal habían reconocido los inconvenientes de no haberse fijado, desde un principio, un "Distrito Federal" que sirviera de residencia a las autoridades federales.

Esta falla de la Constitución Federal quiso enmendarse a principios de 1835, y se emitió un Decreto Federal declarando la ciudad de San Salvador como Distrito Federal. Este Decreto tiene interés porque si bien la razón principal que se aduce diplomáticamente para hacer de la capital salvadoreña el Distrito Federal es la de que "trasladadas las administraciones federales a la ciudad de San Salvador es extemporáneo e impolítico hacer renovaciones en su residencia actual", la razón verdadera es la que se menciona después en el mismo Decreto, y es la de que "...los pueblos de este Estado han manifestado el más vivo deseo de que subsista en esta ciudad el Gobierno Federal..."

El Decreto es el siguiente:

"El Congreso Federal de la República de Centro América, Considerando:

1.º Que los poderes nacionales deben establecer su residencia en un punto céntrico de la República, y que la paz y el orden exigen que tenga en ella jurisdicción exclusiva, que aleje toda competencia y rivalidad;

2.º Que trasladadas las administraciones federales a la ciudad de San Salvador es extemporáneo e impolítico hacer renovaciones en su residencia actual;

3.º Que los pueblos de este Estado han manifestado el más vivo deseo de que subsista en esta ciudad el Gobierno Federal, y que las autoridades Supremas del mismo Estado, secundando sus votos, han hecho igual representación, cediendo para Distrito la ciudad de San Salvador, con el área de terreno y pueblos comprendidos en ella, que expresa el Decreto de su Asamblea del 28 del mes pasado;

4.º Deseando cimentar de una manera estable la residencia de las Autoridades Supremas y darles por este medio la respetabilidad que les corresponde, y a su Distrito las mejoras de que es susceptible;

5.º Satisfaciendo los deseos de los otros Estados y la opinión pública claramente manifestada;

Decreta:

Art. 1.º — Se declara Distrito Federal la ciudad de San Salvador, con el territorio y pueblos anexos a ella que expresa el Decreto de la Asamblea de este Estado del 28 de enero próximo pasado, que se acompaña al presente;

Art. 2.º — Las Autoridades Federales ejercerán en su Distrito una jurisdicción exclusiva;

Art. 3.º — Las leyes reglamentarán la administración de este Distrito y entre tanto regirán las que en él se hallan vigentes;

Art. 4.º — El Gobierno Federal se pondrá de acuerdo con el del Estado sobre los intereses y propiedades que el mismo Estado tenga en el Distrito dicho.

Pase al Senado.
Dado en San Salvador a 7 de febrero de 1835.
MARIANO RAMÍREZ, Diputado Presidente;
MARIANO GÁLVEZ IRUMGARAY, Diputado Secretario;
JOSÉ VÁLIDO, Diputado Secretario.

Sala del Senado, San Salvador, a 20 de abril de 1835.
Al Poder Ejecutivo.
JUAN ANTONIO ALVARADO, Senador Presidente.
FRANCISCO PADILLA, Senador Secretario.

Casa del Supremo Gobierno, en San Salvador, a 20 de abril de 1835.
Por tanto, ejecútese.
JOSÉ GREGORIO SALAZAR.

Al año siguiente, por Decreto del 9 de marzo de 1836, se agregó al Distrito Federal la zona de Zacatecoluca. El Gobierno de El Salvador se estableció en la ciudad de San Vicente.

No fue sino hasta en ese año de 1836 que Morazán se decidió a enfrentar un problema que debió haber enfrentado en los dos primeros años de su primer período: el de atender al clamor público de reformar la Constitución de 1824. Ya hemos dicho en capítulos anteriores que uno de los errores más grandes que cometió el segundo Presidente de la República Federal fue el de identificarse demasiado con el sistema federal. La necesidad de la reforma de la Constitución de 1824 había sido sentida por los dirigentes de Centro América casi inmediatamente después de que fue promulgada, pero Morazán, durante su primer período, no quiso oír hablar de reformas constitucionales, sin duda porque su acción contra Arce se había basado en parte en la indiferencia de aquél por la Constitución Federal.

En marzo de 1836 se reunió el Congreso Federal en San Salvador. Era esta la novena vez que dicho Congreso se reunía, lo cual era un buen índice de la continuidad jurídico—política de la República. Presidió este Congreso don Juan Barrundia, y Morazán leyó en esta ocasión uno de sus más importantes y enjundiosos mensajes, cuyo punto sobresaliente fue la admisión de la necesidad de reformar la Constitución Federal de 1824.

Dijo el General Morazán en ese Mensaje:

"Ciudadanos representantes:
Los pueblos libres calculan los años de su vida social por la existencia de sus poderes representativos. Centro América tiene hoy la gloria de contar en la reunión del Congreso de 1836 al noveno período de su Gobierno Constitucional, y el quinto triunfo adquirido sobre los que han osado entorpecer la marcha de sus libres instituciones.

A despecho de las pasiones y de las resistencias políticas intestinas, cuyo objeto tendiera a embarazar este acto augusto de la soberanía del pueblo, yo tengo la honra y la más viva satisfacción de presentarme ante la Diputación Nacional, para darle cuenta de las operaciones del Gobierno durante el año que acaba de transcurrir, en cumplimiento de un deber tanto más sagrado para mí, cuanto emana de la Ley.

Nuestras relaciones exteriores no han padecido ninguna alteración. Sin desatender a las establecidas con los Gobiernos de Europa, el Ejecutivo ha procurado estrecharlas del modo más íntimo con las Repúblicas de América que, por decirlo así, están unidas a nosotros con vínculos de familia, han abrazado una misma causa y adoptado instituciones análogas.

Allanados los obstáculos que habían entorpecido por un tiempo la realización de la agencia decretada cerca del Gobierno de La Haya, se presentó otro más poderoso todavía, en la falta de salud del individuo nombrado con el fin de estudiar la apertura del Canal de

Nicaragua. La apertura de ese Canal ha sido el primer objeto de la misión holandesa que se encuentra entre nosotros. Noticias privadas, pero fidedignas, de las causas que embarazan al presente a los holandeses de ocuparse de esta grandiosa empresa, han alejado las esperanzas del Gobierno y producido un verdadero sentimiento en el ánimo de los centroamericanos amigos de la gloria y engrandecimiento de su patria. Aún no ha podido llevarse a efecto el tratado que se halla encargado de celebrar el señor Cónsul de Inglaterra, residente en esta República.

El Gobierno de Norte América nos da cada día nuevas demostraciones de sus sentimientos amistosos y nos prueba con hechos positivos sus nuevos deseos en favor de la prosperidad de este país. El enviado de aquella Nación cerca de este Gobierno, ha reproducido estos mismos sentimientos de la manera más sincera. En los deberes del Ejecutivo como en los intereses del pueblo está corresponder a estas consideraciones, acreditando un Ministro cerca del Gabinete de Washington.

A solicitud del Ministro Plenipotenciario de esta República cerca de la Corte de México, el Gobierno mandó expedirle su carta de retiro, mas cuando cesen las convulsiones políticas que afligen a aquella Nación, el Ejecutivo se ocupará de nombrar a otro que lo sustituya, investido de igual carácter.

A pesar de los vivos deseos que el Gobierno ha tenido de estrechar sus relaciones comerciales y de amistad con Inglaterra, un incidente fundado en la necesidad y urgencia de fijar los límites y duración del establecimiento de Belice, se ha opuesto por ahora a sus miras. Por ahora, digo, porque estoy seguro de que la Corte de Londres no pondrá en cuestión el derecho indisputable que Centro América tiene sobre aquel pequeño territorio. Su ilustrado Gobierno, que tantos testimonios ha dado a las nuevas Repúblicas americanas, de su política franca y generosa, no dudo se prestará gustoso al arreglo que se desea. Cumpliendo con este acto de justicia, obrará también en favor del pueblo inglés, de este gran pueblo que ha cifrado siempre su gloria y su riqueza en la libertad del comercio y en la independencia de las naciones.

Parece haber llegado ya la deseada época en que el pueblo español debe recobrar sus derechos y la oportunidad también de fijar la interesante cuestión sobre el reconocimiento de la Independencia de América. El Gobierno que dignamente rige los destinos de aquella Nación, ha expresado a favor de este reconocimiento los mejores deseos y remitido su decisión a la voluntad de las Cortes.

"Por los papeles públicos de Europa y América se sabe que los Ministros de México y del Perú han sido bien recibidos por aquel Gabinete. Si esto es así, parece ya urgente el nombramiento de un Enviado, que, representando los derechos de la Nación, solicite al mismo tiempo, con arreglo a las convenientes instrucciones, el reconocimiento de su Independencia.

"Los sucesos ocurridos en el interior de la República y la difícil situación en que se halla el Gobierno por falta de medios para llenar los gastos de la administración general, demandan toda la atención del Congreso y piden el más pronto remedio.

"El orden juntamente con la paz, que por tantos años había disfrutado Costa Rica sin interrupción, por un corto período de tiempo desapareció de aquel suelo, en el cual sus habitantes han sufrido los males y consecuencias de una guerra inesperada y sangrienta. El Ejecutivo Nacional, del modo que le permiten las distancias y sus actuales facultades, procuró evitar sus progresos.

"También amenaza la paz y se ha alterado el orden en el Estado de El Salvador por el ex—Jefe Licenciado Espinosa; despreciando este funcionario el voto libre del pueblo que lo elevara a la silla del Ejecutivo, quiso buscar en el injusto derecho de la fuerza un título más digno de sus miras opresoras. Los primeros síntomas revolucionarios que se observan en algunos pueblos de aquel Estado y el terrible anuncio de una guerra de clases con que se amenazaba la República entera, descubrieron toda la extensión del mal que iba a causar la barbarie armada en secreto por una mano criminal. Afortunadamente, el autor de este proyecto encontró más de algún obstáculo en su ejecución. Pero este feliz desenlace, al paso que ha llenado simultáneamente los deseos del público y del Gobierno, acabó de agotar los recursos con que contaba para cubrir, en parte, los gastos de la administración.

"En el Distrito Federal se ha restablecido enteramente la confianza. Sus habitantes, prescindiendo de las opiniones que los dividieron, se han colocado alrededor del Gobierno que los protege, sin distinción alguna, y le acreditan con hechos positivos, cada día, su amor al orden y sus sentimientos pacíficos. La seguridad de que disfrutan ha hecho renacer en ellos el deseo de ocuparse en útiles trabajos, y los campos, que las discordias domésticas habían teñido con sangre salvadoreña y cubiertos de malezas, se ven hoy brindando ricas producciones a la mano que los cultiva.

"La educación de la juventud, esa porción escogida para regir algún día los destinos de la Patria, ha merecido muy particularmente la atención del Gobierno.

"Tal es, Ciudadanos Representantes, el cuadro de la República, que estimo haber trazado con la fidelidad que debo, presentándoos los males que amenazaron al Gobierno. ATACARLES EN SU ORIGEN, REFORMANDO LA CONSTITUCIÓN FEDERAL, es el único medio de prevenirles, y el modo más seguro de evitar que se reproduzcan en lo sucesivo; pero de esta reforma, tan necesaria como deseada de todos los amigos de la felicidad general, NO SE PODRÁ OCUPAR EL ACTUAL CONGRESO. Pendiente como está de la Asamblea del Estado de Honduras la que se decretó en 1835, veremos pasar todavía el precioso tiempo de sus sesiones sin tratar de este asunto interesantísimo, si no se exige el cumplimiento de la ley que atribuyó a aquel Alto Cuerpo la facultad de sancionarla. DE ESTE PASO IMPORTANTE DEPENDE LA SUERTE DE LA REPÚBLICA. Es el áncora de esperanza para los hombres conocedores del verdadero origen de nuestros males, y la única tabla de salvación para todos los que ven como inevitable el naufragio que amenaza a la Patria.

"Elegidos por la libre voluntad del pueblo para mejorar su suerte, meditando entre los escombros y ruinas que han dejado las guerras pasadas, los medios de evitar otras nuevas; para buscar en las cenizas de los que perecieron en ellas, las chispas que sirven para inflamar el corazón de los hombres virtuosos; para enjugar las lágrimas que se derraman aún sobre los restos venerables de tan ilustres víctimas; para romper y pulverizar, en fin, esa funesta cadena de revoluciones y desastres, forjada por la mano de la venganza, por el mezquino interés privado, por el monstruo implacable que preside a los partidos.

"Séame permitido concluir esta exposición con un acto de justicia debido al mérito de los primeros legisladores de nuestro país.

"La Constitución abunda en principios luminosos.

"En su formación excedieron sus dignos autores las esperanzas del centroamericano, estableciendo esta Patria vacilante e incierta, bajo el sistema de Gobierno que nos rige; pero doce años de aguardar entre infortunios y vicisitudes ese futuro de prosperidad tantas veces prometido, ha inspirado a los pueblos un justo deseo de una reforma radical, y revelado al hombre pensador los vicios de que adolece, al considerar la Constitución semejante a un árbol hermoso, que, trasplantado a un clima exótico, se marchita y decae en corto tiempo, sin haber producido los frutos que se esperaban.—San Salvador, 21 de marzo de 1836".

FRANCISCO MORAZÁN.

Es fácil convenir en que el anterior Mensaje o Memoria del Presidente Morazán es uno de los de mayor importancia en toda su vida política. Se advierte que es ya una mano experta en los asuntos del Estado la que lo escribió. El hombre público, el estadista, es evidente en cada uno de los párrafos, y nada tiene esto de extraño, pues Morazán llevaba seis años de ejercer la Primera Magistratura. ¡Cuántos males no se habrían evitado, si hubiera tenido una visión semejante en los primeros años de su primer período! La reforma que los Estados centroamericanos deseaban tan vivamente ahora, más bien se inclinaba por una mayor independencia del Poder Federal. Una República Centralista ya no era posible, después de que se había dejado probar a los caudillos de cada sección el dulce sabor del Poder. La visión de Morazán en los momentos de dirigir el Mensaje estaba acertada. La necesidad de hacer una reforma "radical" de la Constitución era imperiosa, pero más acertada era aún su visión apocalíptica de lo que había ocurrido en Centro América, el cuadro de "escombros y ruinas que han dejado las guerras", "las cenizas de los que perecieron en ellas" y "los restos venerables de tan ilustres víctimas". Este era el pasado que habían dejado los años de sistema federal. Y el tributo que Morazán quiere gentilmente hacer a los legisladores, se derrumba cuando en el párrafo final del Mensaje dice que la Constitución que promulgaron era "semejante a un árbol hermoso, trasplantado a un clima exótico, que se marchita y decae al corto tiempo".

Como decíamos, a pesar del tono solemne, responsable y formal del Mensaje de Morazán al Congreso Federal de 1836, los nubarrones que se cernían sobre los cielos de Centro América eran densos. Dentro de la República y en el extranjero, los enemigos del liberalismo y de la Unión centroamericana no descansaban. Esperaban, nada más, el momento de lanzarse sobre la Federación y su héroe máximo.

Ese momento propicio para el ataque mortal de los reaccio-narios, lo provocó, sin quererlo, el Jefe del Estado de Guatemala, quien inició en ese país una obra legislativa que enfureció a los reaccionarios y a los aristócratas.

Empezó por promulgar un nuevo Código Penal, copiado en el Código Penal norteamericano inspirado en las ideas del penalista Edward Livingston, con las adaptaciones necesarias al medio centroamericano. Este nuevo Código Penal había sido traducido del inglés e introducido al país por el Dr. Juan Francisco Barrundia, y su adopción en Guatemala causó un gran revuelo en los círculos jurídicos de Centro América. Al mismo tiempo que se introducían reformas en el sistema penal, se reformaba el Código Civil, abandonando muchos de los vicios y resabios de la legislación española, influida por un criterio religioso.

Se estableció el matrimonio civil, provocando con esa medida un verdadero escándalo entre los elementos de la reacción, la libertad de testar, la igualdad entre los hijos legítimos y los ilegítimos para pedir alimentos, en caso de no heredar, y cuando se llegó a declarar que los "hijos naturales o espurios, reconocidos por sus padres en un instrumento público o auténtico ENTRARÁN A LA SUCESIÓN CON LOS LEGÍTIMOS POR PARTES IGUALES", el Clero, la nobleza y el partido servil pusieron el grito en el cielo, afirmando que llovería fuego sobre un país que de tal modo provocaba las iras celestes y divinas.

Y, efectivamente, para desgracia de Centro América, por ese tiempo cayó sobre los centroamericanos algo que parecía enviado por las iras de un poder superior: el "cholera morbus", un anuncio, nada más, de lo que vendría después: Rafael Carrera.

El "cólera" empezó a hacer estragos en Guatemala a principios de 1837. El Presidente Gálvez, que en todo era adelantado a sus tiempos, lo combatió en forma vigorosa. Encomendó al sabio francés Lambur que hiciera un estudio sobre las formas de propagación y curación de la terrible enfermedad. En un informe de Lambur, fechado en El Aceituno, el 3 de abril de 1837, dice así: "No puede caber duda de que el cholera se ha introducido al país por los rumbos de Omoa y Gualán. De allí ha pasado a las poblaciones de Zacapa y Esquipulas, y este último pueblo es el foco de donde ha irradiado con tremenda velocidad a las poblaciones afectadas".

Esto podría ser apoyado por el hecho de que las peregrinaciones al Cristo de Esquipulas se verificaban cada año en el mes de enero. En el "Boletín de Noticias del Cólera", que el gobierno hacía publicar para aplacar en lo posible el pánico del pueblo, en la edición correspondiente al 4 de abril de 1837, aparece la siguiente información: "En San Sur han muerto del cólera muchos romeristas de Esquipulas".

La verdad parece ser que la enfermedad había empezado a hacer estragos en la Costa Norte de Guatemala desde principios de febrero, y de allá se propagó hacia toda la República de Guatemala, lo mismo que a Honduras. En la ciudad de Guatemala, el primer caso conocido se registró el 19 de abril del año que hemos citado y llegó a causar cerca de mil víctimas, en una población que no llegaba a los 50.000 habitantes por haber sido abandonada por quienes podían. Las familias acomodadas huían hacia sus fincas o haciendas, huyendo del contagio.

Como decíamos anteriormente, el Gobierno del Dr. Gálvez hacía todo lo que aquel tiempo era posible para detener el avance de la peste. Médicos y estudiantes de Medicina eran enviados a las zonas más afectadas, con medicinas e inyecciones de las que se indicaban en la época.

Los enemigos de Gálvez, que lo eran también de Morazán y del partido Liberal, se aprovecharon de la coincidencia. Aseguraron al pueblo, y especialmente a los indios, que el "cholera morbus" era la cólera de Dios, en castigo de las medidas impías que estaba tomando un gobierno enemigo de Dios. El historiador vacila en creer lo que narran las crónicas de aquellos días sobre la actitud de los sacerdotes, pero desgraciadamente, si bien con alguna exageración, es preciso decir que gran parte de las acusaciones a la conducta del clero, fueron justificadas. Tal era el deseo de la Iglesia de regresar a los tiempos

185

coloniales, y tal el odio que sentían por quienes los habían despojado de sus canonjías, que se sentían justificados para inventar toda clase de calumnias y fantasías. Por otra parte, también es posible que algunos sacerdotes ingenuos, de buena fe, hayan creído que Dios estaba castigando a quienes lo habían desafiado.

Los hechos que registra la Historia indican que la campaña contra el gobierno tuvo un éxito aún mayor del que esperaban quienes la dirigían. Lo que al principio era un murmullo, poco a poco fue creciendo, hasta transformarse en una ola que amenazaba deshacer la obra que se había empezado desde los días de la Independencia.

Los primeros tumultos se registraron en las poblaciones indígenas de Santa Rosa y de Jumay, en el Departamento de Jutiapa, en donde los habitantes tomaron las cajas de medicinas que habían sido enviadas por el gobierno y las hicieron pedazos en la plaza pública. En Jalpatagua aconteció algo parecido, con la diferencia de que la furia de los indios no se limitó a las medicinas, sino que persiguieron a los médicos y estudiantes enviados por el gobierno a socorrer a los enfermos, cuando éstos salían a todo correr de la población.

Y en esta forma se fue extendiendo la insurrección, lentamente, sabiamente, de Jalpatagua a Mataquescuintla, de allí a San Guayabal, y de allí a otra y otra población, hasta convertir el grito contra el gobierno en un ruido infernal que tenía alzados a todos los indígenas.

En todas las poblaciones empezaron a aparecer Proclamas que a la vez denunciaban al analfabeta y a la mano sabía que "les llevaba la mano". Nadie lo sabía aún, pero estas proclamas ya anunciaban a Rafael Carrera, el indio analfabeta, con el instinto del líder, con la extraordinaria capacidad para asimilar las modalidades de la lucha política, como entonces se la entendía.

Y como algunos la entienden todavía. Por estos días apareció en Mataquescuintla la Proclama siguiente que se habría de reproducir, con pequeñas variantes, en otras poblaciones de Guatemala:

"Ciudadanos patriotas y Alcaldes Constitucionales del pueblo de Jalapa (Jalapa había de ser). No se ignora, C.C., que la peste nos está queriendo acabar; pero tan claro y probado que los venenos nos persiguen por las vertientes, ríos y pozos, aún EN LOS BOTIQUINES están los susodichos, lo que si ustedes, C.C., no han reparado, sépanlo como la luz del día; que creemos, C.C., que un Supremo Gobierno nos quiere pagar mal; no creemos, pues, que después de un buen servicio un mal pago no sería, pero los venenos han salido, no hay duda, de los extranjeros, causan lo más por acabarnos y sin duda apoyarse quieren de uno, y a la cristiana, también sin duda la herejía quiere ser dueña y solo habitar al Centro América. ¿Qué hacemos, C.C., los que actual no nos ha alcanzado el veneno? Todavía estamos vivos: todavía la alma en los cuerpos, volvámonos todos los cristianos la vista al Cielo: conozcamos que un poderoso Dios murió y derramó su preciosa sangre por todos sus hijos: nos hizo de su semejanza, por herejes, no murió un Dios poderoso: volvamos pues la vista a Él y a su Madre Santísima y si se colocan a nuestro dictado, reunámonos a un plantón en Santa Rosa, como tan breve nos acabará el veneno, pues la reunión que tenemos con varios y muchos pueblos es acabar a los extranjeros, herejes de Guatemala; por no acabar con venenos, mejor acabaremos a sangre y fuego. Para el caso tenemos unos patrones y patronas divinas que serán quienes nos capitanean y si conocemos en usted, C.C., que la heroica voluntad y corazón de usted está con Dios, y la unión para un gran beneficio, si comprende lo harán ustedes para los otros pueblos de su seno y vigilantes los C.C. para con las aguas porque aún los de los mismos pueblos están haciendo operación; de los extranjeros no se diga, pero si a uno y a otro que se cojan, los pasamos a bala. U.C.C. si no lo han alcanzado y conocido, dispense la mala noticia; pero suplicamos como patriotas nos contesten para nuestro gobierno y con el portador. —Juzgado 19 y 29 de Mataquescuintla, 6, de 37; por mandato de los C.C. Alcaldes. —(Firmado) BUENAVENTURA HERNÁNDEZ.—También les decimos que si pasan por nuestra expresión tan interesable y reunión que hacemos como de nuestro seno la comunicación a la cabecera de Chiquimula, si la conocen y si no queda a su disposición. —Vale."

El Gobierno del Dr. Gálvez trataba por todos los medios a su alcance de detener la insurrección de la población indígena, a la que más directamente iba dirigida la propaganda de los serviles, pero después de la insurrección de Mita, decidió pedir ayuda al Presidente de la República Federal. El hombre de leyes, que había querido hacer progresar a un pueblo atrasado desde su escritorio de Gobierno, se vio en la necesidad de acudir al único hombre que, hasta entonces, había sabido hacerse oír de los centroamericanos.

SÉPTIMA PARTE: MORAZÁN Y CARRERA

CAPÍTULO XIV: ¿CÓMO ERA CARERRA?

Dos personajes llegaron a personificar por fin, de manera dramática, la bifurcación política de Centro América, cuyos orígenes hemos fijado nosotros en una fecha anterior por muchos años a la Independencia misma; al momento, dramático también, en que el Emperador francés hizo prisionero en Bayona al Monarca español Fernando VII.

Hemos sostenido y sostenemos que la bifurcación comenzó entonces, en España, para trasladarse más tarde a la América Española con las informaciones que llegaban de las discusiones de las Cortes de Cádiz, durante la redacción de la Constitución española de 1812, en la que participaron los hispanoamericanos que formaban lo que se llamaba "la Diputación Americana".

Estos dos personajes, encarnando el uno la luz y el otro la sombra, el uno el Bien y el otro el Mal, el uno el adelanto y el progreso y el otro el status quo o el retroceso, fueron FRANCISCO MORAZÁN y RAFAEL CARRERA.

En el año de 1846, cuando aún no habían muerto del todo los proyectos, iniciados por el año de 1835, en plena época morazánica, de atraer colonos europeos con la mira de apresurar el paso del progreso, especialmente en los ramos de la industria agrícola, elementos interesados económicamente en la realización de esa idea, hicieron publicar y circular en Europa un interesante folleto, titulado "Carrera y Morazán", que presentamos completo, en una reimpresión que se hizo en Guatemala, entre los "Documentos" que acompañan esta biografía. Esta reimpresión tiene interés porque está impresa en español y en francés, destinada como estaba a ser leída especialmente en Bélgica y Holanda.

Antes de entrar a citar los más importantes párrafos de ese interesante folleto, creemos oportuno decir algo, así sea en la forma más breve, de la forma en que se realizó, y por desgracia fracasó, uno de estos proyectos de colonización, emprendido por los ingleses. Los historiadores Marure y Bancroft hacen referencia a este incidente.

Un grupo de 63 ingleses salió de Londres en el buque velero Ann Arabella con rumbo a Verapaz. El Capitán de ese buque era un Mr. Fletcher, quien con habilidad navegó su buque y entregó su cargamento humano completo, "sin que haya habido una sola muerte durante el viaje", dijo después con mucho orgullo. Desgraciadamente, este primer intento de colonización fracasó por mala administración. Muchos de los inmigrantes murieron; otros, ante las dificultades que provocaba la diferencia de lenguas, se trasladaron a las islas inglesas del Caribe, y sólo unos pocos permanecieron en Centro América, sin que sea posible ofrecer sobre sus vidas la menor información. El norteamericano R. G. Dunlop, quien también viajó por Centro América, en su obra Travels in Central América, dice que estos ensayos de colonización se debieron a "la infatuación de los europeos por colonizar playas pestíferas, quemadas por un sol ardiente, en las que un hombre de climas más benignos, y ni aún los nativos del interior de esos países, pueden gozar de una salud tolerable".

Todo esto no ofrece más interés que el de ayudar al lector a comprender la impresión que en Europa se tenía entonces de Centro América, y cómo había entonces centroamericanos que veían en la colonización de europeos, una manera de adelantar el progreso. Lástima que sus esfuerzos fracasaron, porque de lo contrario, acaso habríamos tenido los centroamericanos un desarrollo cultural semejante al de la Argentina y Uruguay, en donde la colonización de europeos, especialmente italianos, alemanes y españoles, se realizó con extraordinario éxito.

Pero volvamos al folleto de "Carrera y Morazán", que nos ofrecerá un cuadro bastante exacto, fuera de la inclinación política favorable a Carrera, de la forma en que estos dos centroamericanos se situaron frente a frente. Como decimos anteriormente, el folleto fue publicado por elementos interesados en "explorar la América Central", que veían en la indudable "estabilidad" del gobierno de Carrera una garantía para la realización de sus proyectos.

"La publicación de diferentes informes dados por la Comisión que fue a explorar la América Central, ha excitado en diferentes periódicos discusiones vivas sobre los proyectos de la Compañía Belga de Colonización.

"Todas las grandes cuestiones de industria, de agricultura, de topografía, de comercio, han venido a ser objetos de controversia, sobre los que cada uno se esplaya, afirmando o negando según las doctrinas que profesa.

"Estas cuestiones de intereses puramente materiales, cuya importancia no se intenta contradecir, dejan, sin embargo, atrás, por decirlo así, un punto que debería examinarse a la par. Se ha hablado de la situación comercial de la futura colonia, y nada se ha dicho de la condición moral bajo la cual debe desarrollarse. Se han formado cálculos sobre las ganancias y pérdidas: se ha fijado el número de los tercios de añil y de grana que podría producir, determinando la naturaleza y cantidad a las mercaderías, y nadie se ha detenido a inquirir cuáles son las garantías reales y efectivas con que podrán contar los colonos, tanto para lo que es gozar de sus habitudes o costumbres, como para el ejercicio de sus creencias religiosas que les son muy queridas. Sin embargo, es muy importante esclarecer este lado de la cuestión, pues de él pende la suerte de la colonia tanto como de las combinaciones mercantiles; porque estas se suspenderían si, por faltar la calma y el orden que les son tan necesarios, se dejase de protegerlas y de estar bajo las garantías políticas y religiosas que tanto aman nuestras poblaciones. ¿Cuál es, sobre todo, este doble aspecto de la situación en Guatemala? ¿Sus leyes, sus tradiciones, sus hombres que las representan forman acaso un orden de cosas bajo el cual estén en seguridad las propiedades y las familias? La respuesta a estas dos preguntas se encuentra en el juicio o concepto DE UN SOLO HOMBRE, del Jefe actual de Guatemala, del General Carrera, que, reuniendo en sí todo el poder, está llamado a dar a sus destinos el carácter que les es propio.

"Un diario acaba de publicar la biografía del General Carrera; y aunque en esta no se dé una noción exacta y conforme con los acontecimientos, sin embargo, es bastante para poder apreciar un carácter, cuyas pequeñas cualidades puede ocultarnos la distancia, sin dejar por esto de mostrar las grandes que son las que constituyen su notabilidad."

"Las Revoluciones de la América del Centro son recientes; pero aunque ellas se han declarado después de las nuestras, puede bien decirse que son una derivación de ellas, o más bien una especie de últimas convulsiones (se olvidaba el autor de este folleto que faltaban las convulsiones de Asia y África, que ahora estamos presenciando) de ese gran movimiento de ideas que ha trastornado al mundo europeo. Bajo pretextos diferentes, en ocasiones diversas, son siempre las mismas causas las que se encuentran, tendiendo a los mismos resultados; es el espíritu de independencia luchando contra la autoridad, y perdiéndose en seguida en el desorden que semejante lucha engendra.

"La conclusión moral e inevitable de todos los tumultos y agitaciones es para los pueblos un gran espanto de la confusión y desorden de que se ven rodeados; y, el resultado, un deseo grande de paz y de regularidad, y la necesidad de reedificar las mismas ruinas que en los trastornos se han ocasionado. Hay hombres extraordinarios que la Providencia destina para circunstancias tan solemnes. Nosotros hemos tenido a la vez los nuestros (es curiosa la frase en labios de un europeo, refiriéndose a América. Podría haberle resultado más natural decir: "Ellos, a su vez, han tenido los de ellos.") La América Central ha debido buscar el suyo, y tal vez lo ha encontrado en el hombre que hoy tanto influye en sus destinos, y que saca, de las raras circunstancias que lo han producido, su importancia excepcional.

"La proclamación de la Independencia de Centro América tuvo desde luego por primer resultado el de entregar a los vencedores a la incertidumbre de los medios que debían emplear para utilizar su victoria. Todos, poco más o menos, habían estado acordes en el momento de conspirar, pero la desunión apareció tan luego como llegó el día de tratarse de su reorganización y del nuevo orden. Este debía ser un nuevo motivo de disensiones, después de la que acababa de terminarse; porque esta es la suerte de las revoluciones, que siempre producen acontecimientos que son, por lo común, causa de otros. Los unos, tomando en serio y en toda su extensión los principios de independencia de que estaban inflamados, quisieron desde luego obtener las consecuencias más avanzadas; y para no tener para con el régimen anterior ninguna especie de relaciones ni en ideas, ni aún en palabras, lo mudaron todo, desechando el sistema de centralización a beneficio de un régimen federal, modelado por el de los Estados Unidos. Estos fueron los radicales o liberales.

"Los otros, que no habían visto en el movimiento de independencia a que habían ayudado, sino la separación de la autoridad metropolitana, se habían reservado todos los principios políticos y sociales que creían ser idénticos a la naturaleza y modo de ser del país, los cuales no habían querido jamás poner en cuestión. Estos fueron los que se denominaron centralistas, o por mejor decir, ESTA CLASE ILUSTRADA DE TODAS LAS SOCIEDADES, QUE EN LAS GRANDES CATASTRÓFES GUARDA Y SALVA, POR DECIRLO ASÍ, EN LOS PLIEGUES DE SUS MANTOS, LOS GRANDES PRINCIPIOS DE ORDEN, DE PROPIEDAD, DE FAMILIA, DE RELIGIÓN, QUE RESTITUYE A SU VEZ, COMO UN DEPÓSITO SAGRADO, LIBRADO POR SUS CUIDADOS, DE LOS FURORES DE LA TEMPESTAD REVOLUCIONARIA." (Las mayúsculas son del autor, quien pocas veces ha tenido la ocasión de encontrarse con una definición del Conservatismo, y de su misión, tan exacta e inteligente como la que figura en el párrafo anterior.)

"La cuestión fue así establecida; y los hechos que se siguieron, por extraños e singulares que parezcan, no pueden, si bien se reflexiona, confundirla. Era en apariencia una lucha entre dos diferentes u opuestas formas de gobierno, pero en realidad, en el fondo, la cuestión era por principios de desorganización, o de independencia, de anarquía social y religiosa, puestos al frente de los principios sociales contrarios. (He aquí, en el párrafo anterior, la bifurcación, presentida desde el punto de vista de un Conservador.) Los sucesos, además, lo probaron, y los hombres que influyeron en ellos, explicaron suficientemente la naturaleza de su causa, por el carácter de su obra. Entre todos ellos, y en medio de la turba que los trastornos levantan, por lo regular, MORAZÁN Y CARRERA, se muestran prominentes y reasumen en sí, por las empresas en los días de la victoria y por la manera de usar de ella, las verdaderas tendencias de los partidos.

"La Federación salió victoriosa en las discusiones teóricas, que se entablaron después de la dominación española; sostenido este sistema por los hombres de acción que prevalecieron aún, fue instalada por ellos, en desprecio de las reflexiones de los espíritus calmados y experimentados, a los cuales aún no había llegado su día de influencia. Estos señalaron todas las incompatibilidades materiales de los diversos Estados, que debían ser causa de romper el lazo que se trataba de crear para unirlos; su voz fue perdida entre el río de protestaciones patrióticas.

"Estas protestaciones no se hicieron esperar y una lucha las siguió muy pronto. Débil, temerosa, sin dirección fija, la Federación tomó, algunos años más tarde, el carácter amenazante de las disensiones civiles. Las extorsiones y violencias que ocasionaron la muerte del Jefe Federalista Cirilo Flores, inmolado por los suyos mismos en frente de los altares, no fue sino la primera señal; después estas violencias no tuvieron límites, el día que el General Morazán vino a establecer en la Capital de Guatemala la dominación de los principios demagógicos, de que él era la expresión suprema. El espanto lo había precedido; sangrientas reacciones lo acompañaron; y la propiedad, la seguridad de las familias, los sacerdotes, el orden social, y el culto católico, vinieron, como sucede en tales casos, a hundirse en las saturnales de la embriaguez popular. El vencedor, se esforzó después en organizar el desorden que él mismo había sembrado. Se proclamó el Código de Livingston, es decir, la confiscación de los bienes del Clero, la abolición del culto, el matrimonio civil y todas aquellas instituciones filantrópicas, vergonzosa herencia de las Convenciones nacionales, que se aceptan bajo beneficio de inventario. La misión de Morazán se encuentra así netamente trazada. No es solamente el sistema Federal el que protegía; su empresa se dirigía a una nueva organización social (en esto tenía perfecta razón el autor del folleto), tomada de las más audaces inspiraciones de la filosofía y del terror.

"Tal orden de cosas debía naturalmente tener la duración que le era propia. Intolerable aún a los mismos que habían ayudado a establecerlo, debía luego sucumbir a los esfuerzos de los que había sacrificado. Dispersos estos por el destierro, y otros intimidados por las venganzas y persecuciones que aún no cesaban, sus tentativas se perdían en su aislamiento y solo se aguardaba un hombre que tuviera el valor de reunirlos. La casualidad lo presentó.

"Víctima de las proscripciones de Morazán, un simple labrador, Carrera, cuyo nombre apenas era conocido de los dueños de las haciendas cuyos trabajos dirigía, vivía en el fondo de las montañas que le servían de asilo.

"Los agravios y vejaciones comunes, hicieron que se reunieran a su alrededor algunos partidarios decididos, pertenecientes a las clases trabajadoras del campo. Desde luego ejerció sobre éstos, por su resolución, una influencia grande, y emprendió, a su cabeza, una lucha heroica de que acaso solo él podía entrever el fin maravilloso.

"Se quiso entonces decir que Carrera promovía una guerra nacional, es decir, emprendida en odio de la dominación española y destinada a promover una expiación de los excesos de la Conquista; pero esta es una aserción que los hechos posteriores desmienten, y que además no puede autorizarse por su originalidad.

"Nosotros creemos que a esta grande obra de conciliación es a la que Carrera está principalmente destinado. Desde luego, sus partidarios, por su considerable número, le dieron una importancia real, tanto que pudo determinarse a entrar con ellos a la Capital de Guatemala. La debilidad y desconcierto del poder, Y LA AUSENCIA ENTONCES, DE MORAZÁN, hicieron fácil esta operación, y a ella NO SE OPONÍA EL CÓDIGO LIVINGSTON. Las puertas estuvieron abiertas para dejar salir por un lado a las tropas federales, y por el otro dejar entrar las bandas armadas de Carrera. (No se atreve el autor del folleto a negar que eran "bandas"). Estas masas de hombres rústicos, que parecían llevar consigo todo el espíritu de la venganza, consiguiente a sus largos sufrimientos, habían causado a toda la ciudad el más grande terror.

"Se temía pagar con nuevos desastres el triunfo sangriento de los primeros vencedores, y se aguardaba en silencio la terrible resolución de estos hombres desconocidos y de su Jefe. Pero muy pronto el horror se fue disipando, y la admiración sucedió luego al terror, viendo a estos hombres prosternarse al pie de los Altares, cantando himnos de Gracia al Todopoderoso. Si entonces hubo brutales instigaciones para entregar la ciudad al pillaje, ellas fueron contenidas en su primer intento por Carrera mismo, que capitaneando solo esta multitud desordenada, se puso a su cabeza, detuvo en su último esfuerzo estos malos instintos, haciendo de ellos un sacrificio, como primera prenda que daba a la obra de pacificación que comenzaba ya a ejecutar.

"Así es que Carrera demostró desde un principio que comprendía su misión. En su misma ignorancia tenía ya interiormente el conocimiento de las necesidades sociales que él debía satisfacer; mas no se atrevió por entonces a hacerse cargo de la obra, y se retiró, dejando, sí, entrever a los hombres de orden y de paz, que sabían ya dónde encontrar al que habían tan largo tiempo esperado.

"Dos circunstancias semejantes han proporcionado a los Jefes de los dos partidos la ocasión de traducir por los hechos sus verdaderos pensamientos. El triunfo de Morazán, o de lo que se decía Partido Federal, significaba el de las reacciones y los trastornos; el de Carrera, o de la centralización, no ha sido sino el de los principios sociales restablecidos sin el odioso acompañamiento de venganzas privadas y de expiaciones públicas. Estos dos caracteres guardan, por lo demás, en el curso de los acontecimientos, una perfecta UNIDAD DE ACCIÓN, porque es imposible escaparse de las fatalidades lógicas de los principios y de las ideas.

"Habiéndose retirado Carrera de Guatemala, la Federación concibió nuevas esperanzas; Morazán vino a sostenerla, y algunas ventajas que obtuvo entregaron el país a los esfuerzos diseminados de algunas bandas de partidarios. Los hechos se pierden en su variedad y en la confusión de luchas parciales ocurridas en una vasta extensión de terreno, no dando otro resultado que el aniquilamiento de los lugares en que se representaban esas escenas. NADA DECISIVO HASTA ENTONCES. Victoriosos un día y otro derrotados, Carrera y Morazán aparecían y desaparecían alternativamente, y no se puso a esto término sino en la última y decisiva acción, en la cual la imprevisión de Morazán hizo caer todo el poder en manos de Carrera. Este, sin embargo, no queriendo tomar sobre sí toda la responsabilidad, encomendó el título de Jefe Supremo al Presidente Rivera Paz; mas siempre reservándose toda la influencia efectiva, que, pasada la guerra, debería desarrollar bajo el carácter de Jefe del Ejército. (¿Habría leído Fidel Castro, el líder de la Cuba actual esta teoría de reservarse "la influencia efectiva"?) Bajo su protección fuerte y calmada, las discordias interiores han entrado en silencio. Las proscripciones y confiscaciones cesaron; el Código filosófico de Livingston fué derogado, y la era de la reorganización y de la paz ha comenzado a consolidarse. La Religión, la propiedad, la seguridad de las familias, han sido las bases primeras de la restauración, y el solo instinto de un hombre al que se ha querido llamar "bárbaro", fue bastante para reducir a la nada las pretensiones ambiciosas de un "soldado filósofo".

"Un carácter tan original, debía necesariamente ocasionar discusiones. Las ideas de que él es una fiel expresión debían naturalmente sublevar en su contra todos los juicios apasionados de los que les son hostiles, destino común a todos estos hombres de excepción, a todos estos "hombres—principios" (la revolución salvadoreña de 1944 hizo del Dr. Arturo Romero el "hombre—símbolo"), si puede decirse así, que reasumiendo en sí las tendencias de una época, allanan las resistencias inútiles.

"Cada uno quiere penetrar las intenciones secretas del héroe, y profetizar, según sus propios deseos, las resoluciones misteriosas que prepara; y el vulgo, que siempre es temeroso de lo que no puede comprender, se complace en dar a estas cabezas majestuosas un rayo por aureola. Así es que, para unos, Carrera es un ángel exterminador (sus partidarios quisieron hacerlo aparecer ante los indios de Guatemala, como una reencarnación del Arcángel Rafael) y el vengador de las crueldades de Pizarro y de Cortéz, sin detenerse a observar que los miembros de la Asamblea, muchos de los Jefes de su Ejército, y de la administración y del Clero, todos han salido de la raza de los Conquistadores. ¿Se podría, pues, atribuir a aquellos tan sangrientas premeditaciones?

"Ciertamente no nos ocuparemos en refutar semejante absurdo, solo diremos que al presente creemos difícil que haya en la intención de Carrera ningunas miras de reacción, puesto que él ha escogido de entre estas mismas personas, los jefes de las tropas sobre las cuales reposa su poder, y con su ayuda procura cumplir la misión civilizadora que le está encomendada.

"Cualquiera cosa que pudiera acontecer en lo de adelante, en nada cambiaría la exactitud de los hechos ya realizados. Es preciso reconocer en Carrera un amigo de todas las clases, una vez que las restituyó en sus privilegios y en sus bienes; es preciso ver como un sostén de las leyes divinas y humanas, al hombre que ha restablecido su curso, y como un protector natural de nuestras poblaciones católicas, a aquel que por las concesiones más amplias y privilegios inesperados, procura atraerlas a su alrededor, para consolidar las bases, todavía conmovidas, del edificio que su mano poderosa ha levantado."

("Correo Belga", 14 y 16 de Noviembre de 1846.)

Para estudiar las causas que determinaron la aparición de Rafael Carrera en el escenario de Centro América, tenemos que trasladarnos al Estado de Guatemala, dejando a Morazán con su gobierno Federal en San Salvador.

Como puede apreciarse en el folleto anterior, que por su importancia dejamos transcrito, aún años después de caído y muerto Morazán, los propagandistas de Carrera todavía señalaban las mismas razones para justificar la presencia de la dictadura de Carrera y sus luchas contra el Paladín de la Federación. Es la legislación liberal del Dr. Gálvez en Guatemala la que alarmó de tal manera al Clero y al partido servil, que acabó con las pequeñas divisiones que existían entre los enemigos de la Federación y los condujo a formar una alianza que si al principio se dirigía exclusivamente contra Gálvez, en su seno llevaba la siniestra intención de acabar con Morazán.

Para el año de 1837, los enemigos de Morazán y de la Federación, que nunca habían estado del todo inactivos, empiezan a desperezarse y dar demostraciones evidentes de vida. Desde México, Juan y Manuel Montúfar, ante las proposiciones conciliatorias que Morazán hizo en su Mensaje al Congreso, sienten revivir las viejas heridas, recuerdan el Decreto de amnistía que en 1829 había promulgado el Jefe de la Federación, y conmueven a Centro América con una elocuente y bien razonada "Carta al Señor General D. Francisco Morazán, Presidente de la República Federal de Centro América" (verla entre los Documentos que acompañan este libro).

"Dice Usted, General," —dicen los Montúfar en un párrafo de esa carta— "que el deber sagrado de salvar a la Patria, y un sentimiento de humanidad en favor de los que la despedazaron con sangrientas revoluciones, obligó al Congreso a dar el Decreto de 22 de Agosto de 1829. Usted asegura que la paz y el orden se han restablecido en la República y que los sentimientos que hoy animan a los expatriados permiten hacer una extensa e imparcial aplicación del INDULTO. Pero esta gracia, dice Usted, no debe ser a mi juicio tan general, ni tan indistintamente aplicada, que comprenda a la vez al arrepentido de los males que ha causado a su Patria, Y AL CRIMINAL QUE LA AMENAZA CON NUEVAS DESGRACIAS: al que sumisamente solicita perdón y al culpable que desafía e insulta aún a la Justicia."

Y terminan su carta, los Montúfar rechazando indignados la clemencia de Morazán, con este párrafo final:

"Así, pues, nosotros no rehusamos el juicio del pueblo, tampoco nos sometemos al de Usted, ni al vergonzoso presente de su clemencia, protestando a usted que nos será muy honroso SER EXCEPTUADOS desde luego del INDULTO que Usted ha propuesto."

Los Montúfar sabían muy bien lo que se estaba preparando ya en Guatemala. Poco después de que en todos los Departamentos del Estado de Guatemala se habían celebrado festividades en loor de esta legislación, y el Licenciado Marcelo Molina pronunciaba en Mazatenango un vibrante discurso celebrando el advenimiento a la legislación guatemalteca de la institución de Jurado, la rebelión de los campesinos, azuzada por el Clero, iba extendiéndose por todo el territorio. De estos sucesos dice el Dr. Montúfar (Lorenzo):

"De nada servían las palabras del Doctor Gálvez; de nada servían las palabras de Barrundia; de nada servían las palabras de D. Marcelo Molina, en los pueblos ignorantes. LOS INDIOS NO COMPRENDÍAN A GÁLVEZ, NI A BARRUNDIA NI A MOLINA; pero comprendían muy bien a sus Curas, algunos de los cuales estaban interesados en aniquilar todas las reformas que disminuían su preponderancia y evitaban el restablecimiento del régimen teocrático."

Esta fue, por desgracia, la trágica verdad. La mayoría de la población de Centro América no comprendía nada de las avanzadas reformas que introducían los Gálvez, los Barrundia o los Molina.

PERO ENTENDÍA MUY BIEN A SUS CURAS.

Por otra parte, los grandes líderes liberales llegaron a no entenderse muy bien entre ellos mismos. Barrundia y Molina se oponían a que se tomaran medidas enérgicas contra los revoltosos que hoy aparecían en una población, y al día siguiente en otra. Hombres enamorados de la pluma y del buen escribir y razonar, Barrundia y

Molina fundaron un periódico en el cual combatían al Gobierno de Gálvez. Este periódico llevaba el nombre de "Oposición". El Jefe guatemalteco, por su parte, fundó "El Semidiario de los Libres", en el cual defendía sus ideas y las medidas que tomaba en defensa del país. Los grandes hombres centroamericanos se entretenían en jugar a los grandes hombres europeos, que actuaban en pueblos que sabían leer. Y mientras ellos escribían y razonaban, Carrera arengaba a sus indios, sin ocuparse de aprender a leer y escribir.

En septiembre de 1837, el Dr. Gálvez recibió del Jefe Militar de Sansaria el siguiente informe:

El Caudillo de las hordas de Santa Rosa y Mataquescuintla ha ocupado este pueblo el día 13 del corriente,

a las 8 de la mañana, con su tropa compuesta de 267 hombres, armados con más de cien carabinas, y los de armas blancas. Inmediatamente que entró hizo saquear el Estanco de aguardiente y destrozar los toneles y botijas, y en seguida pasaron a mi casa y del mismo modo la saquearon de cuanto había existente de muebles; doscientos y pico de pesos, incluso parte del dinero de fondos y Alcabala que estaban en mi poder, e igualmente se tomaron la casa del Alcalde 2° y otra cantidad también depositada. Mas como apenas pude escapar mi persona, esta sorpresa no me había permitido dar parte a usted como era debido; y aún se me olvidaba manifestarle que, a más de estos hechos, ha escapado del pueblo, arrebatando mantas, caballos y otros muebles de los vecinos. Espero, pues, que tenga usted la dignación de ponerlo en conocimiento del Supremo Gobierno, y que acepte las consideraciones de mi respeto.

Dios, Unión, Libertad.

(Firmado) FRANCISCO MORALES.

El "Caudillo" a que se refiere el Informe del Jefe Militar de la población de Sansaria, era ya RAFAEL CARRERA, y de allí en adelante habría de seguir en sus correrías, saqueando pueblos, atormentando a las autoridades y cometiendo toda clase de crímenes, hasta que el Gobierno del Dr. Gálvez se vio en la necesidad de pedir el auxilio de Morazán y de las tropas federales.

A pesar de todos sus defectos, la personalidad de Carrera es una de las más interesantes de las que figuraban en la Historia de Centro

América. Como caudillo, querido y exaltado por unos, y odiado y vilipendiado por otros, pero sin comprender a Carrera y los factores que contribuyeron a su increíble carrera política, no se puede comprender la caída de Morazán.

Sus orígenes son oscuros (ya veremos adelante cómo se pretendió poner en ellos alguna dignidad y claridad, sin conseguirlo), pero su personalidad sí es perfectamente conocida para los que han estudiado nuestra Historia. El norteamericano John L. Stephens, de quien ya hemos hablado en capítulos anteriores como de un viajero inteligente y un agudo observador, tuvo ocasión de conocer personalmente a Carrera, y he aquí lo que dice de esa ocasión, en sus "Viajes por Centro América":

"CARRERA estaba viviendo en una casa pequeña de una calle apartada. Había centinelas en la puerta, y ocho o diez soldados tostándose bajo el sol, afuera. Formaban parte de una fuerza equipada con casacas rojas y képis rayados, y tenían mejor apariencia que otros soldados que había visto anteriormente. En el corredor había una línea de escopetas, brillantes y dispuestas en buen orden. Entramos a una pequeña antesala, y desde allí vimos a Carrera sentado ante un escritorio, contando dinero.

"Tenía como cinco pies, seis pulgadas de altura, pelo negro y liso, expresión y complexión de indio, sin barba, y no parecía tener más de veintiún años. Llevaba saco y pantalón negros. Se levantó cuando entramos e hizo a un lado el dinero que estaba contando, y probablemente por respeto al saco que yo llevaba, me trató con respeto y cortesía, dándome la silla que estaba a su lado. Le manifesté mi asombro ante su juventud, y me contestó que tenía veintitrés años. De ninguna manera podía tener más de veinticinco. Luego, como un hombre consciente de su extraordinaria importancia, y de que yo conocía esa importancia, sin esperar mis preguntas me dijo que 'había empezado' (no me dijo qué) con trece hombres armados con escopetas viejas, cuya pólvora tenía que encenderse con la lumbre de los 'puros'. Me indicó ocho lugares de su cuerpo en donde había sido herido, y dijo que tenía tres balas en el cuerpo. Por este tiempo era difícil reconocer en él al hombre que, dos años antes, había entrado en Guatemala a la cabeza de una horda de indios salvajes, proclamando muerte a los extranjeros. En realidad, en nada había cambiado tanto como en su opinión de los extranjeros, una feliz ilustración del efecto que los contactos personales hacen para quebrar los prejuicios contra individuos o clases. Había conocido personalmente a algunos de ellos, entre los cuales un médico inglés que le había extraído una bala del costado; este conocimiento había sido tan satisfactorio, que sus sentimientos habían sufrido un cambio completo. Me declaró que los extranjeros eran los únicos que nunca lo habían engañado. Había hecho también un adelanto considerable. En los breves intervalos de su vida apurada, había aprendido a escribir su nombre, y ya no necesitaba de un sello. Me pareció inteligente y capaz de mejorar. Le dije que debería viajar a otros países, y particularmente, al mío. Tenía nociones bastante indefinidas sobre dónde estaba mi país; lo conocía solamente como 'el Norte'. Se inquirió sobre la distancia y facilidades para ir allí, y me dijo que, cuando se hubieran terminado las guerras, trataría de hacer una visita al Norte. Pero no podía fijar sus pensamientos sobre nada que no fueran las guerras y Morazán. De hecho, parecía no saber nada más. Era juvenil en sus maneras y en su modo de hablar. Pero podía ponerse muy grave. Nunca sonreía, y, consciente de su poder, no hacía exhibición de él, aunque siempre hablaba en primera persona de lo que había hecho y de lo que se proponía hacer. Mi entrevista con él fue mucho más interesante de lo que había esperado. Tan joven, tan humilde en su origen, tan destituido de tempranas ventajas, con impulsos honestos, tal vez, pero ignorante, fanático y sanguinario, y esclavo de violentas pasiones, con la fuerza física de su país en la mano y con un odio natural hacia los blancos. Al despedirme me acompañó hasta la puerta, y en presencia de sus serviles soldados me hizo una amplia oferta de sus servicios. Comprendí que había tenido la buena fortuna de hacerle una impresión favorable. Y más tarde, pero por desgracia en mi ausencia, me hizo una visita en completo traje oficial, lo cual para él era poco acostumbrado."

Bancroft dice de Carrera que "había nacido en Guatemala, de ascendencia india, de una disposición violenta, irascible y poco comunicativa, bajo por naturaleza, ignorante, aunque dotado de talento, valiente, determinado y perseverante. De sirviente común, había pasado a porquerizo, y en esta ocupación había adquirido influencia entre las clases más pobres de su país, especialmente entre los indios. Esta influencia no se debía menos a sus nexos de sangre, que a la fuerza de las circunstancias y su valor y sus capacidades."

Este era el hombre que iba a oponerse a Morazán en la batalla final. Instrumento de otros al principio de su carrera, se convirtió en su propio amo al obtener el poder. Sus aliados, los llamados "Nobles" o aristócratas de Guatemala, se vieron obligados a transigir con sus caprichos, y en ocasiones hasta soportar sus insultos y su abuso. Ellos lo habían lanzado a una loca aventura, ellos tenían que sufrir de su temperamento violento.

Más tarde, para justificar la unión de Carrera con el partido del Clero y de los aristócratas, circuló un folleto, que por su hondo interés humano, transcribimos. Copia fotostática del original de este folleto, manuscrito, figura entre los "Documentos" de que va acompañado este libro. El manuscrito es extremadamente interesante, pretende ser "Un Verdadero Descubrimiento de la Descendencia del Sor. Gral. de las armas de Guatemala, Rafael de Ayzinena, conocido anteriormente con el apellido de Carrera".

Este manuscrito es mencionado por el historiador Bancroft, en su Historia de Centro América. El autor de este libro tuvo la suerte de encontrarlo, y lo ha incluido con orgullo entre los documentos que justifican esta biografía. El lector podrá obtener de su lectura un conocimiento directo con personajes que influyeron decididamente en la vida de Carrera y en sus actuaciones públicas, como el Padre Aqueche. En todo caso es curioso este esfuerzo por hacer del porquerizo de Mataquescuintla, un extraordinario Marqués de Ayzinena.

El manuscrito, dice así:

"VERDADERO DESCUBRIMIENTO DE LA DESENDENCIA DEL SOR. GRAL. DE LAS ARMAS DE GUATEMALA RAFAELDE AYZINENA CONOCIDO ANTERIORMENTE CON EL APELLIDO DE CARRERA

"El más instruido y acertado médico de cuantos examinan y curan las dolencias de la humanidad, es el Tiempo. Con el transcurso de él, se hacen insensibles, y aun se olvidan, las heridas graves y sensibles q.e el hombre recibe en su corazón y en su cuerpo. No hay q.e dudarlo; el Tiempo, es el más sabio de los físicos. La experiencia de mil siglos, lo ha demostrado con innegable evidencia. Mas si esto no convence, figúrense un caso de los muchos que suceden.

"Muere una joven casada. Al momento de espirar, su marido que la amaba con los más tiernos afectos, que la consagraba todo su amor: y era su hechizo y el blanco de sus felicidades; llora y exclama sin consuelo: abraza su yerto cadáver: preguntale pesaroso ¿por que se retira y lo deja? habla consigo mismo: se lamenta como el más desdichado del Universo; y entre los diferentes accesos que le acometen, se enfurece contra su suerte, y manifiesta por último, los impulsos de su desesperación, cansado P. la falta de su adorada consorte."

"Son vistos, pues, por esta ligera pintura, los extremos de sensibilidad que hizo este buen esposo, por haber perdido lo que más quería sobre la tierra. Según ellos, parecería absolutamente inconsolable. Podría también parecer que no encontrase en el mundo otra joven igual, ni ningún otro objeto que llenase el vacío que en su corazón dejó su amada. Pues bien, que lo parezca así, y que parezca también lo demás que encierra un todo. Mas a pocos pasos lo veremos enteramente transformado, cuya metamorfosis se verá cumplida, bajando un instante los ojos.

"Pasan las exequias fúnebres, corren los días de duelo, transcurre un mes; vuelan otros cinco; y a la vuelta de un año, o algo menos, sin duda tenemos al desventurado marido en un extremo de contento y muy avenido con su situación actual. No hace ya, ni aun remotos recuerdos de las prendas y gracias de su difunta esposa, y lejos de ocupar su imaginación las cenizas de esta, él mismo se ve entregado en los brazos de otra nueva compañera. ¿Y quién lo curó de aquella triste dolencia? ¿Quién convirtió su pesar en delicia? ¿Quién mudó su alma y su corazón, quién le hizo olvidar a su querida mitad? ¿Quién de la sensibilidad lo hizo pasar a la indiferencia? El Tiempo: sí; el Tiempo: solo él pudo y puede hacer estas maravillosas variaciones: nadie en la tierra puede hacerlas iguales. Sí, es verdad, lo repito una y cien veces más, el Tiempo tiene de suyo esta admirable virtud, y ningún mortal puede disputársela.

"Pero el Tiempo, hablemos con otra certeza más, al paso que tiene esta gran excelencia, es por otra parte algo infiel e indiscreto: no permite que por largos días estén en la oscuridad del sigilo las cosas más importantes, y, a la vez, ni aun las más simples e indiferentes. El Tiempo, y solo el Tiempo, descubre los secretos más ocultos: él saca a la palestra y pone a la más clara luz los negocios más escondidos por el hombre: hace público lo más reservado: declara y hace saber a la claridad del sol lo que se hizo en las tinieblas de la noche. En fin, así como tiene la virtud de sanar los golpes contusos, y aun los sangrientos, tiene igualmente la propiedad de descubrir tarde o temprano todo cuanto en él pasa, cuyo se acredita siempre, y mucho más con el adagio mismo que generalmente se profiere así: "El Tiempo lo dirá." Pues bien, bajo esta verdad vamos al caso, porque el Tiempo, que también es variable, dirá con toda certeza lo que sigue, para inteligencia del interesado y más efectos que a él le conviniesen.

"El año de 181_ en que gobernaba el Reino que se llamó de el Presidente don José Bustamante y Guerra, y en que desaparecieron los blandones de oro de aquella iglesia Catedral, la señora Manuela Carrillo, de estado libre, resultó encinta, hallándose a la sazón de sirvienta doméstica en la casa del señor Marqués don Vicente Aycinena. Con tal motivo y deseando evitar el descrédito y falta de respeto hacia la familia, los principales individuos de ella lanzaron inmediatamente a la Carrillo. Esta salió, en efecto, sin declarar por entonces cosa alguna de lo ocurrido sobre su preñez, y se retiró a casa de su tía la señora Ignacia Gamero, que en compañía de Gabriel, hermano de la Carrillo, vivía en el barrio de Los Remedios de la capital de Guatemala.

"Al cabo de dos meses, viéndose esta en escasez e imposibilitada de trabajar para adquirir sus primeros alimentos, ocurrió al señor Antonio Aycinena, como autor del engendro que traía, para que le suministrase lo necesario a su subsistencia y a los otros gastos del parto que ya se aproximaba. Pero no le contestó, ni le dio socorro alguno. Le repitió la misma petición, de que tampoco tuvo respuesta. Resentida la Carrillo de este mal comportamiento, y agitada por otra parte de sus necesidades, se dirigió por una carta que le hizo un letrado, al padre fray Miguel Aycinena, y a don Juan Bautista Marticorena, que era pariente y muy atendido de la casa; declarándoles que el señor Antonio Aycinena era el autor de la criatura que ella traía en el vientre; y que en atención a esto, les suplicaba se sirviesen providenciarle todos los auxilios que necesitaba para el parto, y que asimismo le asegurasen los demás gastos que eran consiguientes; o que en caso contrario le avisasen de su resolución.

"Tampoco mereció que le contestasen. Mas el señor Marticorena, que inmediatamente averiguó ser cierto lo que contenía dicha carta, en el mismo día proveyó de lo muy necesario a la Carrillo. En seguida, y de una manera repentina, la hizo trasladar una noche a otra casa del barrio de Candelaria, previniéndole con cierta amenaza que ni de día ni de noche saliese a la calle, ni hablase con persona alguna, prohibiéndole hasta el trato y comunicación con su tía y hermano, quienes por algún tiempo ignoraron su paradero.

Pasaron algunos días de aquel encierro, en que la Carrillo no vio más que a una mujer desconocida que asistía; le sobrevino el parto y dio a la luz del mundo un niño muy sano, y parecido hasta en el color moreno a su padre, el señor Antonio Aycinena, y a la madre en el cuerpo bajo y delgado.

"Avisados de su nacimiento don Juan Bautista Marticorena y fray Miguel Aycinena, fue bautizado al siguiente día en la parroquia de por el cura respectivo, padre fray Enrique de Loma Osorio, y le puso por nombre Rafael. Desde entonces la Carrillo no volvió jamás a ver a su hijo; pues en el bautisterio de la propia parroquia lo recibió y se hizo cargo de él la señora Juana Rosa Turcios, adoptándolo para siempre por hijo suyo desde aquel momento, mediante una suma de ciento cincuenta pesos que le dio en el acto, con cincuenta pesos más en efectos destinados para pañales de la criatura, que el señor Marticorena le hizo entregar por medio del padre cura Loma, de cuyas manos lo recibió la Turcios; pero con la precisa y terminante condición de que nunca inquiriese por la madre del niño, porque había muerto del parto, según se le dijo, y que un caballero, por pura caridad, había dado el dinero y la ropa que se le entregaba. La Turcios quedó persuadida de todo: manifestó estar contenta y bien pagada con la gratificación del dinero que acababa de recibir, y ofreció no hablar entonces, ni en ningún otro tiempo, cosa alguna sobre la procedencia de su hijo adoptivo.

"Luego que la Carrillo manifestó estar, al parecer, restablecida de la enfermedad del parto, y sin que antes se le notificase que iba de casa, fue conducida una noche a las oraciones, al Beaterio de Indias de aquella ciudad. Allí permaneció largos cuatro años; y sin embargo de que continuaba incomunicada de las gentes de fuera, no fue posible evitar que la hablara y tratara su tía, la señora Ignacia, y su hermano Gabriel, a quienes por menor hizo saber todos sus padecimientos y el origen de ellos. Mas el padre fray Miguel Aycinena, que fue informado de estas circunstancias un día menos pensado, la hizo sacar del Beaterio y la remitió con la mayor violencia al padre fray Francisco Aqueche, cura de Momostenango, en cuyo pueblo murió a los cinco años; pero durante los días de su enfermedad suplicó varias veces al mismo padre Aqueche se interesase con la familia de Aycinena, para que le dijese si existía su hijo Rafael, si le suministraban los alimentos debidos, y si le daban la educación conveniente.

Se ignora si tuvo alguna contestación; mas de la memoria testamentaria que hizo antes de su fallecimiento se advierte que no se le dio ninguna. En dicha memoria declaró que tenía un hijo llamado Rafael, el que tendría en aquella fecha de nueve a diez años de edad, a quien no tenía el gusto de conocer, porque desde que la partera lo tomó al siguiente día de nacido para llevarlo a bautizar, no volvió a verlo más, y solo sabía por habérselo dicho en el Beaterio su tía Ignacia Gamero, que estaba en poder de una señora Juana Rosa Turcios, cuya noticia se la había confirmado hacía seis meses el señor cura Aqueche, y se la ratificó en aquel mismo instante a presencia de las personas que sirvieron de testigos de la referida memoria; hallándose también presentes los religiosos fray Narciso Orellana y fray Juan Aparicio y don Ambrosio Collado.

"Igualmente declaró la Carrillo que el padre natural de su hijo Rafael lo era don Antonio Aycinena, con quien lo tuvo en tiempo que ella sirviera en su casa del mismo señor Aycinena y a sus otros hermanos. Dijo también que de los salarios que había devengado en servir al padre Aqueche dejaba en poder de él lo siguiente: Sesenta y cinco pesos en moneda efectiva –un par de mancuernas de plata sobredoradas– un rosario con engarce y cruz de plata, un dedal también de plata y dos pares de tijeras finas –seis camisas de rogal y dos de gasa mosqueada– cuatro naguas de salir de varia indiana y seis del uso diario –seis fustanes de manta– nueve pañuelos y uno de seda de distintos colores –dos anillos de plata sobredorados, uno liso y otro con una perla fina mediana– un par de aritos de plata dorados con piedra y pendiente verdes –doce trastecitos diferentes de china y un vaso de cristal dorado por la orilla– una Virgen de Concepción de bulto, pintada, de una tercia, y un san Rafael en un cuadrito –una cama de cedro– un cofre de la misma madera con su llave –seis sábanas de manta– una colcha blanca con guardas moradas– una frazada doble de blanco y azul –una salea grande de cadejo grueso– dos almohadas con fundas de listada –un rebozo fino de colores y un ordinario de azul y blanco– una de hilo y un poncho de jerga de camino –un sillón con sus aperos– dos planchas –dos ovejitas y dieciocho gallinas.

"Finalmente, la Carrillo añadió que el padre cura Aqueche le hacía la caridad de perdonarle lo otro de su entierro, de lo cual le daba los debidos agradecimientos, y que en ese concepto, quería que de los sesenta y cinco pesos que quedaban en dinero, le dijese veinte y cinco misas aplicadas por su alma el mismo padre cura, a quien por último le suplicó, que por el Divino Sacramento hiciese toda diligencia para averiguar con su tía el paradero de su hijo, y hallado que fuera le entregara los bienes estos que quedan expresados, o el valor de ellos, junto con los cuarenta pesos en plata sobrantes de los sesenta y cinco. Pero que si en el término de un año no tenía noticia de él, le hiciera la gracia de solicitar en Guatemala por su tía Ignacia Gamero y su hermano Gabriel Carrillo, y repartiera entre los dos por iguales partes el importe de dichos bienes. Y el presbítero Aqueche le refirió que había obstinado empeño en no querer explicarle a él la palabra acerca del muchachito Rafael; pero que no obstante haría las indagaciones posibles para saber de él y entregarle los cortos intereses que quedaban a su cargo, y que en tal confianza la Carrillo tranquilizara su espíritu y no tuviera sobre el particular ningún cuidado.

"Bajo esta disposición concluyó sus días la señora Manuela Carrillo, y se ignora si el padre don Francisco Aqueche cumplió con sus encargos. Lo único que se sabe es que después de algunos años que permaneció en Momostenango, pasó a servir el curato de Mataquescuintla, en donde conoció y trató muy de cerca al señor Rafael, hijo de la Carrillo, que hoy es tratado con el título de General de las armas de Estado de Guatemala, y con el apellido de Carrera, que sin duda tomó del marido de la señora Juana Rosa Turcios que lo adoptó por hijo suyo, debiéndose llamar con más propiedad el señor

General Rafael Aycinena, por razón de ser hijo natural del señor Antonio Aycinena, que es hermano de los señores marqués propietario y actual ministro del gobierno José, Mariano, Pedro, Francisco y de la madre sor María Teresa de la Trinidad, hijos todos del difunto señor marqués don Vicente Aycinena. De manera que el señor General en línea paterna es nieto consanguíneo de este último, y por consiguiente sobrino carnal de los cinco primeros. Y como estos señores están emparentados con los Pabones, Piñoles y Batres, lo está igualmente el señor General con aquellas familias, así en consanguinidad como en afinidad.

"Según, pues, la exacta y sencilla relación que se ha hecho, no queda duda de que está enteramente descubierta, averiguada y puesta en claro la procedencia y genealogía del señor General Rafael de Aycinena: désele desde ahora este apelativo, pues justamente le corresponde, en razón de que no es Carrera ni Turcios, sino Aycinena y Carrillo quienes le dieron el ser que tiene. Más, no se sabe si este apellido le será agradable y satisfactorio al señor General. Pero cuando así no sea, al menos sabe ya que tiene indisputable derecho para pedir los alimentos que le son debidos por la ley, de todo el tiempo de su edad, con deducción de los doscientos pesos que se le dieron a la señora Turcios, cuyo reclamo debe dirigir cuando guste contra la casa de sus tíos los Aycinenas, pues su padre el señor Antonio Aycinena hace algunos años que está radicado en uno de los Estados Unidos de la República del Norte, y sus hermanos y demás deudos de Guatemala resisten que venga a esta, por justas razones que la moderación prohíbe decir.

"Los Aycinenas, pues, saben muy bien que la sangre que corre por sus venas circula igualmente por las del señor General; más ellos, con premeditado estudio, lo han ocultado hasta ahora, y lo ocultarían hasta después del juicio universal en contra de este escrito, del que se le remiten ejemplares, lo mismo que al señor interesado. Deben reconocerlo por su sobrino carnal, como lo haría, si existiera, don Vicente Aycinena en concepto de abuelo. Pues es inconcuso que al señor General lo debían haber criado y alimentado no solo sus padres los señores Antonio Aycinena y Manuela Carrillo, sino sus abuelos y demás ascendientes por ambas líneas, según lo ordenan las leyes que Febrero cita en la parte la Capítulo 6, número 2, página 372, párrafo

2. En consecuencia de dicho reconocimiento, deben entregarle al señor General los alimentos que, según la edad que al presente tiene, ascienden a 40,200 pesos, esto es, actuando con equidad, 12 pesos 3 reales mensuales, cuya suma deben inscribirle a nombre y por cuenta del haber de su padre don Antonio Aycinena. Y si esto no hicieren, por el mismo hecho manifestarán su desagrado, y que no quieren ni gustan de reconocer y reputar por pariente suyo al señor General. Pero semejante proceder, que sería muy injusto después de los distinguidos servicios que les ha hecho y les sigue haciendo, no los faculta ni los autoriza para retenerle un solo instante aquella cantidad.

"En el caso que hablamos, no sería inútil tener presente la nota número 25 de la página 213, que con estas propias palabras dice: "El hijo natural, nacido de amiga que el padre tiene dentro de su casa, se supone ser su hijo aunque lo niegue." También es conveniente advertir, que si don Antonio Aycinena muriese con testamento, con descendientes legítimos, el señor General tendría derecho al quinto de sus bienes, como expresamente lo previene la ley 19 de Foro. Y el mismo Febrero, Capítulo número 81, se expresa así: "Por ser mutua e igual entre padres e hijos la obligación de alimentarse, heredarán aquellos de estos, muriendo intestados sin descendientes legítimos, lo mismo que estos pueden heredarlos sin diferencia, porque tienen derecho idéntico contra los bienes de sus hijos ilegítimos, como se prueba de la ley 8, título 13, partida 6, que dice: otro sí decimos, que en aquella misma manera que el hijo natural puede, y debe heredar a su padre en los bienes de él, y aprovecharse de ellos, así como sobre dicho es, que en esa misma manera puede heredar el padre en los bienes de tal hijo, y ayudarse de ellos." Cuya ley no está derogada ni corregida."

"Parece por último, que la sola y simple lectura de este escrito hace conocer a toda persona imparcial, que el suceso referido y sus incidentes, son en un todo ciertos y efectivos, y que ellos se hacen tanto más creíbles cuanto que en sí traen el claro viro de ser posibles y muy pronosticables en su ejecución, y en la realidad, nada tienen que sea extraño ni difícil, especialmente si se considera la concurrencia de las otras circunstancias, que en su tiempo ayudaron y facilitaron la consumación de los hechos indicados. A más de que estos mismos hechos constan en la memoria testamentaria original de la señora Manuela Carrillo, en la cual, entre las firmas de los cinco testigos que la autorizan, se encuentra la del puño y letra del presbítero don Francisco Aqueche, también la firmó a ruego de la Carrillo. Igualmente constan comprobados en otros documentos que, relativos a los padecimientos de ésta, se le hallaron el año de 1838 al mismo Aqueche, cuyos papeles todos, que contienen seis fojas útiles, existen rubricados por ciertos funcionarios de uno de los departamentos de los Altos.

"En los presentes días, no se ven ya genios espantadizos porque pasaron, y pasaron para no volver, los tiempos de los duendes y fantasmas, que hoy por fortuna ya no nos asustan. Sin embargo, pueden acaso existir unos pocos de los que, desde su tierna niñez, fueron engañados y afligidos; y a estos señores se les encarga vuelvan la vista al libro de los siglos: en él verán, que no es en esta clase de cosas lo primero que sucede. Mas no es preciso remontarse en años pasados: sucedió y fue público en Guatemala que la señora Rosa Parga, madre del licenciado señor Andrés Andreu (a quien no se trata de ofender), tuvo sus coloquios con un pobre negro mayordomo de su hacienda, y aun se asegura por sujetos de crédito, que con reserva y a disgusto de su familia, casó con él. Pero no es de mi asunto este acontecimiento y lo dejo en los mismos términos que los divulgó el Tiempo.

"En una palabra, el descubrimiento que hace esta sencilla relación, debe ser una advertencia a los señores Aycinenas, Pabones y Piñones, para que se guarden de que nadie sepa, ni los vea obrar cosa alguna que no sea digna de su clase; porque aunque de pronto no haya quien les diga sus defectos cara a cara, no falta quien de sus mismos adictos los haga públicos; y por otra parte se les da a entender que ha de pagarse lo que se debe, y que nada se hace en el mundo, que tarde o temprano no lo descubra el tiempo, y tal vez a la peor ocasión. Cuidado, pues, con que se descubra otra cosa.

"Fecho en el Estado Supremo de los Altos a 30 de julio de 1844. Y por no haber libertad de imprenta en Guatemala se dirige a la capital del Estado del Salvador y se suplica su impresión.

M.M."

OCTAVA PARTE: PRINCIPIO DEL FIN

CAPÍTULO XV: UN PERIODO DOLOROSO

Hemos llegado al período doloroso en que toda la obra de Francisco Morazán empieza a derrumbarse.

No habiéndose realizado aún un verdadero y exhaustivo estudio histórico—filosófico del período morazánico en Centroamérica, ni del de la Independencia que le precedió, resulta ocioso pretender fijar la culpa de este derrumbamiento en una u otra persona, o en uno u otro acontecimiento.

Ciertamente, la aparición de Rafael Carrera, y su triunfo en Guatemala, determinaron la derrota final de Morazán. Pero ¿Carrera y su triunfo no fueron, a su vez, resultados de otras causas que se presentaron dentro del período de Morazán?

Carrera, dicen unos, pudo aparecer y triunfar en Guatemala, porque la legislación liberal, inspirada principalmente por el Dr. Barrundia, provocó la rabia y la indignación de los serviles y del Clero, y los condujo a entenderse con cualquiera que pudiera hacer retroceder el reloj de la Historia.

Aceptando esto —lo cual es hacer una aceptación muy amplia y general— ¿qué causas motivaron la legislación liberal del período morazánico? ¿No fueron, en esencia, las mismas que inspiraron el movimiento de la Independencia? ¿Fueron estas causas puramente americanas, centroamericanas? ¿O las copiamos también, como copiamos la Constitución Federal? ¿Hasta dónde pudimos haber copiado con provecho y sin provocar las iras de los reaccionarios?

Podríamos, de eslabón en eslabón, ir formando una larga cadena de acontecimientos sin acertar con la causa primera. Y es porque hace falta en Centroamérica que realicemos el trabajo serio, duro, concienzudo, opaco, silencioso; un estudio del pueblo centroamericano, de la colectividad que acciona como unidad por efecto de una labor de la inteligencia. Hasta ahora, dada la forma débil, vaga, imprecisa, vacilante, insegura en que se ha venido estudiando entre nosotros las vidas y las obras de nuestros Próceres, muy poco podemos saber de sus verdaderos pensamientos.

Francisco Gavidia, de El Salvador, es quizás el único de los centroamericanos que se haya propuesto desentrañar el pensamiento democrático de los Próceres. En realidad, el período de la Independencia no se ha estudiado a fondo todavía, con la debida extensión. Hay mucho que investigar en las discusiones de la Constituyente de 1824. En cuanto a los orígenes de todo esto, sólo en forma brevísima hemos estudiado los movimientos que precedieron a la Independencia de 1821, en El Salvador y Nicaragua. Y nadie se ha llegado hasta las Cortes de Cádiz, para ver lo que en ellas se discutía, que pudiera tener interés para Centroamérica.

¡Fuera con los folletos! debería ser la consigna de los nuevos investigadores de nuestra Historia. Hay que ir aumentando la capacidad, la resistencia, para el trabajo cultural y literario; de lo contrario, nunca podremos llenar ni los estantes de la ODECA. Y a todos aquellos que aparezcan con la pretensión de ofrecernos sólo la "esencia íntima" de las cosas, el mensaje "mesiánico", condensado en cuatro páginas, quitémosles la careta y denunciémosles como perezosos. Tenemos que empezar a producir, en Centroamérica, el pensamiento realmente creador, que ofrece obras sustanciales y extensas.

Morazán, por fortuna —y esto en un brevísimo paréntesis de calma, entre sus tremendas luchas—, nos dejó dos buenos documentos, de gran valor histórico. Escribió los Apuntes, y el Manifiesto de David. Bastarían los primeros para ofrecer inmenso material de estudio, sobre todo si alguien emprende la tarea de confrontarlos, en pacientes acotaciones, con las Memorias del expresidente Arce y las de Manuel Montúfar. Lástima que la urgente llamada de nicaragüenses y costarricenses interrumpiera la labor histórica del primer Héroe de Centroamérica.

Mas volviendo al tema central de esta obra, decíamos que mientras en Guatemala el indio Carrera empezaba a hincar hondo sus dientes, en el resto de Centroamérica los demás Estados estaban siendo atacados del mal del separatismo. A la par de Carrera, de Guatemala, deben inscribirse en el Libro de la Infamia los nombres de Francisco Ferrera, de Honduras; José Núñez y Pablo Buitrago, de Nicaragua; y de don Braulio Carrillo, de Costa Rica.

Empezó el Estado de Nicaragua, separándose de la Federación el 30 de abril de 1838, por un Decreto que literalmente dice:

"La Asamblea Constituyente del Estado de Nicaragua, íntimamente convencida de que los vicios de la actual Constitución Federativa de Centroamérica, son los que han causado la miseria y la desolación del Estado y de la República entera;

Que por este tanto, los pueblos de Nicaragua, como los de otros Estados, han manifestado los conatos más fervientes para que se reforme dicha Constitución, sin sujetarse a las fórmulas dilatorias que ella establece;

Que estos conatos han subido tanto de punto en este Estado, que si no se obsequiaran, caerían los pueblos infaliblemente en anarquía, según los informes que el Ejecutivo ha dado a la Asamblea, y ha obtenido por otros conductos;

Y por último, teniendo en consideración que el derecho de gentes autoriza a toda asociación humana para proveer a su seguridad y existencia pacífica, sin que le detengan anteriores compromisos, que no se avienen con la mira esencial."

DECRETA:

1.°) El Estado de Nicaragua es libre, soberano e independiente, sin más restricción que las que se impongan en el nuevo pacto que se celebre con los otros Estados de Centroamérica, conforme a los principios de un verdadero federalismo;

2.°) Nicaragua protesta, del modo más solemne, pertenecer a la Nación de Centroamérica, por medio del pacto indicado;

3.°) Corresponden al Estado las rentas que concretaba la Nación, administrándose por ahora, como hasta aquí, en todo lo que no se oponga al presente Decreto;

4.°) Sus productos ingresarán en las arcas del Estado, con la debida separación, y su recaudación e inversión se harán en lo sucesivo de la manera que determine una ley particular; sin que entretanto pueda disponerse de ellos en objeto alguno;

5.º) El Gobierno nombrará sujetos de probidad e instrucción para que hagan el arqueo y corte de caja en las administraciones correspondientes;

6.º) Los actuales empleados continuarán, o serán removidos a juicio del Ejecutivo;

7.º) No tendrán efecto los Decretos Federales que en lo sucesivo se dieren; y los dados hasta hoy, solo regirán en la parte que no se opongan a la presente ley;

8.º) El Estado cumplirá religiosamente, en la parte que le toque, las obligaciones que la Nación haya contraído;

9.º) Nicaragua guardará la mejor armonía con los demás Estados de Centroamérica, y les prestará los auxilios que le sean posibles para la defensa de su independencia y libertad;

10.º) La Asamblea dirigirá, a la mayor brevedad posible, una exposición vigorosa a la Legislatura Federal, detallando los motivos que la han impulsado a dar el presente Decreto, reclamando su anuencia; y de la misma exposición se dirigirán copias a las Asambleas y Gobiernos de los Estados, para que, tomando en consideración las grandes causas de conveniencia nacional que han movido al Estado para segregarse de la Federación, secunden la conducta de Nicaragua, y promuevan, cada uno por su parte, la formación de un nuevo pacto federativo, más análogo a las peculiares circunstancias de Centroamérica.

Comuníquese al Supremo Poder Ejecutivo.
Dado en León, a 30 de abril de 1838.
(f.) Pedro Solís, Diputado Presidente.
Pío José Castellón, Diputado Secretario.
Hermenegildo Zepeda, Diputado Secretario.

Por tanto: Ejecútese.
León, mayo 2 de 1838.
(f.) José Núñez.
Al Secretario del Despacho General.

"La Asamblea Constituyente del Estado de Honduras:

Considerando las dificultades que han mediado para recobrar sus derechos, y estando persuadida de que en las actuales circunstancias debe reasumirlos en toda su plenitud, ha tenido a bien decretar, y

DECRETA:

1.°) El Estado libre y soberano de Honduras, es independiente del antiguo Gobierno Federal, de los demás Estados, y de todo otro gobierno o potencia extranjera;

2.°) El objeto de esta absoluta independencia y libertad es para constituirse en su interior, de una manera conveniente y peculiar a sus circunstancias, y para formar una Confederación con los demás Estados, tal que le dé bastantes garantías para con ellos mismos y bastante seguridad para el exterior;

3.°) Reasume la propiedad de los puertos de su territorio y de las rentas llamadas federales, así como su administración e inversión, rigiendo provisionalmente las leyes actuales en cuanto no se opongan a la presente;

4.°) Reconoce el Estado, proporcionalmente, la deuda contraída durante el gobierno que ha regido hasta el día de la emisión de esta Ley;

5.°) El Gobierno hará preventivamente el nombramiento de empleados, en personas adictas a la soberanía e independencia absoluta del Estado, pudiendo dejar de las existentes, a las que posean esta cualidad.

Pase al Supremo Poder Ejecutivo, para que lo haga imprimir, publicar y circular.

Dado en Comayagua, a 5 de noviembre de 1838.

(f.) Mariano Castejón, D.P.

Liberato Moncada, D.S.

Pedro P. Chávez, D.S.

Por tanto: Ejecútese.

Lo tendrá entendido el Jefe de Sección encargado del Despacho General, y dispondrá lo necesario a su cumplimiento.

Dado en Comayagua, a 15 de noviembre de 1838.

Lino Matute.
Al ciudadano León Alvarado.

Y lo comunico a usted para que lo haga circular en los pueblos del Departamento a su mando, esperando me acuse el recibo de estilo.
Comayagua, 15 de noviembre de 1838.
(f.) León Alvarado.

A Honduras siguió Costa Rica, separándose el 14 de noviembre, mediante el siguiente Decreto:

"El Congreso Constituyente del Estado Soberano de Costa Rica:

Considerando:

1.°) Que rotos los lazos que sujetaban a Costa Rica al gobierno español, en la época de su Independencia, recobró sus naturales derechos de absoluta soberanía y libertad, y por consiguiente concurrió al Pacto de 1824 en calidad de cuerpo político soberano e independiente;

2.°) Que la Asamblea Nacional Constituyente no tuvo facultad para anular estos sagrados derechos, con un sistema contrario a los fines que se había propuesto, y contradictorio a sus mismos principios;
3.°) Que habiéndose considerado nulo dicho Pacto, por ser terminantemente opuesto a la voluntad de los Estados y a su felicidad;
4.°) Que habiéndose hecho enérgicas reclamaciones, no solo en virtud de la nulidad del Pacto, sino porque cesara la causa de los males que sufría;
5.°) Que agotados los recursos posibles, porque la representación nacional resistiera la destrucción de aquel sistema de vinculación, no quedaba a Costa Rica otro medio para salvarse que usar del derecho que incontestablemente tiene para proveer a su bienestar y mejoras;
6.°) Deseando poner término a la existencia de ese sistema que está causando la ruina, no solo de Costa Rica, sino de toda la República;

7.º) Que antes de emitirse el Decreto de 30 de mayo que restituye a los Estados la libertad de constituirse, ya Costa Rica se había pronunciado, reclamando fuertemente sus derechos; y que con tan noble fin reunió su Asamblea Constitucional, para que convocase a un Congreso Constituyente.

Este, cumpliendo con el primero de sus deberes, y de conformidad con la voluntad del pueblo que representa, ha venido a decretar y

DECRETA:

Art. 1.º – Los pueblos de Costa Rica, reunidos por medio de sus Representantes, asumen la plenitud de su soberanía, forman un Estado libre e independiente, y en la capacidad de cuerpo político, concurrirán por medio de sus Delegados, a contejer el Pacto Federal, liga o unión con los otros Estados, que en la misma capacidad quieran concurrir;

Art. 2.º – Protestan que pertenecerán a la gran familia centroamericana, y que sus votos son porque subsistan perpetuamente los vínculos de asociación con ella;

Art. 3.º – Que concurrirán a cubrir proporcionalmente la deuda nacional, a cuyo efecto hipotecan sus rentas;

Art. 4.º – Que nombrarán por medio de su Asamblea Constituyente y en Decreto separado, los individuos que deben representar a Costa Rica en la Convención de Estados;

Art. 5.º – Se faculta al Ejecutivo para que, por todos los medios que estén a su alcance, excite a las Constituyentes de los demás Estados a que concurran al señalamiento del lugar y tiempo en que debe verificarse la reunión de los Delegados de los pueblos;

Art. 6.º – Queden vigentes las leyes federales en las partes que no se opongan al presente Decreto.

Comuníquese al Poder Ejecutivo para su cumplimiento, y que al efecto lo haga imprimir, publicar y circular.

Dado en la ciudad de San José, a los catorce días del mes de noviembre de mil ochocientos treinta y ocho.

(f.) Nazario Toledo, Diputado Presidente.

Rafael Ramírez, Diputado Secretario.
Gordiano Paniagua, Diputado Prosecretario.

Por tanto: Ejecútese.
Casa de Gobierno, San José, noviembre 15 de 1838.
Braulio Carrillo.
Al Ministro General del Despacho.

Los mentirosos "Considerandos" de estos Decretos, por medio de los cuales se empezaba a hacer pedazos la unión centroamericana, tenían dos cosas en común: eran falsos, y conducían a un mismo resultado: el rompimiento del Pacto Federal y el compromiso de rematar la obra separatista mediante un ataque aliado a Morazán.

Aunque Morazán todavía habría de derrotar a los separatistas en El Espíritu Santo, provocando con su increíble victoria el pánico entre sus enemigos y la esperanza entre sus partidarios, ya los decretos de Nicaragua, Honduras y Costa Rica indicaban claramente que había empezado el principio del fin.

El 18 de enero de 1839, los separatistas se quitaron la careta y formaron el pacto de alianza a que se hacía alusión en los decretos de separación. El pacto se firmó en la fecha citada, y lo firmaron, por Honduras, don Juan Lindo, y por Nicaragua, don Sebastián Salinas.

"Deseando los Estados de Honduras y Nicaragua, en el territorio de Centroamérica, contraer un pacto de amistad y alianza; establecer sus relaciones mutuas y promover por los medios que estén a su alcance la más pronta reorganización del sistema nacional, han resuelto celebrar un Tratado que fije de una manera clara y distinta los puntos expresados; con tal objeto han nombrado sus respectivos Comisionados, a saber: el Consejero Jefe del Estado de Honduras, autorizado por la Asamblea Constituyente, al Licenciado Juan Nepomuceno Lindo; y el de Nicaragua, también autorizado por aquella Asamblea Constituyente, al ciudadano Sebastián Salinas, quienes, después de haber cambiado sus poderes, extendidos legalmente, han convenido en los artículos siguientes:

Art. 1.º – Los Estados contratantes reconocen y respetan su recíproca soberanía, independencia y libertad;

Art. 2.º – Los propios Estados, unidos por muchos títulos, se declaran en amistad perpetua y se comprometen a unir sus fuerzas para sostener su soberanía, independencia y libertad;

Art. 3.º – Constando que los enemigos de la soberanía de los Estados forman y fomentan facciones en diversos puntos, para dividirlos, se obligan los Estados contratantes, de la misma manera, a unir sus fuerzas si fuere necesario, con el fin de evitar aquellos males;

Art. 4.º – Los Gobiernos de Honduras y Nicaragua ofrecen y protestan solemnemente que los Jefes de sus fuerzas serán amigos de la regularidad y decididos por la causa común;

Art. 5.º – Que siendo manifiesto el peligro en que se halla la República por la lucha interminable de los partidos en el Estado de Guatemala, los cuales producen la ruina de los capitales y el derramamiento de la sangre de los hijos de El Salvador y el mismo Guatemala; considerando que por estos males que oprimen a aquellos Estados no podrán reunir sus Asambleas Constituyentes para declarar su soberanía y nombrar los representantes que les corresponden en la Convención; que semejante situación tiene paralizada la marcha de los Estados pronunciados y los pone en peligro de ser sumidos en la miseria, y que más que todo esto el sistema actual, llamado Federal, se opone diametralmente, por las fórmulas impracticables que prescribe, a la reunión de la Convención de Estados, única medida que puede salvar a la República en las circunstancias a que la ha reducido la Carta emitida por el Primer Congreso de Centroamérica, en noviembre de 1824, contra los principios de un Gobierno verdaderamente Federal, los Estados contratantes resuelven unir sus fuerzas, y que este ejército unido, defensor de la soberanía e independencia de los Estados, proteja la libertad de las Asambleas de El Salvador, Guatemala y Los Altos, para que se pronuncien como les convenga;

Art. 6.º – Las fuerzas de los Estados de Nicaragua y Costa Rica obrarán por el Departamento de San Miguel, y entre tanto una fuerza respetable del de Honduras, al mando del General, ciudadano Francisco Ferrera, cubrirá sus fronteras con los de El Salvador y Guatemala por el Departamento de Gracias, auxiliando a aquellos si fuese necesario o lo exigiesen las circunstancias. En tal concepto, el expresado General Ferrera marchará brevemente a llenar el objeto que le corresponde por el presente artículo;

Art. 7.º – El ejército guardará rigurosa disciplina, y prestará todo el respeto y consideraciones debidas a las autoridades de los pueblos a que se dirija;

Art. 8.º – En caso de que los tres Estados expresados en el artículo 5.º no se pronuncien por lo que son y por derecho deben ser, cuerpos políticos, soberanos, libres e independientes, nombrarán, sin embargo, sus representantes, para que en unión de los de Costa Rica, Nicaragua y Honduras, acuerden en la Villa de Chinandega, o en la ciudad de San Vicente, la medida que pueda adoptarse para reformar el pacto. El acuerdo de la Convención obligará solo a los Estados que lo adopten;

Art. 9.º – El General Ferrera lo será en Jefe de las fuerzas aliadas de Nicaragua y Costa Rica cada vez que lo crea conveniente, y no estando a la cabeza de ellas, lo será el Teniente Coronel Bernardo Méndez;

Art. 10.º – Se autoriza al General en Jefe del Ejército Aliado para que nombre dos personas, que cerca del gobierno llamado Federal, le hagan presentes los males que sufren los pueblos con la guerra a que compromete su resistencia a escuchar el clamor público por las reformas; que el ejército que las procurará lo respetará, siempre que reúna sus tropas dentro del Distrito Federal, hasta que los Estados de El Salvador, Guatemala y Los Altos verifiquen su pronunciamiento; y reunida la Convención acuerden lo conveniente; pero que obrando de otra manera, será tratado como opresor de la República;

Art. 11.º – El expresidente general Francisco Morazán deberá separarse de las tropas, eligiendo otro punto para su residencia, donde su persona será garantizada con arreglo a las leyes;

Art. 12.º – El presente Tratado será ratificado por los respectivos Gobiernos de los Estados contratantes; y las ratificaciones serán canjeadas con la brevedad que demandan las circunstancias apuradas de la República, y que permita la distancia que separa a ambos Gobiernos.

En fe de lo cual, nosotros los Comisionados hemos firmado y sellado el presente convenio, con el sello de nuestros respectivos

Gobiernos, en la capital de Comayagua, a los diez y ocho días del mes de enero de mil ochocientos treinta y nueve, y décimo octavo de la Independencia de Centroamérica.

(f.) Juan Lindo – Sebastián Salinas

El Gobierno del Estado de Honduras ratificó este Tratado de Alianza por Decreto del 19 de enero de 1839, precisamente un día después de que terminara el período presidencial de Morazán, sin que se hubieran realizado elecciones para sustituirlo como Presidente de la República Federal. Se hizo lo que más podía parecerse a una sucesión legal: el Vicepresidente de la República, don Diego Vigil, asumió el cargo de Presidente, y nombró a Morazán Jefe del Ejército y Comandante General de las Armas. En El Salvador, el Vicejefe, don Timoteo Menéndez, se hizo cargo del Gobierno en calidad de Jefe del Estado.

Esta era la situación cuando se libró la célebre batalla del Espíritu Santo, en la que Morazán y Cabañas salieron heridos. En febrero de 1839, Honduras y Nicaragua decidieron invadir El Salvador. El general Bernardo Méndez, al frente de 1,000 leoneses y llevando como segundo al coronel Manuel Quijano, ocupó la ciudad de San Miguel, siguiendo después hasta la hacienda Corlantí, a inmediaciones del Lempa. Ferrera, al mando de 1,700 hondureños, vino a unirse a las fuerzas nicaragüenses.

Morazán salió de San Salvador con el objeto de detener a los invasores. Llevaba dos cuerpos de Cazadores y un escuadrón de caballería de 80 hombres. Sus tropas eran escasas, llegando apenas a 600 hombres, con lo cual difícilmente podía hacer frente a fuerzas como las que comandaba Ferrera. Pero con Morazán iban Trinidad Cabañas, Enrique Rivas y Narciso Benítez, que valían por diez batallones, como lo probaron muy pronto. Benítez quedó estacionado en la hacienda San Francisco, con instrucciones de cerrar el paso a Méndez si este intentaba pasar el Lempa. Morazán siguió su camino en busca de Ferrera, con Cabañas y Rivas.

Méndez sorprendió a Benítez, vadeando el Lempa por los pasos del Jicaral y Petacones, y derrotándolo completamente, después de lo cual siguió a marchas forzadas sobre la ciudad de San Vicente, la que pudo ocupar. Benítez, después de ser sorprendido por Méndez, tomó posiciones en las Lomas de Jiboa. Allí llegó a atacarlo, por órdenes de Méndez, el coronel nicaragüense Manuel Quijano, pero Benítez, repuesto de su sorpresa, le infligió una tremenda derrota, ayudado por unos destacamentos que en su ayuda había despachado el general Morazán.

Las fuerzas de Méndez y Ferrera se unieron en la población de Corlantique, mientras Morazán se dirigía hacia Cojutepeque con el objeto de reponer sus fuerzas, cansadas después de las acciones de San Francisco y Lomas de Jiboa.

El 4 de abril de 1839, Morazán ocupó con sus fuerzas la hacienda del Espíritu Santo.

Aquí se libró una batalla que dejó cicatrices en el cuerpo y en el alma, una sensación de orgullo patriótico a Morazán y a Cabañas. Allí quedó también tendido el cadáver del valiente coronel Benítez. Cabañas no olvidaría nunca las heridas recibidas en la batalla del Espíritu Santo, y más tarde, mucho más tarde, siempre luchando contra el salvajismo de Carrera y bajo la bandera liberal, haría memoria en sus Proclamas del glorioso día en que fue herido, luchando a la par de Francisco Morazán.

La batalla empezó por un ataque de Ferrera a las guerrillas salvadoreñas que buscaban replegarse al grueso del ejército. Por la tarde, las tropas de Morazán fueron violentamente atacadas por las fuerzas aliadas, que luchando en la forma más heroica, pudieron rechazar a los enemigos, pero no sin grandes pérdidas de vidas, entre ellas, como lo dejamos adelantado, la de Benítez.

Observando los movimientos de sus enemigos, Morazán los vio tomar posiciones en dos pequeñas alturas situadas en lados opuestos. Los leoneses en una, los hondureños en la otra. Se preparaban para sorprender a Morazán entre dos fuegos, pero no contaban con la habilidad militar del gran Jefe Federal. Fue en esta ocasión que Morazán, por medio de una habilísima combinación de acciones, logró que los dos bandos que luchaban contra él, se deshicieran mutuamente. Él y Cabañas, en la oscuridad de las dos de la mañana, lograron infiltrarse en medio de las tropas aliadas, disparando hacia uno y otro lado, y provocando a cada uno de los bandos situados en las alturas a disparar. En medio de la oscuridad, Morazán y Cabañas lograron salir de su posición intermedia, dejando que, en la confusión, los leoneses dispararan sobre los hondureños y viceversa, creyendo cada bando que disparaba sobre las tropas salvadoreñas. Temprano en la mañana, Morazán realizó un fuerte ataque a ambos ejércitos enemigos por la retaguardia, obligándolos a huir precipitadamente, dejando en el campo de batalla 319 muertos, muchos heridos y prisioneros.

En el bando federal, Morazán había recibido una bala en un brazo. Él mismo se lo había vendado y había seguido luchando. Cabañas, como lo dijimos, también resultó herido en un brazo.

La batalla del Espíritu Santo fue ganada por las tropas federalistas en la mañana del 6 de abril de 1839. Un año y dos días más tarde, el 8 de abril de 1840, Morazán se daba por vencido y abandonaba Centroamérica hacia puertos de Suramérica.

Pero el héroe había comprendido la gloria de la acción, y dirigió a los prisioneros que se habían hecho de las fuerzas aliadas, la siguiente arenga, de puro estilo morazánico:

"Queridos hijos de la Patria:

Se os ha engañado, conduciéndoos a esta lucha fratricida, cuyos estragos deben caer como una maldición sobre vuestros fatales conductores, quienes empleando medios vedados al honor, os han hecho creer que veníais a luchar por vuestros derechos y por una justa causa; y yo digo que no ha tenido más móvil que sus propias y desenfrenadas ambiciones. Se os ha presentado a mi persona perfilada con el tinte negro de sus odios y llena de una ambición que desconozco, a no ser aquella en que se finca la unidad y grandeza de Centroamérica, por la que vosotros también habéis combatido otras veces a mi lado.

Se os ha hecho creer que mi espada es una constante amenaza para la paz y tranquilidad de sus Estados, cuando precisamente sólo la he desenvainado cuando sus libertades y derechos los he visto amenazados de muerte y cuando sus pueblos se han visto comprometidos y ultrajados por los facciosos partidos; y por último, para traeros aquí con todo el coraje y valor con que habéis peleado contra este pequeño Estado, cuya defensa estaba reducida a los ocho centenares de soldados que son vuestros hermanos, se os ha dicho y asegurado que yo, solo, soy la causa de tantos males y tan dilatadas como sangrientas luchas que aniquilan y sangran a la Patria. ¡No! Yo protesto ante vosotros y a la faz de Centroamérica por tan injustos y criminales cargos, vertidos así tan inicuamente contra la pureza de mis ideales, que no he burlado nunca, ni traicionaré jamás.

Por ellos, por esos ideales que viven identificados con mi vida y que me llevarán hasta el sepulcro, sin dejar en el trayecto de mis luchas no acabadas, ninguna sombra: por ellos combatí en Comayagua y en La Maradiaga, luchando contra los incendiarios y asesinos de las libertades hondureñas; por ellos y por devolver la libertad a nuestros pueblos ultrajados y comprometidos en su independencia, luché en La Trinidad, Gualcho, San Antonio, Las Charcas y Guatemala, y por ellos volví a combatir en El Salvador, Honduras y Guatemala contra la reacción y el salvajismo que quiso e intenta siempre volvernos a las sombras del pasado, y por ellos, en fin, me tenéis aquí defendiendo al Estado más pequeño de la Federación.

¡No! Yo me titulo y reconozco vuestro hermano, porque no aspiro sino a que vivamos como una gran familia esparcida en todo el istmo centroamericano, cobijados por un mismo pabellón y amparados por las mismas leyes, cuyos fines son precisamente los que hoy me mueven a defender en esta lucha desigual, en la que me veo reducido a las escasas fuerzas de este pequeño Estado, que hoy, identificado como siempre con mis principios, sabrá sostener muy en alto la gloriosa bandera nacional. Bajo sus sagrados pliegues y a su sombra bienhechora, quiero tener también a todos vosotros, como he tenido a vuestros hermanos y a vosotros mismos, en otras gloriosas campañas.

Tenedme pues, como vuestro hermano y como vuestro sincero y leal amigo, que no desea sino la concordia de la familia centroamericana y el concurso de todos sus buenos hijos para hacer de esta tierra privilegiada, de este istmo ubérrimo y singular, nuestra gran Patria, libre y fuerte por la unión de sus Estados."

FRANCISCO MORAZÁN.

Tres circunstancias especiales se advierten en la anterior proclama de Morazán. Está dirigida a los ejércitos vencidos, a los prisioneros, y no a los triunfadores. Morazán afirma ya que sus ideales no lo conducirán a la gloria, sino al sepulcro. Y por último, pone en palabras su admiración por El Salvador, y la identificación de este Estado con sus luchas y sus principios.

A fines de 1837, la situación provocada por las fechorías de Carrera en Guatemala se había deteriorado tanto que, como lo decíamos anteriormente, el Jefe doctor Gálvez, que no había sido completamente leal a Morazán, se vio en la necesidad de pedirle auxilio. Lo movían a dar este paso, no solamente la grave amenaza que significaba Carrera, sino la fuerte oposición que estaba encontrando dentro de su propio partido. En el mes de diciembre de ese año elevó al Presidente de la República una larga exposición en la que enumeraba los males que estaban conduciendo al Estado de Guatemala a la anarquía y al desorden. Se quejaba de la oposición de Barrundia y de Molina, terminando por manifestar que, de no acudir Morazán en su auxilio, no podría controlar la situación.

Morazán comprendía la necesidad de intervenir en los sucesos de Guatemala, pero al mismo tiempo quería hacer comprender al doctor Gálvez que su doblez para con él no había pasado sin ser advertida. A la exposición de Gálvez contestó dirigiéndose a Barrundia, por medio del Ministro Álvarez Castro, de la Federación. La nota de Álvarez Castro es la siguiente:

"Siendo ya excesivos los males que causa a Guatemala la facción que, bajo el pretexto del envenenamiento de las aguas, se sublevó, pocos meses ha, en el Distrito de Mita, el Jefe de Guatemala ha excitado al Presidente de la República para que mande, a las órdenes de un Comandante de la Federación, fuerzas considerables, a fin de reducir al orden a los facciosos, en unión de las tropas del Estado.

El Presidente conoce demasiado las consecuencias funestas que se seguirían al Estado de Guatemala, si no tomase a su cargo extirpar, si posible le es, los elementos de discordia que empiezan a cundir en un espacio bien extendido de su territorio. Pero quiere y desea del modo más positivo lograr que la destrucción de gérmenes tan perniciosos sea obra del convencimiento y de la persuasión tranquila, y no el resultado triste del uso de las armas; quiere que, antes de emplear el influjo de la fuerza sobre los pueblos reducidos, se agoten las medidas de prudencia y moderación, para reducirlos a la observancia de sus deberes.

Con este objeto, pues, ha acordado comisionar a usted, en unión de los presbíteros ciudadanos José María Castilla, Manuel María Cezeña y José Vicente Orantes, esperando que usted se allanará a prestar este importante servicio a la Patria, y que obrará con el celo e interés que son propios de su carácter y dignos del bien público, luego que la expedición militar se coloque en los puntos convenientes y se le comunique, por este Ministerio, las instrucciones al efecto necesarias.

Mientras tanto, tengo el honor de ofrecer a usted, ciudadano diputado, las seguridades de mi aprecio más distinguido.
Dios, Unión, Libertad.
(firmado) M. ÁLVAREZ."

Correspondió al doctor Barrundia (José Francisco) ser el primero en viajar hacia la guarida de Carrera con proposiciones de conciliación. En compañía de los presbíteros Castilla, Cezeña y Orantes, y de don Manuel Arrivillaga, a quien Barrundia había excitado para que los acompañara, se dirigieron con rumbo a Mataquescuintla, en busca del extraño líder montañés. La intención de estos enviados era la de conferenciar con Carrera en la hacienda La Vega, pero al pasar por el lugar llamado Ojo de Agua, fueron informados de que Carrera se negaba a recibirlos. Había recibido una nota de Barrundia en la que este le anunciaba la llegada de la comisión, los propósitos conciliadores que llevaba, y la circunstancia de que llegaban a discutir con plena autoridad de Morazán, y en su nombre.

Se afirma que Carrera, al sólo oír mencionar el nombre de Morazán, entró en una tremenda cólera (cosa que tendría que sucederle desde entonces durante toda su vida), y decidió inmediatamente negarse a negociar. El padre Durán, uno de los sacerdotes que aconsejaba a Carrera, manifestó después al doctor Barrundia que él había tenido mejor suerte y que había entrado en un acuerdo con el líder indio. Según este acuerdo, quedaba convenido el regreso del Obispo, la abolición del Código Livingston y de todas las otras medidas liberales dadas recientemente por el Gobierno de Gálvez, bajo inspiración de Barrundia. Ante la noticia de este acuerdo, Barrundia se mostró indignado, pero recordando que se encontraba en territorio controlado por Carrera, y que la menor provocación podría costarle la vida, se mostró diplomático, declarando que la aceptación de ese acuerdo necesitaba mayor discusión, pero que tal vez se podría llegar a la adopción de algunas reformas. En esta forma, la misión conciliadora que Morazán había ordenado fracasó lamentablemente.

Apenas empezado el año de 1838, la oposición que se había venido organizando contra el Gobierno del doctor Gálvez explotó, el 2 de febrero de ese año, en una revolución que lo derrocó. Habían participado en este golpe elementos liberales contrarios a Gálvez, en un entendimiento del que casi inmediatamente tendrían que arrepentirse, con Carrera. En la tarde de la fecha que ya hemos mencionado, la revolución había triunfado. Gálvez abandonó el poder, y el Vicejefe Pedro J. Valenzuela asumió el mando. Inmediatamente después de haber cesado el fuego, Valenzuela dio la orden de que las tropas de la Antigua Guatemala ocuparan la plaza, y las hordas de Carrera, los otros cuarteles.

Pero las bandas del caudillo no obedecían más órdenes que las de su jefe. Saquearon la ciudad, y en el tumulto asesinaron al Vicepresidente de la Federación, don José Gregorio Salazar, a quien su amigo, el doctor Quirino Flores, que pertenecía al partido de la oposición, había invitado a refugiarse en su casa, creyendo que en ella Salazar estaría en seguridad. Por desgracia, sucedió que un destacamento de las fuerzas de Gálvez se introdujo a la casa durante el motín, y de allí disparaba sobre las fuerzas atacantes. Estas fuerzas, que pertenecían a las bandas de Carrera, invadieron la casa, dispararon sobre la familia, hirieron a una de las mujeres y a un niño, y asesinaron al Vicepresidente de la Federación.

Alarmados ante la rebeldía de Carrera, Barrundia, Molina y Arrivillaga lo intimaron para que saliera de Guatemala, pero no lograron calmarlo sino después de entregarle la suma de once mil pesos: diez mil para sus tropas y mil para él. En esta ocasión obtuvo también Carrera su primer nombramiento oficial. Con el objeto de halagarlo, el nuevo Jefe de Estado, Valenzuela, lo nombró Comandante del Distrito de Mita. Carrera bien sabía que no necesitaba de ningún nombramiento para mandar en esa zona, pero aceptó, a instancias de los padres Durán y Lobo, sus principales consejeros.

No se puede cerrar este episodio sin mencionar el horrible espectáculo que dieron las hordas de Carrera al entrar en Guatemala. La población estaba consternada. Los líderes de esas bandas habían sido reclutados entre salteadores, ladrones y asesinos; y los soldados no llevaban uniforme, sino los andrajos de manta que, por desgracia, era la vestimenta acostumbrada en las clases más pobres de Centro América. Las armas que llevaban iban desde viejas y oxidadas escopetas, hasta cuchillos, porras, machetes y "palos", algunos de éstos tallados en forma de fusiles. Carrera mismo debe haber sido el espectáculo mayor, pues se dice que entró a Guatemala con unos pantalones de manta adornados con flecos, y una fina casaca bordada que había pertenecido al general Prem, el heroico defensor de San Salvador, en los largos días del sitio hecho por Arzú. Por sombrero, Carrera llevaba uno que había pertenecido… a la esposa del general Prem.

Era un elegante sombrero de mujer, adornado con un delicado velo verde, pues ya se sabe que la señora de Prem, a quien los salvadoreños llamaban "La Colombiana", era una dama distinguida. Entre las masas de indios iban miles de mujeres, llevando bolsas y sacos, como para cargar el botín. Esta desordenada multitud de indígenas gritaba: "¡Viva la Religión, mueran los extranjeros!" Después de tomada la ciudad, las bandas de Carrera recorrieron la ciudad, asombrándose ante las hermosas casas de la capital. Muchos de ellos, sin duda, veían por primera vez una verdadera casa.

Retirado Carrera a sus montañas, con sus once mil pesos y su nombramiento de Comandante de Mita, Guatemala pudo respirar. El Jefe Valenzuela convocó a una Asamblea Ordinaria, y nombró Ministro General a don Felipe Molina, hijo del doctor Pedro Molina, uno de los Próceres de la Independencia. Reunida la Asamblea, por Decreto del 17 de febrero de 1838, sancionó los acontecimientos que habían producido el derrocamiento del Gobierno del doctor Gálvez, y otorgó a la ciudad de la Antigua Guatemala el título de "Benemérita", por su contribución al establecimiento del nuevo orden.

Todavía después de haberse puesto tan en evidencia la rebeldía, la ignorancia y el carácter violento de Carrera, el general Morazán intentó una vez más contemporizar con él. De nuevo, una Comisión integrada por el mismo doctor Barrundia, el presbítero Castilla, don Basilio Cezeña, a la que en esta ocasión se agregó don José Matías Quiñónez, fue a buscar al porquerizo, convertido en Jefe político—militar.

Esta comisión, que también fracasó, informó al general Morazán de sus gestiones, en una nota sumamente interesante, que en parte dice:

"Ciudadano Presidente de la República Federal.

Los comisionados para la pacificación de las fuerzas de Carrera debemos informar a usted brevemente de todo lo ocurrido en el desempeño de nuestro encargo. Llegamos el mismo día de nuestra salida, que fue el 24, a la plaza de Mataquescuintla, después de mediodía. Se nos presentaron cuatro encargados del comandante Carrera, para conferenciar. Nosotros exigimos que llegase él mismo, como lo había ofrecido antes, para el punto de Cruz Alta. Mas, habiendo rehusado, tratamos ligeramente con sus encargados de nuestro asunto y desde luego encontramos la mayor resistencia al punto principal de entregar las armas.

A tiempo que sus encargados iban a llamarle, le vimos a la puerta, rodeado de su fuerza militar. Se le instó a que entrase y lo rehusó con aspereza, habiendo empeñado allí mismo una contienda con nosotros, de reproches a la conducta del Gobierno de Guatemala y del Presidente, que nosotros contestamos a la vista de toda su tropa, y aún tomando parte en ella algunos de sus soldados. Él manifestó que no tenía ya que hacer en nuestro negocio, puesto que ya habíamos hablado con sus encargados y que jamás podría convenirse, y era un agravio proponérselo, que entregara las armas, manifestando la mayor desconfianza y desabrimiento.

Como esta entrevista, en cierta manera tumultuaria, entre la misma tropa, no ofrecía regularidad, sino antes bien malos resultados, instamos a Carrera para que se presentase al día siguiente a terminar este negocio, y nos lo ofreció formalmente, a pesar de la ligereza con que lo trataba. En esta noche fuimos inquietados por el incendio de dos casas, que consideramos verificado de propósito por algún mal designio, pues no podía ser accidental, no hallándose persona alguna en todo el pueblo. Mas no hubo resultado alguno.

A la mañana siguiente, a las nueve, remitimos una nota a Carrera, llamándolo a la conferencia. Se presentó cerca del mediodía en la plaza, con una fuerza como de trescientos hombres. Entró a conferenciar rodeado de sus jefes y a presencia de toda su fuerza, que escuchaba a puerta abierta, desde afuera. Los principales motivos de su obstinación para la entrega de las armas eran, o se descubrían, en una suma desconfianza del gobierno, no hallándose suficientes las garantías posibles para desvanecerlas."

Esta es la esencia de la nota, que firmada por Barrundia, Castilla, Cezeña y Quiñónez, fue enviada a Morazán, para informarle de la actitud de Carrera. Morazán, dolido de la situación en que se habían visto colocados los honorables miembros de la comisión que buscaba un entendimiento con Carrera, expresó sus sentimientos en una nota, que fundamentalmente dice así:

"El informe verbal y por escrito que ustedes se han servido darme en esta fecha, me ha impuesto del resultado de la comisión que con tan decidido empeño y sanas intenciones, se prestaron a realizar. Es muy sensible para mí que personas de tanta respetabilidad, crédito y prestigio en la República, hayan sido desoídas, insultadas gravemente y aún expuestas a un horroroso asesinato; mas era preciso que a todo esto se sujetase el patriotismo de ustedes en momentos tan críticos para el rico y poderoso Estado de Guatemala.

"...A ustedes, lo mismo que a mí, les acompañará siempre la dulce satisfacción de haber hecho cuanto estaba a nuestro alcance, no solo para salvar a estos pueblos, sino al mismo bandido y sus hordas, hasta el grado de humillarnos, entendiéndonos con aquel, y guardándole consideraciones que nunca mereciera.

"Tengo la honra de suscribirme de ustedes, con la más alta consideración, su amigo y servidor. Dios, Unión, Libertad. – (f) FRANCISCO MORAZÁN."

Así se resistía el faccioso y salvaje Carrera a las gestiones de conciliación que le hacía Morazán, y éste, a su vez, daba por sentado que todos los sacrificios que se hicieran por la Patria, estarían bien hechos. La nota—contestación a Barrundia, Castilla, Quiñónez y Cezeña, ofrece una clara evidencia del respeto que Morazán sentía por los grandes hombres de Centro América, y de cómo se dolía de verlos expuestos hasta "un horroroso asesinato", según sus propias palabras, a manos de las hordas de Carrera.

En la tarde del 14 de abril de 1838, Francisco Morazán llegaba a la capital de Guatemala, al frente de un ejército de 1,300 salvadoreños. Había acudido al llamado de la Asamblea del Estado de Guatemala, y de los propietarios y comerciantes de la capital, que habían llegado a un estado que más se parecía al pánico que a la alarma, ante las fechorías de Carrera.

Apenas empezaba a instalarse en la ciudad, cuando se presentaron ante Morazán varias comisiones integradas por los elementos más importantes de la misma, pidiéndole que sin pérdida de tiempo asumiera el mando del Estado y diera fin al estado de zozobra y de anarquía, reduciendo a Carrera a la impotencia.

Morazán contestó a los solicitantes que no podía asumir el mando sin la autorización expresa de la Asamblea del Estado, prometiéndoles que una vez llenados los requisitos legales, se entregaría a la tarea de devolver a Guatemala la paz y la tranquilidad.

El 17 de abril presentó a la Asamblea la siguiente exposición:

"Cuartel General en Guatemala, abril 17 de 1838. – A los ciudadanos Diputados Secretarios de la Asamblea Legislativa. Ayer ha puesto en mis manos el licenciado Alejandro Marure, una exposición firmada por ciento ochenta y siete vecinos de la ciudad, que llevan el nombre de propietarios, y que lo son en efecto, en que se me pide asuma yo el Gobierno del Estado. Al entregármelo me manifestó que una Comisión compuesta de personas de bastante crédito y notabilidad, estaba nombrada por el numeroso concurso de ambos sexos que lo seguía, para hacerme explicaciones sobre la citada exposición, importantes a la tranquilidad de esta capital y al interés de todos los pueblos del Estado.

"Llamado en enero último por el Gobierno de éste para destruir la facción que amenazaba la vida y propiedades de los habitantes de Guatemala, y llamado por segunda vez en la semana pasada por el mismo Gobierno y por varios propietarios, que me aseguraron representar a todos los que existen en esta ciudad, para que viniese a ella a observar cuanto pasaba y a contener sucesos que podían ser de la más grave trascendencia, me apresuré a oír a la citada Comisión, de quien esperaba noticias útiles, y si se quiere, saludables consejos, en circunstancias tan difíciles como las actuales y porque no siendo otra mi misión y otros mis votos, que los de pacificar estos pueblos, quiero escuchar a todo ciudadano que guste informarme sobre los acontecimientos e indicarme alguna medida salvadora.

"Por desgracia, en la que se ha fijado la Comisión de que dejo hecho mérito y la que contiene la exposición de que antes he hablado, no me parece absolutamente libre de embarazo, que se aumentaría si yo la adoptase por una vía de hecho, estando reunida la Asamblea, a cuya sabiduría no debe ocultarse la peligrosísima crisis en que se encuentra el Estado y ocupando la silla del Gobierno la misma persona que me ha llamado en auxilio de los guatemaltecos.

"Es verdad que varios hechos han gastado de algún tiempo a esta parte, el prestigio de que han gozado y deberían gozar los Supremos Poderes, y que su constante repetición ha hecho grabarse el temor y la desconfianza en el corazón de los guatemaltecos, y particularmente en el de la clase de propietarios. Una tropa sublevada y dirigida por sargentos ebrios y algunos individuos que jamás han acatado la moral pública; inmensas hordas de salvajes sin freno alguno que pudiera contenerlas, han amenazado en distintas ocasiones, la vida de estos habitantes, sus propiedades, y, lo que les es más caro aún, el honor de sus inocentes familias, y la autoridad, en ninguna de ellas, es preciso decirlo con franqueza, desplegó la energía que demandaba su institución.

"Esta experiencia ha influido sin duda en que haya venido a mí, directamente, la exposición indicada, sin contar antes con el Cuerpo Legislativo, que tiene en sí los elementos necesarios para hacer el bien y puede y debe contar con la libertad más amplia en sus urgentes e importantes deliberaciones. Yo, que conozco la ilustración de los individuos que la componen, que me son constantes sus patrióticos sentimientos, no puedo menos que dirigirme a él, por el honroso conducto de ustedes, manifestándole que el pueblo de Guatemala aguarda con ansiedad, y aún con desesperación, una medida que le vuelva a su antiguo reposo y que asegure la vida y propiedades de sus habitantes.

"Jamás ha podido ocuparse la Asamblea de Guatemala de un asunto tan delicado y de mayor trascendencia, y jamás, tampoco, han estado tan fijas las miradas del pueblo sobre la resolución que hoy dicte.

"Yo la exito, pues, para que viendo las cosas bajo su verdadero aspecto, con la calma y detenimiento que corresponde, tranquilice a la multitud de familias que vagan en la incertidumbre y desconsuelo, y salve de los horrores de la anarquía a la primera población de la República. Para objetos tan puros como sagrados, debe contar con mi cooperación y mi existencia, que con placer sabré sacrificar, en cumplimiento de mi deber y para corresponder a la confianza que ha depositado en mí el Gobierno del Estado y los habitantes de esta hermosa ciudad, que no abandonaré entre tanto la paz, el orden y la mejor armonía no vuelvan a establecerse entre las familias.

"Ruego a ustedes, ciudadanos Secretarios, eleven a la consideración de la Asamblea cuanto dejo expuesto y admitan las consideraciones con que soy de Uds. atento servidor. – Dios, Unión, Libertad.".

FRANCISCO MORAZÁN.

A esta solicitud del general Morazán, la Asamblea del Estado de Guatemala contestó con un Decreto por medio del cual se daban las siguientes disposiciones: "1ª) Las autoridades supremas del Estado de Guatemala se ponen bajo la defensa y protección del Gobierno Nacional, que debe velar por la conservación del orden en la República y en las grandes secciones que forman sus Estados; 2ª) Se confiere al Vice—Jefe del Estado la autorización que expresa el artículo 176 de la Constitución Federal (este artículo se refiere a los poderes que puede asumir el Gobierno en casos de tumulto, rebelión o ataque con fuerzas armadas al gobierno constituido), por el término de tres meses, contados desde esta fecha; 3ª) El mismo Vice—Jefe se pondrá de acuerdo con el Presidente de la República, sirviéndole su consejo de guía en toda su administración; 4ª) Las fuerzas del Estado de todas clases, su organización y dirección, quedan bajo las órdenes del Presidente, para defender los derechos del Estado y reprimir las facciones; 5ª) El Poder Ejecutivo dirigirá al Congreso una exposición que refiera la revolución que se ha efectuado y los peligros que corre el Estado en su actual posición, para que dicte las medidas de alto orden que tiendan a restablecer la tranquilidad y mantener los derechos primordiales del Estado".

El Gobierno del Estado de Guatemala, considerándose amenazado de permanecer en la Capital, que de un momento a otro podía ser atacada por Carrera, decidió trasladarse a la ciudad de la Antigua Guatemala.

Instalado en la capital de Guatemala, y con el Estado de ese nombre puesto bajo "su protección y su defensa", el general Morazán, fiel a su espíritu y personalidad, lanzó la siguiente Proclama:

"El Presidente de la República Federal de Centro América, General en Jefe del Ejército, a los habitantes del Distrito de Guatemala. — Conciudadanos:

"El 21 del actual ha decretado la Asamblea, poneros bajo mi Gobierno e inmediata protección. El estado de guerra en que desgraciadamente se encuentran estos pueblos ha dado lugar a semejante medida. Su resultado será el de que mis operaciones militares sean rápidas y surtan, en consecuencia, todos sus efectos.

"El completo exterminio de los bárbaros, la cesación de tantos males y la vuelta del orden, de la paz y de la seguridad general, será la prueba que muy pronto rinda a la Asamblea, de haber llenado sus benéficos deseos. La empresa es fácil, si como creo, vosotros haréis también un gran esfuerzo. El interés es de todos, y la gloria también para todos.

"Guatemaltecos: En todas circunstancias os conviene la unión, y más en las actuales. Os es absolutamente indispensable. Si deseáis que vuestro Estado vuelva a ser modelo de los demás de la Federación, deponed vuestros sentimientos particulares y reconciliaos sinceramente. Guatemala reúne todos los elementos necesarios para su prosperidad. En vuestras manos está promoverla. ¿Queréis negar el sacrificio de vuestras pasiones a seiscientos mil habitantes? La tolerancia debe ser la primera virtud del republicano. Yo la exijo de vosotros. Enemigo de la persecución, solo la admito contra los rebeldes que han rehusado constantemente toda medida conciliatoria, y despreciado con audaz altanería los ofrecimientos más generosos, que nunca merecieron y cuyos procedimientos salvajes los ponen fuera de la lenidad.

"¡Compatriotas! Antes era solo mi deber el que me llamaba a defender a los pueblos del Estado de los males horrorosos que sufren y los amenazan. Hoy, se une a aquel la confianza que han depositado en mí vuestras autoridades y las repetidas solicitudes y manifestaciones de aprecio con que particularmente vosotros me habéis honrado. Tantos motivos, si no aumentan mi eficacia, han grabado en mi alma sentimientos de gratitud que serán eternos.

Guatemala, abril 24 de 1838".

FRANCISCO MORAZÁN.

Y "solicitudes y manifestaciones de aprecio" recibió, en efecto, Morazán, ante quien los serviles, especialmente, no escatimaron esfuerzos para demostrarle su adhesión. "Argumentos, sonrisas, entretenimientos y toda otra forma posible de atraer simpatía", dice el historiador norteamericano Bancroft, "fueron empleados como posibles medios para hacerlo abandonar los principios que siempre había sostenido. Barrundia observaba sorprendido estos procedimientos, y al describirlos dijo que era imposible comprender "el envilecimiento, la miseria ruin de este partido noble aristocrático. Los altaneros patricios, representados por los Pabón, los Batres y los Aycinenas, con sus allegados, hacían fiestas a sus pies, lo cubrían de flores, lo disgustaban con sus halagos, festejándolo hasta la saciedad, y tranquilos aceptaban sus rechazos, mientras no habían perdido las esperanzas de ganárselo para su partido. Después de que fracasaron, el ridículo, el abuso se utilizaron contra él y contra su nombre. Hubiera sido Morazán el igual en su moral a estos serviles, habría aceptado la dictadura que le ofrecían, asumido todos los poderes, y después pudo haberlos aplastado. Pero era un hombre honrado, que actuaba en toda ocasión de buena fe".

Pronto habrían de agasajarlo aún más y las puertas de las más nobles casas de Guatemala se habrían de abrir de par en par para tributar a Morazán "elogios que habrían hecho enrojecer al vencedor de Marengo y Austerlitz", como lo dice el doctor Montúfar en su Reseña Histórica de Centro América.

Autorizado por la Asamblea del Estado de Guatemala para emprender la lucha contra Carrera y sus bandas de facciosos, el general Morazán no perdió el tiempo. Organizó el ataque, encargando a sus oficiales de confianza las operaciones en el oriente de Guatemala. Estos libraron victoriosas batallas en contra de las huestes de aquel indio de las montañas que había logrado reunir tanto poder entre la gente del campo. Fue entonces que el teniente Joaquín García Granados derrotó al "Zarco—Gallo", uno de los jefes de las fuerzas de Carrera. El capitán Esteban Ciero deshizo una columna de facciosos en la población de Jocoy, tomando prisionero al famoso Quintanilla, uno de los más fieros asesinos que estaban al servicio de Carrera. Y fue entonces que el valiente teniente coronel Manuel Antonio Lazo libró un furioso combate en Amatitlán, derrotando a los facciosos y tomándoles las armas que abandonaron.

Dominadas esta vez las huestes de Carrera, Morazán creyó que había cumplido su misión, y dirigió a sus soldados la siguiente Proclama:

"El Presidente de la República, General en Jefe del Ejército, a los vencedores de Amatitlán:

"¡Soldados! Los caudillos de la facción que todo lo tala y destruye en el Estado de Guatemala, habían decretado la ruina de la hermosa Amatitlán. Carrera, Rueda, Parras, Mangandí y Monterroso, unieron sus partidas para sorprender aquella población y se habían ya repartido de antemano las grandes riquezas que se encuentran allí acumuladas por las manos del industrioso comerciante y del laborioso agricultor.

"Desde las alturas que dominan el valle de Guatemala se arrojaron sobre su presa como fieras salvajes sedientas de sangre y de tesoro, pero ellos ignoraban que allí existían los veteranos que en diez años de guerra han adornado sus cabezas con los laureles de tantas victorias, sin que jamás haya sido humillada su frente por la desgracia.

"¡Soldados! Siempre os he apreciado como valientes, pero en la gloriosa jornada de ayer, en donde cada uno de vosotros tuvisteis que vencer a ocho enemigos armados y decididos a consumar su crimen, os habéis portado como héroes. Yo os saludo en nombre de la Patria, con este hermoso título. Seguid mereciéndolo y evitaréis que el nombre de nuestro hermoso país sea para siempre borrado, por la mano de los salvajes, del número de los pueblos civilizados.

Guatemala, 9 de mayo de 1838.".

FRANCISCO MORAZÁN.

Pero la lucha contra Morazán y contra la Unión de Centro América no se libraba exclusivamente en el Estado de Guatemala. Era un movimiento perfectamente organizado, destinado a acabar con la Unión y dividir a la Patria en pedazos, dominados por pequeños caciques. Morazán, así como había sido llamado con urgencia a defender a Guatemala, después de haber derrotado a los facciosos de Carrera, fue llamado, con igual urgencia, de San Salvador. Antes de partir para aquel pueblo que tanto quería y que tan bien lo comprendía, Morazán tuvo que recibir los agasajos de los aristócratas. El Dr. Montúfar, en su Reseña Histórica, cuenta que:

"Se preparó la gran fiesta y espléndida cena en casa de Nolasco Arriága. Las señoras de la aristocracia hicieron flores de su mano y prepararon los ramilletes y todos los adornos que debían servir para el obsequio. Algunos serviles condujeron ellos mismos las flores, floreros, los candelabros y otros objetos de las casas vecinas de Arriága, para adornar con sus manos los salones que a Morazán se preparaban".

Pero Morazán no se dejó seducir por aquellas familias que actuaban dominadas por el miedo, y a quienes los principios morales y políticos del Prócer eran incomprensibles.

Habiendo regresado Morazán a San Salvador, Guatemala siguió siempre agitada y bajo la amenaza de Carrera. El Jefe Valenzuela, en vista de las dificultades que le provocaba no sólo el caudillo indio, sino miembros de su propio partido, decidió renunciar. La Asamblea le aceptó la renuncia el 29 de julio de 1838, nombrando en el mismo Decreto de aceptación, a don Mariano Rivera Paz, más inclinado hacia el partido de los serviles, para que se hiciera cargo del Gobierno.

Esta nueva situación tampoco calmó las amenazas de Carrera, quien seguía en su actitud amenazante. Por este tiempo es seguro que el caudillo ya no estaba dispuesto a conformarse sino con acaparar para él todo el poder. El 5 de septiembre de 1838, se temía en

Guatemala un ataque del bandido de la montaña. La población estaba una vez más llena de pánico ante la posibilidad de que las hordas de Carrera invadieran la Capital. El coronel José Antonio Carballo creyó necesario salir al encuentro de Carrera, pero las personas más importantes lo convencieron de que era un riesgo demasiado grande dejar a la Capital sin una defensa adecuada. Ante estas demostraciones, Carballo decidió enviar al coronel Félix Fonseca, uno de los soldados más valientes del Ejército, a encontrar al bandido, quedándose Carballo en la ciudad para protegerla. Fonseca, desatendiendo las instrucciones de no presentar batalla sino en caso necesario, se batió con Carrera, saliendo derrotado ante la desproporcionada superioridad en número de las huestes del caudillo. Este, envalentonado con su triunfo sobre Fonseca, decidió lanzarse sobre la ciudad de la Antigua, y reuniendo una fuerza de más de 5,000 hombres se dirigió con rumbo a la vieja capital de Guatemala.

El 10 de septiembre acampó en la población de Villanueva, disponiendo allí el plan para su ataque. Uno de sus más sanguinarios jefes, el famoso Mangandí, atacaría por el lado de oriente, y Carrera, con el grueso de las tropas, por el sur. Estas noticias habían llegado a la ciudad de Guatemala, que era presa del pánico. La situación fue salvada por el coraje del general Carlos Salazar, quien al mando de 850 hombres salió al encuentro de las huestes de Carrera y las derrotó de la manera más completa en Villanueva. El informe de este valiente general sobre esos sucesos dice así:

"Ciudadano Ministro de la Guerra del Supremo Gobierno del Estado:

Esta mañana en el momento de ocupar esta plaza, dí parte al Supremo Gobierno. No pude entonces dar ningún detalle y por eso lo hago hasta ahora."

"A las ocho de la mañana llegaron nuestras fuerzas al frente del enemigo y sin detenerse en su marcha lo atacaron con el valor y denuedo que siempre acostumbran. Este hizo resistencia inesperada en su miserable cobardía, pero después de dos horas de un ataque vivísimo, las fuerzas del Estado ocuparon la plaza.

"Hasta ahora se han recogido trescientos cincuenta muertos del enemigo; veinte y cuatro prisioneros, entre los cuales está el clérigo

Mariano Durán. Se rescataron los nuestros que habían tomado en Jalapa y Petapa.

"Por nuestra parte hemos tenido pérdidas sensibles. Han muerto los tenientes coroneles Félix Fonseca y Rafael Foronda; el capitán José María Valladares, el comandante de Guías Paulino Andrade, el subteniente Sixto Cubas y nueve soldados. Están heridos: los tenientes coroneles José María Lobo Guerrero y León Castillo, el capitán mayor Ignacio Zepeda y los capitanes Domingo Vásquez, Ignacio Estrada, Juan Murillo, Desiderio Estrada, el teniente Francisco González Úbeda, y los patriotas Mariano Arrivillaga y treinta y seis soldados. La fuerza nuestra consistía en ochocientos cincuenta hombres y la del enemigo en mil cuatrocientos de todas armas, la que en general ha sido dispersada en todas direcciones.

"Es por ahora cuanto puedo decir a usted y sobre lo demás que ocurra continuaré dándole parte, ofreciendo a usted el aprecio y respeto con que soy su muy atento servidor.

(f) CARLOS SALAZAR."

Por el parte del general Salazar puede comprenderse la importancia de los encuentros que estaban teniendo lugar. El Gobierno de Guatemala, ahora en poder de Rivera Paz, estaba atravesando una situación angustiosa. Nada satisfacía a Carrera, y los aristócratas, comprendiendo su error, llamaron una vez más a Morazán, para que defendiera a Guatemala.

Morazán pidió autorización al Congreso Federal, que entonces estaba reunido en San Salvador, el último de los Congresos Federales, y se dirigió a la capital de Guatemala, a donde llegó en los últimos días del mes de octubre de 1838. En la proclama siguiente expresó las razones que lo habían llevado de nuevo a la antigua capital de Centro América:

"FRANCISCO MORAZÁN, Presidente de la República y General en Jefe del Ejército Federal.

Considerando: Que la facción que acaudilla el criminal Rafael Carrera se ha hecho extensiva a la mayor parte de los pueblos que componen el Estado de Guatemala y en especial a los de este departamento, el de Chiquimula y Verapaz, en que el desorden y la anarquía han tomado un incremento incalculable;

Atendiendo a que si no se ponen en uso todos los medios que la Constitución y las leyes de la República previenen para reprimir esos males, los Estados todos serían en breve envueltos en los que hoy sufre el de Guatemala y, en consecuencia, desapareceríamos del número de las naciones civilizadas;

En vista de lo dispuesto en el artículo 35 de la Ley del 17 de noviembre de 1832 y usando de las facultades que me ha concedido el Supremo Gobierno Nacional, a virtud de la autorización que le dio el Congreso para pacificar el Estado de Guatemala,

Ha tenido a bien emitir el siguiente Decreto:

1°. Se declara que Guatemala está en el caso del artículo 35 de la Ley de 17 de noviembre de 1832, y que, en consecuencia, se halla bajo el régimen militar;

2°. La anterior declaratoria tendrá efecto desde luego en todos aquellos pueblos en que, a juicio del General en Jefe del Ejército Federal, sea necesario el gobierno militar para la conservación del orden; y

3°. El presente decreto se pondrá en conocimiento de quienes corresponda y se hará imprimir, publicar y circular.

Dado en el Cuartel General en Guatemala, a 24 de octubre de 1838".

FRANCISCO MORAZÁN.

Apenas informado Carrera de que Morazán había salido de San Salvador con rumbo a Guatemala, dispuso hacer incursiones por el territorio salvadoreño. Morazán, al saberlo, envió al general Salazar a detener al caudillo, y no contento con esta medida, marchó él mismo, llevando como segundo jefe al coronel José Antonio Carballo. Atemorizado y encolerizado Carrera ante la persecución de las tropas de Morazán, salió huyendo de tierras salvadoreñas, no sin antes haber demostrado su odio a Morazán y a El Salvador, por medio de actos de barbarie realizados en las poblaciones fronterizas. El general Morazán, sin duda enardecido por los actos de vandalismo que Carrera había cometido en El Salvador, salió en su persecución, dándole alcance en Chiquimulilla, en donde le propinó una tremenda batida. Murieron en la acción ciento dieciocho hombres de las fuerzas de Carrera, y fueron tomados numerosos e importantes prisioneros, entre ellos los curas Aqueche, Girón y Aguirre. Se afirma que Carrera habría podido ser hecho prisionero en esa acción, y que tal era el plan de Morazán, pero el coronel Carballo adelantó la acción por su impaciencia, y Carrera pudo huir, en compañía del otro de sus sacerdotes consejeros: el padre Lobo, que hacía honor a su apellido.

Así, la impaciencia de un soldado valiente contribuyó a que Centro América no permaneciera unida, porque fue el triunfo final de Carrera el que determinó el despedazamiento definitivo de la República Federal.

Luego de haber derrotado a Carrera en Chiquimulilla, Morazán regresó a Guatemala, en donde reunió una Asamblea llamada a elegir un sustituto al jefe Mariano Rivera Paz. Empezando el año de 1839, la Asamblea del Estado de Guatemala nombró jefe de ese Estado, en propiedad, al general Carlos Salazar, que tan valiente actitud había tenido en la acción de Villanueva.

Pero mientras todos estos sucesos tenían lugar en Guatemala, las fuerzas de la división estaban actuando en el resto de Centro América, y el derrumbamiento de la República estaba decretado.

NOVENA PARTE: EL TRIUNFO DE MORAZÁN SOBRE LOS ALIADOS

CAPITULO XVI: OTRA BATALLA INCREÍBLE

El increíble triunfo de Morazán sobre los Ejércitos Aliados de Honduras y Nicaragua, provocó en Guatemala reacciones distintas. El pueblo y los elementos liberales no contagiados por la desconfianza a Morazán, recibieron la noticia con júbilo, y pidieron al Gobierno del Jefe Salazar que se hiciera una celebración digna, con salvas de artillería y repiques de campanas. Manifestaron que se podía aprovechar el momento para levantar los ánimos y preparar el ataque a las fuerzas de Carrera, de las que se sabía que, precisamente en esos días, se disponían a atacar la Capital.

El Jefe Salazar, por desgracia, había sido convencido por su amigo personal, don Manuel Francisco Pabón, uno de los líderes del partido servil, de que Carrera no tenía intenciones de atacar la Capital de Guatemala, y de que, por otra parte, sería más accesible a la persuasión que a la fuerza de las armas.

En realidad, mientras fingían amistad a Salazar, los serviles Pabón, Aycinena y Batres, ya habían entrado en un acuerdo con el caudillo indígena, conviniendo con él en derrocar al Jefe al que estaban protestando amistad. El triunfo de Morazán había sorprendido y alarmado a estos serviles, y temían que provocara una nueva reacción favorable al héroe, entre el pueblo. Inmediatamente se pusieron en acción para evitar que esa reacción favorable a Morazán se presentase. El Padre Arellano salió precipitadamente hacia Mita, en donde se encontraba Carrera, siempre con su posición de Comandante del Distrito, con la misión de convencer al caudillo de que había llegado el momento propicio de atacar la Capital. Carrera accedió a realizar el ataque, pero exigió que los serviles, amigos de Salazar, convencieran a ese Jefe de que era conveniente acabar de deshacer los restos de unas fortificaciones que había en Guatemala. Esta labor se le encargó a Pabón, que era el que mayor intimidad e influencia había logrado sobre Salazar, y la cumplió con éxito. Tal era la fe que Salazar tenía en ese traidor que el Dr. Montúfar relata, en su "Reseña Histórica", que el 12 de abril de 1839, un día antes de la segunda entrada de las hordas de Carrera a Guatemala, el hijo del Prócer Pedro Molina, don Felipe Molina, llegó ante el Jefe a informarle de que tenía noticias indudables de que la ciudad iba a ser atacada al siguiente día. A lo cual Salazar contestó que las informaciones eran falsas. "Pabón ha estado aquí", dijo a Molina, "y dice que no hay novedad. Él está bien informado de lo que pasa".

A las primeras horas de la mañana del 13 de abril de 1839, tal como lo había informado don Felipe Molina a Salazar,las hordas de Carrera cayeron sobre la ciudad de Guatemala, dirigidas por el mismo Carrera y su estado mayor de bandoleros: Macario Mangandí, Manuel Figueroa, Eugenio y Teodoro Mejía, Jerónimo Páiz, Remigio Aquino, Pedro León Valenzuela y Francisco Malespín. En La Antigua se le habían unido dos de los sacerdotes más culpables de todos estos vergonzosos acontecimientos: los Padres Lobo y Aqueche.

No es difícil imaginar las fechorías que estas bandas integradas no por soldados, sino por salteadores, realizaron en Guatemala. Bien dirigidas en sus acciones, se fueron hacia las casas de los doctores Gálvez y Barrundia, con el objeto de asesinarlos. Felizmente, estos académicos pudieron salvarse, escondiéndose en casas de amigos de Morazán y huyendo por los tejados. Pero sus casas fueron saqueadas, los muebles hechos pedazos, y si no se les prendió fuego, fue por un milagro.

El primer acto de Carrera fue el de nombrar Jefe del Ejecutivo, en sustitución del General Salazar, al ex Jefe Mariano Rivera Paz. Salazar logró huir, disfrazado, pagando en esta forma su credulidad inexplicable. Ministro General del nuevo Gobierno fue nombrado don Pedro Nolasco Arriaga, el aristócrata en cuya noble casa se había agasajado tanto a Morazán, en los días en que se consideraba al gran soldado el salvador de vidas y haciendas de los guatemaltecos. Nolasco, hondureño de origen, se había trasladado a Guatemala después de la derrota de las tropas de Milla, en "La Trinidad", por las fuerzas de Morazán.

En manos de los serviles, y bajo la inspiración directa de don Manuel Francisco Pavón, don Luis Batres, y los hermanos Juan José y Mariano de Aycinena, Guatemala rompió el pacto federal, separándose de la República Federal por un Decreto fechado el 17 de abril de 1839.

El Decreto de separación de Guatemala dice:

"Consejero o Jefe del Estado. — Considerando:

1º) Que los Estados de Costa Rica, Honduras y Nicaragua se han separado solemnemente del pacto federal, desconociendo al Gobierno que existe en San Salvador, con título de Nacional;

2º) Que los mismos Estados han reasumido la administración de todas sus rentas, se han dado nuevas Constituciones y celebrado Tratados, con el objeto de sostener sus pronunciamientos, el libre ejercicio de sus derechos de Soberanía y la libertad de los demás Estados;

3º) Que no habiéndose hecho elecciones de los funcionarios llamados federales, no hay ni puede existir Congreso ni Senado, sin cuyos Cuerpos el Ejecutivo que pretende ejercer por la fuerza el Vicepresidente, y a su nombre el General Morazán, es una verdadera usurpación, contraria a los principios de libertad y a los intereses de los pueblos;

4º) Siendo expresa y general la opinión de los habitantes del Estado de secundar aquellos pronunciamientos, y un deber del Gobierno el proveer al bienestar y seguridad de los pueblos, así como también el de cuidar de que el producto de sus contribuciones no se malgaste;

5º) Que las rentas federales se hallan hipotecadas a la deuda contraída por el Estado en el año anterior, y no es justo ni legal que con estas mismas rentas se cubran de preferencia créditos posteriores a aquella deuda, con perjuicio de los prestamistas que en circunstancias tan difíciles acudieron con sus caudales al llamamiento del Gobierno;

6º) Estando dispuesto por el Decreto constitucional del Estado, de 27 de enero de 1833, que siempre que algunos de los otros Estados desconocieren o se separaran del pacto federal, el de Guatemala se considere constituido como preexistente al Pacto; y

7º) En cumplimiento del referido Decreto y atendiendo a las circunstancias presentes,

Ha tenido a bien DECLARAR:

Art. 1°) El Estado de Guatemala, compuesto de los Departamentos de Guatemala, Sacatepéquez, Verapaz y Chiquimula, es libre, soberano e independiente;

Art. 2°) Celebrará un nuevo Pacto con los demás Estados de Centro América, por medio de la Convención decretada por el último Congreso Federal;

Art. 3°) Sus relaciones con los demás Estados continuarán sin alteración, y lo mismo se entiende en cuanto al reconocimiento de la deuda extranjera y demás disposiciones que tocan al Exterior;

Art. 4°) Las rentas llamadas federales entrarán a la administración del Estado, no reconociendo otros compromisos que los contraídos hasta la fecha; y

Art. 5°) Con el presente Decreto se dará cuenta a la Asamblea Constituyente, tan luego como esté reunida, y desde ahora se pondrá en ejecución, publicándose con toda solemnidad.

Dado en Guatemala a 17 de abril de 1839. (f) Mariano Rivera Paz. — Al Secretario de Gobernación, Justicia y Negocios Eclesiásticos. Y por disposición del Supremo Poder Ejecutivo se imprime, publica y circula para los efectos consiguientes. — Guatemala, abril 17 de 1839. — (f) Pedro Nolasco Arriaga."

Este Decreto fue ratificado por la Asamblea Nacional Constituyente, mediante Decreto fechado el 14 de junio de 1839.

En esta forma, la Federación quedó completamente deshecha, mientras Morazán y El Salvador se daban el último y desesperado abrazo.

CAPÍTULO XVII: ESPOSA E HIJOS DE MORAZÁN SON TOMADOS DE REHENES

La prueba más evidente de que la Federación había dejado de ser una realidad aún antes de que empezaran a separarse los Estados es la circunstancia de que ni Morazán ni el Congreso Federal habían hecho convocatoria alguna para la elección de autoridades federales una vez agotado el segundo período presidencial. El Vicepresidente de la Federación, don Diego Vigil, se había hecho cargo de la Presidencia de una manera enteramente "de facto", encargando a Morazán la Jefatura del Ejército y la Comandancia de las Armas, lo cual era una forma de disimular que el jefe verdadero era el antiguo Presidente.

Los restos de la Federación se concentraron en El Salvador, en donde la presencia de Morazán daba apariencias de credibilidad a lo que ya entonces no era más que una fantasía. Don Timoteo Menéndez renunció a la Jefatura del Estado, y don Antonio J. Cañas se hizo cargo del Gobierno en calidad de Jefe Consejero. En esa calidad convocó a elecciones de autoridades supremas, saliendo electo como Jefe del Estado de El Salvador, FRANCISCO MORAZÁN, cuya elección fue ratificada por Decreto de la Asamblea Legislativa, reunida en la ciudad de San Vicente, con fecha 8 de julio de 1839.

El once de ese mismo mes, con las solemnidades de Ley, Morazán tomó posesión de la Presidencia de El Salvador, nombrando inmediatamente, como Ministro General del Estado, a don José Miguel Saravia.

Las dificultades de Morazán, sin embargo, estaban lejos de terminar, ni se le daría paz en la Presidencia de El Salvador. El triunfo en la batalla del Espíritu Santo no había hecho más que detener temporalmente la lucha contra el héroe de la Federación. Ferrera, a pesar de haber firmado un tratado de paz en San Vicente —tratado que también fue firmado por Nicaragua— seguía provocando a El Salvador, y en vista de estas provocaciones se decidió enviar al General Trinidad Cabañas a pacificar el Estado de Honduras.

El 28 de agosto, este valiente soldado de la Federación, el más respetado de los grandes liberales de Centro América, ante quien se descubrían amigos y enemigos, nacionales y extranjeros, hizo retroceder a Ferrera de los lugares fronterizos a El Salvador, obligándolo a internarse en territorio hondureño, mientras Cabañas seguía su marcha victoriosa, llegando a Comayagua sin mayor resistencia. La presencia noble de Cabañas hizo huir de espanto a los traidores Mónico Bueso y Francisco de Aguilar, quienes se refugiaron en el Departamento de Olancho.

Cabañas siguió su marcha hacia Tegucigalpa, derrotando en la acción de Cuesta Blanca, con tropas inferiores en número, a doscientos hombres del Gobierno. Ocho días después ocupó Choluteca, desalojando de esa plaza a las tropas del Gobierno de Zelaya Ayes. Tomó de regreso a Nacaome, habiendo escarmentado a los enemigos, encaminó sus pasos a El Salvador.

Pero Ferrera había jurado lucha a muerte a Morazán, y en septiembre de 1839 trató nuevamente de invadir a El Salvador, con un ejército de 1.300 hombres, y la ayuda en fusiles y municiones, más un contingente de 300 hombres de Nicaragua. Logró ocupar la ciudad de Suchitoto, y desde allí lanzó una proclama, explicando los fines de su acción militar, exigiendo, en forma de "ultimátum", que se anulara la elección de Morazán, que se entregara el gobierno a don Antonio J. Cañas, que, dentro del término de veinticuatro horas, el general Morazán y los miembros de su gobierno "debían salir de Centro América", y que "todos los salvadoreños, sin distingos de ninguna clase, se pusieran bajo la protección del Ejército Pacificador de Centro América", cuyo jefe era Ferrera.

Al saber Morazán de la invasión de Ferrera, salió de San Salvador al frente de 300 hombres con el objeto de presentarle batalla. Fue en esta ocasión que la bajeza imperdonable de los enemigos de Morazán se puso en evidencia. Tal como lo hemos dejado referido al principio de esta biografía, al ocuparnos de la noble figura de la esposa de Morazán, los enemigos del héroe, dentro de San Salvador, aprovecharon su ausencia para intentar un golpe. Este vergonzoso complot había sido planeado por los individuos Pedro León, Norberto Ramírez, Agapito Velásquez, Blas Orozco, Pío Montoya y otros aún de menor importancia. Dos héroes, partidarios de Morazán, perdieron en este complot la vida, al resistir hasta el sacrificio a los revoltosos. Estos, controlando momentáneamente la ciudad, dieron por prisioneros a la esposa de Morazán y a los miembros de su familia. Un correo lo alcanzó con instrucciones de comunicarle los acontecimientos que habían tenido lugar, conminándole para que hiciera entrega del poder a Antonio J. Cañas, para evitar el derramamiento de sangre, y "para garantizar las vidas de sus familiares". Los encargados de llevar este correo fueron Tomás Alfaro y Pedro Zeledón. A éstos, Morazán contestó con frases realmente inmortales:

"Los rehenes que mis enemigos tienen en su poder son para mí sagrados y hablan vehementemente a mi corazón. Pero soy el Jefe del Estado y mi deber es atacar. Pasaré sobre los cadáveres de mis hijos, haré escarmentar a mis enemigos. Y no sobreviviré un solo instante a tan escandaloso atentado."

Sin pérdida de tiempo, nombró Comandante de la Plaza de San Salvador al valiente coronel Máximo Cordero, previno a los correos que si se sometían a su autoridad serían perdonados, y de lo contrario serían juzgados con todo rigor, y regresó con rumbo a San Salvador. Derrotó a los sublevados, rescató a su familia, y restablecido el orden, volvió al encuentro de Ferrera.

De Suchitoto, que había caído en su poder, Ferrera salió con rumbo a Cojutepeque, con la intención de ocupar esa importante población. Morazán, a su vez, ordenó al coronel Enrique Rivas, estacionado en Santa Ana, desde donde, en conexión con las fuerzas de Sonsonate, al mando del coronel Nicolás Angulo, controlaban las guerrillas que actuaban en los lugares fronterizos bajo la dirección del famoso general Francisco Ignacio Rascón, que se uniera a sus fuerzas. Así logró reunir una columna de 500 hombres, con los cuales salió de San Salvador el 24 de septiembre de 1839. Ferrera, por la vía de San Martín, llegó el mismo 24 a San Pedro Perulapán, en donde se le unieron las fuerzas que traía de San Vicente el coronel Marín, que subían a 600 hombres.

Morazán seguía de cerca los movimientos de las tropas de Ferrera. A las seis de la mañana del día 25 de septiembre, avistaba a las fuerzas enemigas acampadas en San Pedro Perulapán. Desde una altura, pudo observar que los soldados de Ferrera estaban estacionados en gran número en la plaza de la población, habiendo también ocupado la iglesia y la casa parroquial. Después de haber estudiado la situación, ordenó al coronel Manuel Antonio Lazo que empezara la acción, atacando de frente y a la bayoneta al enemigo, con 50 Dragones y una sección de Cazadores. Lazo cayó sobre los desprevenidos hombres de Ferrera como un rayo, haciendo retroceder hacia el centro de la plaza. Morazán, que seguía el curso de la acción, ordenó entonces al coronel Rivas que reforzara la acción de Lazo, protegiéndole con una compañía de Cazadores. Después de Rivas entró el coronel Indalecio Cordero, atacando al grupo que defendía el campanario de la iglesia, mandado por el coronel Francisco Martínez.

La batalla fue tomando serias proporciones. Cordero, que atacaba el campanario, fue rechazado. El general Ferrera fue herido por los hombres del coronel Rivas, y tuvo que ser conducido a la retaguardia, para prestarle los primeros auxilios. Rivas cae de su cabalgadura, pero sigue dando órdenes a sus soldados. Ordena al coronel Guillermo Quintanilla que ataque también el campanario. El coronel Lazo recibe algunas heridas, y estando así la situación, Morazán entra en acción, arengando a sus soldados, y ordena al coronel Esteban Ciero que ataque por el lado oriente. Martínez, en el campanario, después de fiera resistencia, se rinde, y al oír la gritería que vivaba a Morazán y a la Federación, se rinden también las fuerzas al mando de Ferrera. Las tropas separatistas huyen perseguidas por una sección de Dragones y una compañía de Infantes, enviados por Morazán, bajo el mando del coronel Marcelino Pérez. Los derrotados huían hacia Suchitoto, sobre el Lempa, buscando un lugar adecuado para cruzar el río, y fueron perseguidos por Pérez hasta la propia frontera de Honduras.

En esta batalla de San Pedro Perulapán, Ferrera perdió ocho oficiales y 152 soldados. Se hizo 250 prisioneros, entre ellos el presbítero Doroteo Alvarenga y el teniente José María Aguado. La habilidad militar de Morazán quedó comprobada una vez más, y el odio de Ferrera contra el héroe se volvió más grande.

En Honduras, los triunfos de Morazán sobre Ferrera y los de Cabañas en Cuesta Grande, Comayagua y Choluteca enfurecían a Ferrera y a Zelaya Ayes. Convencidos de que necesitarían fuerzas muy numerosas para derrotar a los dos grandes soldados federalistas, una vez más pidieron ayuda a Nicaragua, negociando al mismo tiempo en Guatemala, para ver si les era posible obtener la poderosa colaboración de Carrera. Morazán, enterado de las maquinaciones que se llevaban a cabo en Honduras, mandó al general Cabañas a dominar la situación. Cabañas libró, en el cumplimiento de esta misión, gloriosas y quijotescas batallas, batiendo al enemigo con fuerzas bastante inferiores a las de sus contrarios. Pero tuvo por fin que regresar a El Salvador, obligado por la superioridad numérica de los separatistas. Así lo consigna en el informe que rinde al gobierno de El Salvador, fechado en la población de San Antonio del Sauce, el 3 de febrero de 1840.

Gloriosas como eran estas acciones militares, no bastaban a contrarrestar la implacable campaña organizada por toda Centro América por los separatistas, enemigos de Morazán. Desde Guatemala, Carrera dirigía con astucia maquiavélica cada uno de los movimientos. Era como una red que se estaba tendiendo y en la cual habrían de caer, por fin, los grandes liberales que aún quedaban.

CAPÍTULO XVIII: MORAZÁN VERSUS CARRERA

Los primeros meses del año de 1840 marcan el principio del fin. Morazán, a cuya inteligencia no podía escapar la extendida labor de sus enemigos, decide jugarse su última carta. En verdad, no había otra cosa que hacer, fuera de la de rendirse. A principios de marzo de 1840, empieza a prepararse para una nueva invasión de Guatemala. Vencer a Carrera definitivamente era el objetivo de esta invasión. Morazán pensaba, y tal vez con razón, que la unión de Centro América todavía podría salvarse si sólo se pudiera librarla de Carrera. Pero sucesos muy distintos estaban ya decretados.

Morazán, en el fondo, lo comprende. Antes de salir, hace un llamado a sus valientes soldados y a los texiguats y curarenes que habían combatido a las órdenes del arrojado Cabañas. Pero esta proclama es ahora más breve, más cansada.

"El General en Jefe del Ejército, a los valientes texiguats y curarenes.

Soldados: Cada uno de vosotros habéis peleado contra cuatro enemigos. La fortuna se ha declarado por estos, empero, vosotros habéis cumplido con vuestro deber y habéis dejado con honor el campo de batalla. Es sensible este suceso, pero puede repararse fácilmente. Venid a San Miguel con vuestras armas. Allí encontraréis una respetable división que os auxilie y jefes valientes y decididos que os conduzcan a la victoria.

La fuerza enemiga, embriagada, no tardará en perseguiros en vuestros hogares. No olvidéis que Quijano es el que manda, nombre que os recordará los infinitos males que os ha causado y hará prever lo que os prepara para en lo sucesivo, si no venís a uniros a los salvadoreños para conquistar la paz del Estado de Honduras, el reposo de vuestras familias y vuestra propia seguridad.

Cojutepeque, febrero 7 de 1840".

FRANCISCO MORAZÁN.

No sólo esta proclama es más breve y cansada que las anteriores. Morazán teme ya por la seguridad de su familia. No se siente seguro en Centro América, y, como lo hemos referido en uno de los primeros capítulos, dispone que su señora esposa, la distinguida dama doña María Josefa Lastiri de Morazán, y sus hijos, embarquen en la goleta "Melaní" con rumbo a Costa Rica, en donde don Braulio Carrillo, entonces Jefe de aquella nación, le exige para conceder el asilo, condiciones que la delicada dama considera demasiado excesivas, y que la obligan a seguir su viaje hasta el puerto colombiano de Chiriquí.

Pero el nombre mágico de Francisco Morazán todavía pone el pánico en los corazones de los serviles. Su presencia en el territorio de Guatemala provoca entre las filas de los aristócratas una huida general entre los más timoratos y una activa preparación para la defensa entre los más decididos. El presbítero Juan José de Aycinena abandona inmediatamente la capital. Don Mariano del mismo noble apellido y otros aristócratas buscan refugio en un convento de monjas. El Jefe del Estado, Rivera Paz, prepara la defensa y promulga un apurado decreto:

"Habiendo sido invadido alevosamente el Estado por las fuerzas del general Morazán,

DECRETO:

1°) Todo hombre, desde la edad de 14 años a 50, se presentará en el término de seis horas a tomar las armas en la Casa Municipal;

2°) Se exceptúan de esta obligación los que ejerzan empleo o cargo público, los eclesiásticos, los impedidos físicamente, los médicos, cirujanos y boticarios;

3°) El Gobierno designará la persona o personas que deben recibir el alistamiento;

4°) Todo el que, pasado el término señalado en este decreto, no se presentare, será considerado como sospechoso y aprehendido como tal;

5°) Se declara la ciudad en estado de sitio y en consecuencia se cierran los tribunales y quedan suspendidas las garantías decretadas por la Asamblea Constituyente el 5 de diciembre del año anterior;

6°) El Comandante General queda encargado de la ejecución de este decreto.

Dado en la Casa de Gobierno, a 16 de marzo de 1840.

(f.) M. RIVERA PAZ."

Ese mismo día, el Jefe Rivera, confesando su dependencia de Carrera, lanza al pueblo guatemalteco la siguiente proclama:

"¡Guatemaltecos! En la ceguedad y en el delirio de la desesperación, el enemigo antiguo de Guatemala ha tenido la temeridad de invadir al Estado y se dirige a la capital.

Ya sabéis, valientes guatemaltecos, todo lo que nos interesa defender: la Santa Religión y un gobierno de equidad y justicia, cual deseaban los pueblos, y heroicamente, acaban de establecer.

¡A las armas, guatemaltecos! El esforzado general Carrera dirige las operaciones. Yo confío en su pericia y en el valor que os es común. El triunfo será cierto, con el favor de Dios, que visiblemente nos protege.

Guatemala, marzo 16 de 1840.

(f.) MARIANO RIVERA PAZ."

Lanzada esta proclama, el Jefe Rivera Paz y sus consejeros militares dispusieron la defensa de la ciudad. El coronel Vicente Cruz situó sus tropas en las bóvedas de las iglesias de San Francisco, Santo Domingo y la Catedral. Carrera debería situarse en El Aceituno, fuera de la capital, desde donde, al oír los primeros disparos de las fuerzas de Morazán, debería atacarlo por la retaguardia, mientras Cruz lo atacaba por el frente.

El 17 de marzo, al caer de la tarde, Morazán y sus tropas bajaban la cuesta de Pinula, acampando en el valle de "La Culebra", entre los suburbios de Guadalupe y de La Aurora. El 18, divididas las fuerzas en cuatro columnas, Morazán se lanzó a la toma de la capital. La iniciativa de la acción correspondió al general Cabañas, hombre que no conocía el miedo, atacando y tomando las posiciones del Calvario y de la plaza de toros. Morazán siguió la ofensiva, tomando el Hospital General, siguiendo el avance por la plaza de Guadalupe. En ese lugar ordenó al general Rivas asaltar la plaza mayor. Rivas, con ese objeto, ordenó al coronel Antonio Rivera Cabezas que arremetiera por el lado de la Escuela de Cristo. Las tropas del general Rivas obligaron a las fuerzas guatemaltecas a limitarse a la defensa del atrio de la Catedral, en donde se parapetaron haciendo fuerte resistencia, hasta que llegaron refuerzos que lograron poner en derrota a los separatistas.

Una vez más, Morazán había tomado la capital de Guatemala, en donde su primera medida fue la de libertar los prisioneros que Rivera Paz había ordenado recluir en los sótanos de las cárceles.

Pero faltaba la segunda mitad de esta terrible acción de armas. Hasta el momento, las huestes de Carrera no habían tomado participación en la batalla. Se reservaba el líder montañés para el último momento, ya cuando, diezmados por horas de lucha, los hombres de la Federación estuvieran cansados y diezmados.

Con un contingente de novecientos hombres, avanzó sobre la capital por dos rumbos. Al mando de la Tercera División venía con Carrera su hermano Sotero, y ambos empezaron su contraataque por la Garita del Golfo. Sotero se lanzó con sus tropas sobre el hospital y la plaza de toros, que había ocupado Morazán. Cabañas pudo rechazar el primer ataque por una de las bandas indígenas mandadas por el coronel Cruz, mas cuando perseguía a los derrotados, acudió en auxilio de éstos el propio Carrera con fuerzas muy superiores en número a las de Cabañas, y tuvo que ser desalojada la plaza de toros y después el Calvario. Cabañas se replegó hacia la Plaza de Armas, vencido por aquellas indiadas que parecían multiplicarse durante la lucha.

La derrota de Morazán esta vez fue completa. Sotero, el hermano de Carrera, tomó el hospital, sin que las fuerzas de Morazán pudieran llevarse ni el dinero ni las armas y municiones que estaban depositadas en ese centro. Más de 20,000 pesos, pertenecientes al ejército salvadoreño, cayeron en manos de Carrera. Capturado el hospital, Sotero hizo alardes de brutalidad, asesinando con sus propias manos al coronel Miguel Sánchez, ayudante de Morazán, y a Salvador Padilla, que ya estaban heridos. Los salvadoreños se concentraron en la plazuela de Guadalupe y en la Plaza de Armas, dispuestos a resistir hasta lo último. Las fuerzas de Carrera, efectivamente, se multiplicaban, con elementos que venían a unírseles de las poblaciones aledañas. Las tropas de Morazán, en cambio, de ninguna manera podían recuperar las fuerzas que iban perdiendo en la batalla.

Carrera estrechaba más y más el sitio, sin atreverse a rematar su victoria, pero sin que por un solo momento cesara el tiroteo y el infernal griterío de las hordas indias que pedían venganza... por la expulsión del arzobispo Casaus. Gritos de "¡Guanacos! ¡Pirujos! ¡Herejes!" "¡Ahora vamos a vengar al Arzobispo!", "¡Muera Morazán!", "¡Viva la Religión!" "¡Viva Carrera!", se repetían en un eco sin fin.

Llegada la noche, las indiadas de Carrera, dirigidas por sacerdotes, cantaron la "Salve". No menos de cinco mil salvajes sitiaban a Morazán.

Militarmente, se ha alegado que Morazán no fue derrotado, ya que pudo abrirse paso entre los sitiadores y salir temprano de la mañana hacia la Antigua. Cabañas y Morazán, personalmente, encabezaron la columna que abrió el camino. El general Rivas cubría la retaguardia, con los mejores hombres de las tropas federales, o que habían sido federales. Los indios de Carrera, sorprendidos, no ofrecieron mucha resistencia, y en esa forma el ejército de Morazán, reducido ya a unos 450 hombres, se dirigió hacia la Antigua.

Carrera salió en persecución de Morazán el mismo día, el triste 19 de marzo de 1840, pero sólo pudo saber que ya el ejército morazánico se dirigía hacia San Salvador. En vista de esto regresó a Guatemala, en donde, a partir de ese día, había de mandar por más de treinta años.

El 24 de marzo llegó Morazán a la ciudad de Ahuachapán, no sin que antes de entrar, el general Cabañas hubiera tenido que batir a una columna de 160 hombres, al mando del comandante Figueroa, de las fuerzas guatemaltecas. A este incidente debe referirse el norteamericano Stephens, en sus Viajes por Centro América, cuando dice:

"En la población de Ahuachapán, fui bienvenido en la mañana por las fuerzas de Carrera, y en la tarde, por las de Morazán. Nuestra casa era bien conocida. Algunos oficiales preguntaban por la familia, y un ayuda de campo informó personalmente a una de las sirvientas que probablemente el general Morazán se alojaría en ella.

Los soldados marchaban sobre la plaza, ordenaban sus armas, y gritaban "¡Viva Morazán!" En la mañana, otros soldados habían gritado: "¡Viva Carrera!" Nadie gritaba: ¡Viva la Patria! Sentí pena por Fogoroa (así dice Stephens), por principios de humanidad, y por los muertos. En cuanto a los demás, nada me importaba lo que hicieran.

A los pocos momentos un grupo de oficiales llegó a la casa. Durante seis días habían estado peleando en territorio enemigo. Al entrar, me dieron la impresión del mejor grupo de hombres que había visto en el país. (Se refiere a los oficiales de Morazán). Figoroa había querido atacarlos de manera tan repentina que Morazán sintió pasar dos balas sobre su cabeza, y sin duda estuvo en mayor peligro allí que en la sangrienta batalla que acababa de librar en Guatemala. El coronel Cabanes (así dice Stephens), un hombrecito pequeño, caballeroso y valiente, había dado el primer golpe al enemigo, rompiendo su espada sobre un lancero, al que, quitándole su propia lanza con la mano, atravesó en el mismo instante, hiriéndose la mano."

Morazán entró a San Salvador el 27 de marzo, y fue recibido por los habitantes de esa ciudad con el cariño que siempre le habían demostrado. Durante la batalla de Guatemala había perdido a varios de sus oficiales más queridos, especialmente el coronel Esteban Ciero, que tanto se había distinguido en la acción de San Pedro Perulapán. Murieron también el coronel Ignacio Pérez, el coronel Antonio Arias, Eugenio Mariscal, los tenientes Mariano del Río, Manuel Arrechea, y José Viera. Y fueron asesinados por las huestes de Carrera los coroneles Salvador Padilla, Rafael Belches, Miguel Sánchez, y el licenciado Marcelino Argüello.

Los gobiernos de Honduras, Nicaragua y Costa Rica enviaron sus calurosas felicitaciones a Carrera. El triunfo de las fuerzas separatistas les aseguraba el mando en sus respectivos feudos. La Federación estaba definitivamente liquidada, y en Centro América había empezado una larga medianoche. Pronto, Morazán tendría que ir al exilio, para regresar al breve triunfo de Costa Rica, y, como un último sarcasmo, ser allí inmolado en el propio aniversario de la Independencia.

DÉCIMA PARTE: SAN SALVADOR RECIBE A MORAZÁN DESPUÉS DE SU DERROTA

CAPÍTULO XIX: LEALTAD EN MEDIO DE LA DERROTA

Fracasado su intento de rescatar a Guatemala del poder de Carrera, Morazán regresó, como lo hemos dicho, a San Salvador, en donde fue recibido con las demostraciones de lealtad que siempre le ofreció esa ciudad heroica. Tiene razón Francisco Gavidia cuando dice que si alguna ciudad centroamericana merece el título de "Heroica", esa ciudad es San Salvador. En ella recibió Morazán, derrotado ya, el consuelo de la lealtad, el mejor consuelo para un soldado noble.

Pero muy poco podía hacer el pequeño Estado de El Salvador, cercado como estaba por las poderosas alianzas del separatismo, ante los aplausos de Honduras, Nicaragua y Costa Rica por la separación de Guatemala del Pacto Federal. El gran ex presidente de la República de Centro América comprendió que, por lo menos temporalmente, su causa, la gran causa de la Unión, estaba perdida. Y como los separatistas ya habían empezado a abandonar el pretexto de las reformas a la Constitución Federal, y quitándose las caretas declaraban abiertamente que su odio y su lucha era contra la persona de Francisco Morazán, éste vio con claridad que su deber era el de evitar, con su sacrificio personal, el sacrificio de El Salvador, que hubiera sido invadido por los separatistas aliados, de no abandonar el héroe el territorio de Centro América.

Sin vacilación, pero cargado de tristeza, convocó a una Junta de Notables, con el objeto de explicarles la situación y exponer las razones que lo impulsaban a salir de Centro América.

Volviendo una vez más a los paralelos, lo que sucedió en esa Junta fue, en la vida de Morazán, el equivalente de "Los Adioses de Fontainebleau", en la vida de Napoleón. En este trance, sin embargo, el genio centroamericano fue menos infortunado que el francés. Sus "mariscales" no lo abandonaron. Y su esposa y sus familiares lo acompañaron con devoción en el destierro. No se quedó completa y trágicamente solo en una roca, como el Prometeo que fue Napoleón en Santa Elena, encadenado por el rencor y el miedo de los ingleses.

Los "Notables" salvadoreños, aunque llenos de tristeza, aceptaron las razones de Morazán.

"Los enemigos de la Unidad de la Patria —les dijo el héroe— tomaron primero como arma de combate la reforma de las leyes. Ahora, es mi persona, y mi presencia en ESTA SECCIÓN QUE TANTO AMO, lo que los molesta y desvela.

Si por el firme propósito que siempre he tenido de sostener la unidad e integridad de la Patria, me he opuesto tantas veces a las miras y fines criminales de los reaccionarios, castigándolos con la derrota en tantos campos de batalla, ahora que sólo mi persona parece ser el blanco de sus iras,

NO DEBO PERMITIR, NO, QUE DE NUEVO SE SACRIFIQUE ESTE PUEBLO VALIENTE Y ABNEGADO, EMPURPURANDO CON SU SANGRE EL SUELO DE LA PATRIA."

"Me alejo, pues, no por cobardía, sino por el mismo sagrado deber con que el destino tiene atado el hilo de mi existencia al porvenir de Centro América. Allá en mi destierro voluntario, sabré esperar que los enemigos demuestren con hechos la sinceridad de sus propósitos de reconstruir, bajo mejores bases, la Unidad de Centro América."

Estos conceptos de Morazán, que a más de algún lector muy joven parecerán recargados y altisonantes, revelan al Morazán abnegado y patriota. Al hombre perfectamente consciente, que no vive, como lo han acusado sus enemigos, en un mundo de fantasías, sino con los pies bien plantados en la tierra. Morazán, a la par de idealista y elevado, aparece aquí como un político REALISTA, que acepta con serenidad los hechos más dolorosos.

Aparece también, en esas palabras de despedida, el hombre que no pierde ni la fe ni el optimismo en las adversidades. "Sabré esperar", dice, "que mis enemigos demuestren con hechos la sinceridad de sus propósitos".

Y la nota final es su pensamiento en "la Unidad de Centro América", en la que piensa siempre, en la que cree, en la que sueña, por la que ha luchado, por la que ahora se sacrifica, por la que pronto va a morir.

¡Ah, Morazán, qué poco te hemos conocido en Centro América! ¡Qué mal hemos cumplido el deber de darte a conocer al pueblo de Centro América! Hemos creído que bastaban los monumentos, el mármol, el poner tu perfil en las monedas, el venerar tu espada...

Pero en nada nos hemos ocupado de tus pensamientos, de tus emociones, de tus opiniones políticas, de lo que llevabas en el espíritu, que después de todo fue lo que te dio la fuerza para realizar la obra que realizaste.

Y nadie nos ha pintado el dolor de tu adiós a Centro América, tu verdadero Calvario en el exilio. Con qué pesada carga debiste haber embarcado en el "Izalco", sabiendo que dejabas atrás a una patria destrozada, quizás más por la tontería y la ceguera que por la maldad y la ambición. ¡Cómo debe haberte dolido el espectáculo de "los tontos en acción", y en acción victoriosa, que tanto amargaba a Goethe!

Después de los adioses de San Salvador, y de haber depositado la Presidencia del Estado de El Salvador en el consejero Antonio J. Cañas, Morazán embarcó en el "Izalco", el 8 de abril de 1840, saliendo del puerto de La Libertad con rumbo a Costa Rica.

La Historia ha recogido los nombres de los que lo acompañaban: Dr. Pedro Molina, Prócer de la Independencia; general Carlos Salazar, ex ministro de Guerra del Gobierno Federal y ex Jefe del Estado de Guatemala, cuya credulidad a las insinuaciones de Pavón contribuyó al triunfo de Carrera en Guatemala; don Diego Vijil, ex vicepresidente de la Federación y ex Jefe del Estado de Honduras; licenciado Miguel Álvarez Castro, ministro de Relaciones del Gobierno Federal; don Joaquín Rivera, ex Jefe de Honduras; don José María Silva, ex Jefe de El Salvador; licenciado José Miguel Saravia; don Manuel Irumgaray; licenciado Máximo Orellana, ex secretario particular de Morazán; presbítero Isidro Menéndez; general José Trinidad Cabañas; general Enrique Rivas; generales Indalecio Cordero, Agustín Guzmán y Nicolás Angulo; licenciado Felipe Molina, hijo del Prócer; coroneles Máximo Cordero, Manuel Antonio Lazo, José de Jesús Ocejo, Antonio y Bernardo Rivera Cabezas, Domingo Asturias, José María Tacho, Manuel Merino, Guillermo Quintanilla y Rafael Padilla; tenientes coroneles José Antonio Milla, Gerardo Barrios, Dámaso Sousa, José María Prado y José Rosales; capitán

José María Cañas; y los ciudadanos José Molina, Juan Orozco, Doroteo Vasconcelos, Felipe Bulnes, José Antonio Ruiz y el francés Francisco Gavril.

Al hacer puerto el "Izalco" en Puntarenas, Morazán envió una solicitud al Gobierno de ese Estado, en los siguientes términos:

"Ciudadano Secretario General del Supremo Gobierno del Estado de Costa Rica. — Fondeadero de Punta Arenas, a bordo de la goleta nacional 'Izalco', abril 22 de 1840.

"Separado del ejercicio del Gobierno de El Salvador en los términos y por las razones que se expresan en la nota de que acompaño a usted ejemplares impresos, igualmente que de la batalla dada en Guatemala el 18 y el 19 del pasado, a que dicho documento se refiere, me embarqué en La Libertad, con destino a una de las Repúblicas del Sur, en unión de las personas cuyos nombres se contienen en la lista adjunta. Entre ellas hay algunas que desean permanecer en Costa Rica, y con el objeto de recabar de ese Supremo Gobierno el correspondiente permiso, es por lo que ahora tengo la honra de dirigirme a usted.

"Los individuos que solicitan dicha licencia son aquellos que menos participación han tenido en la dirección de los negocios políticos de El Salvador, y puedo asegurar a usted que emigran únicamente por sustraerse de los estragos de la anarquía y de los primeros peligros de un cambio violento.

"Las Constituciones vigentes en los Estados de Centro América declaran que sus respectivos territorios son un asilo sagrado para todo el que desee residir en ellos, y esta hospitalidad de nuestras leyes, aun para los hijos de otro país, debe ser más obligatoria y franca para los que, como súbditos de una misma República, quieren trasladarse a residir a uno de los pueblos miembros de la gran familia centroamericana, cuyo pacto de unión no puede nunca declararse disuelto, por más relajados que se hallen los lazos que lo forman.

"Muchos ejemplos de esta verdad han dado los salvadoreños a los hijos de Costa Rica que, expulsos y emigrados a su vez por cada uno de los partidos que han triunfado en las diversas contiendas que este Estado ha sufrido, recibieron en el de El Salvador asilo generoso y franca hospitalidad.

"Algunos de los emigrados circunscriben sus deseos a que se les permita esperar, en el puerto o en Esparta, la llegada de otro buque en que continuar su viaje, sin los inconvenientes que presenta el hacerlo en uno tan pequeño y tan recargado de pasajeros, como es el en que hasta aquí han venido; y otros, en fin, demandan que se les conceda el transitar hasta el puerto de Matina, para embarcarse en el Atlántico.

"No es para mí, ciudadano Ministro, para quien invoco la protección de las instituciones que rigen a este Estado y que dicta la humanidad; es en beneficio de unos cuantos de nuestros conciudadanos que, sin delito, juicio ni sentencia, no deben sufrir una pena por la privación del goce de un derecho que les pertenece de justicia.

"Soy de usted atento y obediente servidor.

Dios, Unión, Libertad".

FRANCISCO MORAZÁN.

A esta solicitud de Morazán, el Gobierno de Costa Rica contestó con otra nota muy bien escrita y razonada, en la que denegaba la solicitud hecha por el ex Presidente de la Federación en favor de algunos de sus amigos y partidarios.

En resumen, la contestación decía que algunos de los nombres que se mencionaban en la solicitud pertenecían a personas que habían ocupado altos cargos públicos en el Gobierno General, "aunque ahora desconocido" ese gobierno —decía—, "aún llevan nombradía", de vicepresidente el uno y de ministro de Relaciones, el otro. Se refería a don Diego Vijil y a don Miguel Álvarez Castro.

En cuanto a la "Constitución" aludida por Morazán, la contestación decía:

"No conoce Costa Rica esa Constitución, que indiscretamente abrió las puertas de los Estados a toda clase de personas. Reconoce la suya en particular, fundada en la propia conservación, que es el primer deber de la sociedad. Se pensará que el Gobierno se desvía de la naturaleza, negándose a un acto de hospitalidad. Es al contrario. Respeta las obligaciones naturales, y por eso no prescinde de la conservación del Estado, que es la primera de ellas."

"Siente los males que afligen al Estado de El Salvador, pero lejos de aliviarlos con un acto de imprudente hospitalidad, haría tal vez descender sobre los habitantes de Costa Rica la guerra, que es el origen de todos."

Satisfecha la diplomacia oficial con la inteligente contestación, de hecho permitió Costa Rica que algunos de los que acompañaban a Morazán entraran y permanecieran en su territorio. Morazán siguió su viaje hacia Colombia o Nueva Granada, acompañándolo en este trecho Diego Vijil, Miguel Álvarez Castro, José María Silva, José Miguel Saravia, José Trinidad Cabañas, Agustín Guzmán, José María Cacho, Manuel Antonio Lazo, Máximo Cordero, Manuel Merino, su hijo natural (de Morazán), José Antonio Ruiz y Francisco Gavril.

El Gobierno de Guatemala no quedó satisfecho con la diplomática nota del Gobierno de Costa Rica, denegando la solicitud de Morazán. Al tener conocimiento de que, de hecho, se había dado hospitalidad al Dr. Pedro Molina y a sus hijos Felipe y José, envió una nota de protesta, como lo había previsto la Cancillería costarricense.

En mayo de 1840, el "Izalco" llegó al puerto de Chiriquí, en donde esperaban a Morazán su esposa y sus hijos. De allí se trasladaron a la población de David, desde donde, como lo dijimos en anterior capítulo, Morazán lanzó su famoso Manifiesto de David.

Después de trece años de luchas consecutivas, con altos y bajos, tratando de conservar la unidad de Centro América, sin duda Francisco Morazán tenía derecho a tomarse un descanso. Reunido con su familia, primero en Chiriquí y luego en David, es de suponer que, dentro de lo que permitían la amargura y la tristeza del exilio, disfrutó de algunos días de tranquilidad.

Pero la prensa separatista no tenía intenciones de dejarlo estar en calma. Una violenta campaña de vilificación contra Morazán se desató por todos los Estados de Centro América, dirigida desde Guatemala por Carrera y el partido aristócrata. En México, Manuel Montúfar escribe sus Memorias de un Guatemalteco, en las que, al mismo tiempo que presenta una versión más o menos exacta de los acontecimientos, los interpreta a su modo y conveniencia, atribuyendo a los hechos de Morazán los motivos más bajos.

Conviene decir que nadie puede tener una noción exacta de la Historia de Centro América durante el período de la Independencia y la época morazánica, si no ha dado atenta lectura al libro de Montúfar. Montúfar sabe que está haciendo Historia cuando escribe sus memorias, pero no permite al lector olvidar que quien está hablando fue testigo presencial de muchos de los acontecimientos que narra. Esta doble calidad de historiador y testigo —y actor, en muchas ocasiones— de su autor, le da a su obra una calidad insustituible.

Porque Morazán, por ejemplo, y Arce, en sus respectivas Memorias, no están haciendo Historia. Están registrando hechos en los que han sido los principales participantes. Montúfar, no. En él, el historiador se sobrepone al testigo y al actor, sólo que sin hacerlos desaparecer. Y hay en su librito asomos del filósofo, del sociólogo y del militar. Los Gobiernos de Centro América deberían hacer ediciones numerosas de esa obra, para empezar la obra de identificar al pueblo centroamericano con su Historia.

Estas Memorias de un Guatemalteco provocaron una profunda impresión en Morazán, como se advierte fácilmente por el tono de sus Apuntes, que el Paladín de la Federación empezó no a dictar, como lo afirman algunos historiadores, a su hijo natural Francisco Morazán Moncada o a su pariente político, el coronel Cruz Lozano, sino a escribir de su puño y letra, movido por la necesidad que sentía de desmentir a Montúfar.

Si las Memorias de Montúfar no hubieran bastado a obligar a Morazán a interrumpir su descanso, las Memorias del general Manuel José Arce habrían rematado la obra. Las memorias de estos dos contemporáneos hicieron hervir la sangre del héroe, y los centroamericanos ganamos con ello el tesoro que nos dejó en los Apuntes y en el Manifiesto de David, que, juntos, constituyen lo que tradicionalmente se ha llamado "Las Memorias de Morazán".

Desde luego, no puede compararse la importancia que tiene el Manifiesto de David —por desgracia más conocido en Centro América que todo lo demás de Morazán— con la de sus Apuntes. En el Manifiesto, es el político "ardido" el que habla. Hay mucha literatura al estilo de aquellos tiempos, mucho llamado a la emoción patriótica. En los Apuntes, habla el militar y el estadista que hay en Morazán, sobreponiéndose, en conjunto, el estadista.

Después de David, Morazán realizó un viaje por algunos países de Sur América. Nada sabemos, que venga directamente de él, de los motivos que lo impulsaron a ese viaje. Lo natural es pensar que lo atraía la tierra de Bolívar. Durante ese viaje recibió las mayores atenciones de los pueblos y gobiernos de las secciones que visitó.

Muy poco está comprobado de lo que han dicho historiadores y escritores con respecto a este viaje. Lo único que se sabe de cierto es que, en agosto de 1841, Morazán embarcó en Chiriquí con rumbo a Sur América, y que lo acompañaron en ese viaje sus compañeros de luchas y amigos personales José Trinidad Cabañas, Miguel Saravia, Manuel Merino, don Cruz Lozano, y el hijo natural del héroe, José Antonio Ruiz. No se menciona al otro hijo de Morazán, don Francisco Morazán Moncada, quien sin duda permaneció al lado de la esposa de Morazán, en David.

Rafael Heliodoro Valle afirma que para el 9 de septiembre de 1841, Morazán estaba en Lima, la capital del Perú. Revisando una antigua colección del periódico La Bolsa de aquella ciudad, Heliodoro Valle (no se puede decir simplemente Valle, en una biografía como ésta, por temor de que confundan a Heliodoro con el "Sabio") afirma haber encontrado, en la edición del 16 de septiembre de 1841, la siguiente nota:

"General Morazán. — Hace pocos días que este distinguido americano pisó las playas peruanas, honrándonos con su visita. El general Morazán, a quien sus propios enemigos no le pueden negar el mérito positivo que hace enmudecer a la rabiosa envidia, supo, cuando estuvo en la cima del poder y de la fortuna, dulcificar la amargura del destierro a muchos peruanos, entre ellos, a S. E. el general Gamarra. La gratitud, pues, la civilización y todas aquellas simpatías que hace brotar en el ánimo la presencia del mérito desgraciado, nos obliga a dirigirle este pequeño, pero sincero homenaje de simpatía y de respeto. Ojalá el general Morazán encuentre entre nosotros aquellos nobles sentimientos, únicos capaces de consolar al hombre filósofo, lejos de la patria y de su familia."

Que Morazán, por sus dotes personales y por la fama que lo precedía, encontró en el Perú, y las otras ciudades suramericanas que visitó, las puertas abiertas, es seguro. Ángel Zúñiga Huete dice que entabló amistad con el general José Rufino Echenique, quien más tarde llegó a ser presidente del Perú. En Lima debe haber conocido, probablemente, al general Pedro Bermúdez, quien llegó a simpatizar con la causa de Morazán en Centro América, y llegó a facilitarle los 18,000 pesos y sus réditos, de que habla en la parte final de la primera cláusula de su testamento, para su regreso a Centro América.

Habría podido permanecer en el Perú, en donde se le ofrecieron algunos altos puestos en el gobierno, y en donde habría disfrutado de una magnífica posición social, pero pensando siempre en la posibilidad de que la Patria necesitara alguna vez de sus servicios, prefirió seguir en su viaje de observación y estudios.

Listo para proseguir su viaje hacia el Sur, con destino a la República de Chile, estaba Morazán cuando recibió la primera solicitud de ayuda de una de las secciones de Centro América.

Una proclama del Director Supremo de Nicaragua llamaba a todos los centroamericanos en su ayuda, para detener una proyectada invasión de ese Estado por la tribu de los Mosquitos, apoyados por el poderío naval de Inglaterra, y el gobierno nicaragüense, recordando el patriotismo y las capacidades de Morazán, lo llamó directamente por medio del Ministro General del Gobierno.

Morazán encontró inmediatamente ayuda entre sus relaciones del Perú. Con los dineros que le había facilitado el general Bermúdez, tomó en arriendo un bergantín, llamado "Cruzador". El propietario de la empresa naviera a que pertenecía esa nave simpatizó tanto con el ex Presidente de Centro América, que le facilitó todos los trámites, prestándole además, de su propio bolsillo, 3,000 pesos que Morazán necesitaba para gastos de la expedición.

El "Cruzador" salió en enero de 1842, haciendo escalas en la isla de Puná y en Guayaquil, Ecuador, en donde Morazán recibió las atenciones del presidente don Juan José Flores, que había conocido el exilio en Costa Rica. Allí se unió a la expedición el capitán José María Espinar, atraído por el idealismo de Morazán.

De paso por Chiriquí, Morazán pudo ver a su familia, y aumentar su expedición con don Joaquín Rivera, ex Jefe del Estado de Honduras, el coronel Máximo Cordero y Juan Bruzal. El "Cruzador" hizo puerto en Tárcoles, Costa Rica, pero sin revelar ni el nombre ni la categoría de sus pasajeros. Siguiendo hacia el norte, la nave llegó a La Unión, cuyo comandante era entonces don José María Aguado, quien, al saber que Morazán estaba en el puerto, se presentó a él a ponerse a sus órdenes.

Con fecha 16 de febrero de 1842, Morazán dirigió al gobierno de El Salvador la siguiente exposición:

"Señor Presidente del Estado de El Salvador:

Ese sentimiento inextinguible, el amor a la Patria, avivado por la prohibición de volver a ella, me hizo olvidar muy pronto mis sufrimientos pasados y prescindir de toda injerencia en su futura suerte.

Si alguna vez los papeles públicos me instruían de que mi voluntaria separación de la República en nada había cambiado su suerte, temí que las buenas intenciones que para mejorarla a ella me condujesen, si bien podían servir para justificarme con las personas que conocían mis opiniones y designios, no bastarían a desmentir las inculpaciones que se me dirigiesen por otros que los ignorasen, si el éxito no correspondía a mis deseos; y me contentaba por esto con hacer votos por su prosperidad; sacrificaba gustoso a este sentimiento el derecho que la naturaleza y las leyes nacionales me dan para intervenir en la reorganización de mi Patria, porque alimentaba la idea de que los nuevos directores de la cosa pública, más afortunados que sus predecesores, podrían establecer un gobierno de leyes que hiciese la felicidad de los centroamericanos.

Ni los males que estos padecían, ni las persecuciones de mis amigos, ni las excitaciones continuas de los que eran perseguidos en el interior de la República, habían podido variar la conducta neutral que he observado en los veinte y dos meses de mi espontáneo destierro. Esta conducta habría sido invariable para mí, si un suceso tan inesperado como sensible no me hubiese hecho mudar de resolución, en fuerza de los nuevos deberes que me lo prescribían, y de ese sentimiento nacional irresistible, para aquellos que tienen un corazón para su Patria."

"Desde que llegó a mi noticia que la República estaba amenazada por un pueblo bárbaro, que sólo había excitado hasta entonces la compasión de los que saben apreciar los nobles sentimientos que lo hicieron preferir la ignorancia y la miseria en que se halla, a la esclavitud que le ofrecían los Conquistadores españoles, en recompensa de su sumisión absoluta al gobierno de los Borbones, yo no podía manifestarme indiferente, sin participar en la humillación nacional.

"Pero cuando estas noticias fueron confirmadas por la Proclamación que con fecha 22 del próximo pasado agosto el Supremo Director del Estado de Nicaragua, y con el aviso de su Ministro el 4 de octubre último, que recibí en Lima, en los mismos momentos de embarcarme para Chile, me decidí a unir mi suerte con la de sus defensores.

"Fue tan grande la impresión que en mí hizo la lectura de estos documentos, en que se llama a una parte de los centroamericanos a tomar armas para defender la integridad de su territorio, como el atentado que había obligado a dictarlos.

"La energía y decisión con que se habla en ellos al pueblo nicaragüense, excitó de tal modo el amor patrio de los centroamericanos que se hallaban conmigo, que borró en ellos hasta la más pequeña idea que les recordase los motivos por qué nos encontrábamos a tanta distancia del suelo que nos proponíamos defender. Desde entonces ya solo vimos en él amigos decididos a unir su suerte con la nuestra, para salvar el honor nacional. Ningún centroamericano dejó de participar en este deseo, y puedo asegurar en favor suyo, que su actividad y decisión han contribuido a proporcionarme el honor que hoy tengo de ofrecer al Supremo Gobierno de este Estado un buque armado con las municiones de guerra que se encuentran a bordo, así como nuestros pequeños servicios, en concepto de soldados voluntarios.

"Señálesenos el lugar que debemos ocupar y el Jefe a quien obedecer, y la manera en que cumplamos las órdenes de los Gobiernos de los Estados será la mejor garantía de las sanas intenciones, si con el honor puede conciliarse el sacrificio que se nos exija.

"La ocupación de una parte de la Costa Norte por un pueblo extraño como el de los "moscos", no podrá verse nunca con indiferencia, porque equivale a perder para siempre un terreno que será con el tiempo de gran utilidad a la República, y porque la tolerancia de un hecho de tanta magnitud prepararía otros de igual naturaleza y de mayor trascendencia para lo sucesivo; pero la ocupación de San Juan del Norte, ejecutada por este mismo pueblo, es un golpe de muerte para la República, porque, a mi modo de ver, está cifrada su existencia nacional en la consolidación de un gobierno, y su bienestar y grandeza en la apertura del gran canal mecánico por el propio puerto de San Juan.

"Con iguales motivos a los que han servido para usurpar este puerto podrían más tarde ocuparse las capitales de los Estados, porque la codicia no conoce límites cuando encuentra un débil pretexto en que fundar sus pretensiones, y un apoyo a la arbitrariedad de un gabinete poderoso.

"Si consultamos la Historia, veremos en ella que las grandes naciones se han fundado en algún tiempo en causas de tal naturaleza, que sólo habrían excitado la burla y el desprecio si no hubiesen sido sostenidas por las armas; y este abuso, funesto para los pueblos débiles, que la ambición ha sancionado tantas veces, se ha repetido por desgracia en nuestros días."

"Si más de tres siglos de posesión no interrumpida no nos han dado un derecho al puerto de San Juan, ¿cuál es en el que fundan el suyo tantas naciones que por los mismos medios han adquirido los inmensos territorios que hoy poseen? La nación que nos niegue la legalidad de nuestros títulos a aquel puerto, ha negado los suyos; títulos que le recuerdan su antigua pequeñez y miseria, y que son hoy la única base de su poder, y el origen de su prosperidad y grandeza.

"Lejos de mí la idea de que se obre militarmente, antes de haber dado los pasos que las leyes exigen y prescribe la prudencia, para pedir que se nos haga justicia. Las armas son medios usados por los que carecen de razón, y la tienen los centroamericanos en la cuestión presente.

"Si me es lícito expresar mis opiniones, no para que las adopte ese Supremo Gobierno, sino para que vea en ellas los sentimientos que me animan, me permitiré el consignarlas solemnemente, al terminar esta exposición.

Sería de desear:

— Que se nombrase un Ministro que procurase arreglar la cuestión sobre el territorio, de una manera amistosa y digna de la nación que va a representar;

— Que se ponga entretanto en estado de defensa la República;

— Que se satisfagan los justos reclamos que por indemnización y empréstitos exigen los extranjeros, señalando a este fin los productos líquidos de la alcabala marítima;

"Este acto de justicia revelará a las naciones extranjeras la existencia de un gobierno que quiere y puede satisfacer sus compromisos, dando al mismo tiempo con esto una prueba de su estabilidad y poder, y de los sanos principios en que está basada su política.

"Semejante conducta serviría, en mi concepto, a los Gobiernos de Centro América, para que se les atendiese en los fundados reclamos que deben hacer, puesto que ellos mismos habían dado ya el ejemplo, administrando cumplida justicia a los acreedores extranjeros.

"Pero si, contra lo que debe esperarse como resultado de esta conducta y de estos hechos, no se pudiese lograr una transacción honrosa para la República, quedará por lo menos a los centroamericanos la satisfacción de haberla procurado, y de acreditar al mundo entero que, si se les coloca entre la humillación y la guerra, elegirán siempre el último partido, aun cuando tengan la certeza de no poder salvar más que el honor.

"Me suscribo, señor Presidente, con toda consideración, su atento y seguro servidor.

FRANCISCO MORAZÁN.

A bordo del bergantín Cruzador, en la bahía de La Unión, febrero 16 de 1842."

A pesar de su extensión, creemos que el investigador de la vida de Morazán debe leer la anterior exposición con detenimiento. En ella se advierten ya los elementos que determinarían el fracaso de la última tentativa del ex Presidente de volver a ocupar un puesto predominante en la vida de Centro América. El exilio, en lugar de calmarlo, lo había exaltado, como suele casi siempre suceder a los políticos, en cualquier esfera en que se muevan. Napoleón regresa a Francia, sólo para cometer los errores de los últimos "Cien Días". En otro plano, pero más cerca de Centro América y del período de Morazán, Iturbide, gozando de una pensión en Italia, regresa a México, sólo para ser hecho prisionero y pasado por las armas.

Así, Morazán, en la anterior "Exposición" al Gobierno de El Salvador, pretende, sin éxito, disimular la conciencia de su superioridad, en una actitud humilde que, en nuestra opinión, no le favorece.

"Si me es lícito expresar mis opiniones", dice, pero no espera la contestación y pasa a expresarlas. Luego, en esa tremenda extensión de su exposición, es fácil adivinar la sed de actuar en grande, que le habían provocado a Morazán "veinte y dos meses de mi espontáneo destierro". Dice "veinte y dos meses", como quien los ha tenido que contar, uno por uno, en la asfixiante lentitud del destierro. Su misma aceptación de la actitud sumisa del comandante Aguado —que al solo volver las espaldas Morazán lo traiciona e intenta tomar prisionero nada menos que al general Cabañas— es una indicación clara de que su visión no tenía ya la claridad de los tiempos anteriores a su exilio.

Los sucesos que se siguieron corroboran esta tesis. De La Unión, Morazán se dirigió a San Miguel, en donde así como tenía enemigos, también tenía buenos amigos. Enterado en esa ciudad del curso que habían tomado los sucesos en La Unión a su partida, Morazán dirige al Gobierno del Estado de Nicaragua una nota, que dice:

"San Miguel, 20 de febrero de 1842. — Señor Secretario General del Supremo Gobierno del Estado de Nicaragua:

Un suceso, en sí mismo harto desagradable, pero que lo es doblemente para la siniestra inteligencia que pudiera dársele en perjuicio de los GRANDIOSOS OBJETOS QUE ME HAN CONDUCIDO A LA REPÚBLICA (las mayúsculas son del autor, para señalar el plano un poco fantasioso en que ya estaba actuando Morazán), y que tuve la honra de comunicar a ese Supremo Gobierno, en mi exposición fechada 15 del actual, es el que hoy me obliga a dirigirme de nuevo a usted, con el fin de que el Supremo Director de Nicaragua, plenamente enterado de los hechos, pueda hacer justicia a la sinceridad de mi conducta.

Al desembarcar yo en La Unión, en la madrugada del 15, no se encontraba en aquel puerto su Comandante, teniente coronel José María Aguado; pero en pocos momentos llegó a él, e ignorando cuanto ocurría hasta las primeras casas de la población, no le fue posible retroceder, ni creo que hubiese nunca tenido intención de hacerlo, puesto que vino inmediatamente a presentarse. Después de haberle yo informado de los motivos y fines de mi regreso al país, le hice presente que en manera alguna tenía el propósito de trastornar el orden de cosas establecido en el Estado, y que, por lo mismo, podía continuar en el desempeño de sus funciones, COMO LO HIZO HASTA MI SALIDA DE DICHO PUERTO.

(Esto recuerda, al lector bien leído, el episodio del mozo azotado por su amo, que don Quijote defendió, haciendo que el amo, a la vista del Caballero Andante, cesara en su castigo injusto... pero que volvió a ser castigado, en cuanto don Quijote volvió las riendas a Rocinante).

Antes de verificarla, y deseando salvar al señor Aguado de todo compromiso, le hice presente: que si él creía contraer alguno con permanecer en el puerto, por mi parte, no encontraría embarazo para obrar como se lo indicase su honor, indicándole que me sería más agradable verlo colocado en las filas de los que me hiciesen la guerra (en el inesperado caso de que se prefiriese tratarme como enemigo) que el que me prestase sus servicios, por importantes que ellos me fueren, si juzgaba que, al verificarlo, traicionaba sus deberes."

"Quedó, pues, en el puerto, y allí mismo la guarnición que allí existía, con todas sus armas, sin que de los individuos que me acompañan permaneciese en el puerto más que el general Cabañas, con su Jefe de Estado Mayor, pues expresamente les ordené que continuasen a bordo, dando con este acto una prueba inequívoca de la buena fe de mis operaciones.

Pero el comandante Aguado, al siguiente día de mi marcha, sirviéndose de los propios soldados que yo dejé a sus órdenes, preparó un bongo para fugarse con ellos y otros a quienes había armado, con dirección a ese Estado. Retuvo, hasta después de verificado el embarque, en la casa de la Comandancia, al general Cabañas y al mencionado Jefe del Estado Mayor que le acompañaban. Y desentendiéndose de todas las reflexiones que el mismo general le hacía sobre su conducta tan extraña, emprendió su viaje, después de haber hecho uso de la fuerza para impedir que se llevase al buque la noticia de lo ocurrido.

Tan luego como el general Cabañas, con la partida del comandante Aguado, quedó en libertad de proceder según lo exigían las circunstancias, considerando que la fuga para ese Estado de dicho comandante, con la tropa salvadoreña que estaba a su mando, sería interpretada como la consecuencia de un acto hostil de nuestra parte y un motivo de alarma que turbase la armonía y concierto, cuyo establecimiento es el objeto preferente de nuestros esfuerzos, se dirigió a bordo del Cruzador, y mandando echar al agua los botes y lanchas del buque, con los soldados y marineros necesarios, se puso a darle alcance, como lo verificó a pocas millas, y al ordenar que se abordase al bongo, el señor Aguado dijo que se rendía sin resistencia, por lo cual todos volvieron al puerto, colocando antes al mismo Aguado, como una precaución indispensable, a bordo del Cosmopolita, que también he tomado y armado para la República, y allí se le trata con las consideraciones y atenciones debidas."

"Recelando el general Cabañas que si este hecho se difundía sin que antes se hiciesen las explicaciones convenientes acaso podría maliciosamente desfigurarse, mandó suspender la salida de las embarcaciones que se hallaban próximas a partir para los puertos de Nicaragua, interin, dándome cuenta de lo ocurrido, podía yo escribir, como ahora lo hago, a ese Supremo Gobierno, presentándole una sucinta y verídica relación de lo ocurrido, aunque no con la prontitud apetecible, a causa de que cuando el correo conductor de dichas noticias llegó a esta ciudad, me encontraba fuera de ella.

El comandante Aguado será puesto en tierra y remitido al Gobierno Supremo del Estado de El Salvador, tan luego como en La Unión se reciban las órdenes que al efecto voy a dirigir, dando con este hecho al mismo Gobierno de El Salvador, una muestra de mi reconocimiento a la manera amistosa y franca con que aquí se me ha acogido.

Prevengo también ahora al general Cabañas que satisfaga, como lo hará inmediatamente, todos los perjuicios que por la tardanza se hayan ocasionado a los comerciantes e hijos de Nicaragua demorados en La Unión, los cuales quedan en libertad de salir del puerto cuando gusten.

Debo decir a usted, en conclusión y en obsequio de la justicia, que no creo que el comandante Aguado haya procedido en esta vez de acuerdo con sus propios sentimientos, sino que ha sido influido por extrañas instigaciones de personas malintencionadas, pues el señor Aguado, que en concepto de prisionero ha estado otra vez en nuestro poder, creo no podrá tener motivo alguno para dudar del buen tratamiento que se le daría en circunstancias y conceptos tan diversos, cuando, según se me ha dicho con reiteración, se complacía antes de ahora en hacer justicia a mi manejo con respecto a él.

Dígnese usted, señor Secretario, aceptar las distinguidas consideraciones de aprecio con que soy de usted atento y obediente servidor. —(f) FRANCISCO MORAZÁN."

La noticia de la presencia de Morazán en territorio salvadoreño se regó rápidamente, y llegaron a unírsele, causando alta en sus fuerzas, el general de división Isidoro Saget, general de división Francisco Ignacio Rascón, coroneles Manuel Bonilla, Domingo Asturias, Eugenio Carías, Eduardo Avilés, Mariano Quezada, José C. Pardo y José Solórzano; capitanes Manuel Zepeda, Manuel Parrales, Francisco Rivera, José Estanislao Valenzuela y Anastasio Mora; y los subtenientes Francisco Hernández y Felipe Gallegos.

Se organizó una especie de flotilla que, además del bergantín Cruzador, comprendía la goleta Isabel II, de propiedad del general Saget, que éste puso a las órdenes de Morazán; la goleta Asunción Granadina, que fue arrendada por su propietario, Francisco Giralt, en la cantidad de 600 pesos mensuales; la María Josefa, de matrícula costarricense; y el bergantín Cosmopolita, que por el precio mensual que hemos señalado anteriormente, se tomó en arriendo a don Juan D. Iriarte.

El Gobierno de El Salvador recibió la exposición que le había sido dirigida por Morazán con gran cautela y muchas reservas. Con fecha 18 de febrero de 1842, y desde la Casa de Gobierno, que entonces estaba en la ciudad de San Vicente, Morazán recibió una nota firmada por don Antonio J. Cañas, en la que se le hacía ver los peligros que para El Salvador podía significar la presencia de Morazán en territorio del país.

En realidad, la situación en Centro América había cambiado completamente desde la salida de Morazán hacia el extranjero. La República Federal no era más que un recuerdo. Los separatistas habían realizado una obra maestra de repartición. En Guatemala, Rivera Paz había sido sustituido por el licenciado José Venancio López, servidor incondicional de Carrera; en El Salvador, el licenciado Juan J. Guzmán no era presidente sino en forma nominal, mandando en realidad Francisco Malespín; en Honduras había sentado sus reales Francisco Ferrera, tal vez el más encarnizado enemigo de Morazán; en Nicaragua era jefe don Pablo Buitrago, otro incondicional de Carrera; y en Costa Rica, aún estaba don Braulio Carrillo, de cuya actitud para con Morazán y los miembros de su familia ya hemos hecho referencia.

La contestación recibida de San Vicente hizo ver a Morazán que por el lado de El Salvador muy poco podría hacer. Carrera estaba demasiado cerca, y una nueva guerra se habría desatado de intentar Morazán establecer el cuartel de sus actividades en ese país. Pero aún tenía que ver a ciertos amigos que tenía en El Salvador y enterarse por su medio de la verdadera situación de Centro América. Con ese objeto, abandonó San Miguel y se embarcó en La Unión con destino a La Libertad y Acajutla. De Acajutla se dirigió a la ciudad de Sonsonate, en donde sus amigos pudieron comunicarse con él.

Si bien en las esferas oficiales el nombre de Morazán ya no producía la impresión de antes, entre las zonas populares todavía no había perdido del todo su poder mágico. En San Salvador, la noticia de su presencia en el país había producido agitación en su favor. Los sansalvadoreños todavía tenían fe en su Héroe. En la zona de Chalatenango, hubo asimismo gran entusiasmo al pensar en la posibilidad de un regreso de Morazán. Este, al enterarse de esta situación, organizó desde su camarote del Cruzador algo como un reclutamiento de voluntarios, enviando lanchas y algunas de sus goletas a recoger a los salvadoreños que con entusiasmo venían a unirse a sus filas. Estableció algo como un Cuartel General en la isla de "Martín Pérez", en donde concentró al grueso de sus amigos y de sus "tropas".

En la isla que hemos mencionado, se tomó la decisión de dirigir la expedición hacia Costa Rica, sin duda el punto más vulnerable de la línea dominada por Carrera, y con los 500 hombres que había reunido en El Salvador, y con los jefes Cabañas, Saget, Rascón y Saravia, ordenó a su pequeña flotilla que tomara curso hacia el puerto de Caldera, en el cual desembarcó el 7 de abril de 1842.

ONCEAVA PARTE: EL INICIO DEL FIN

CAPÍTULO XX: MORAZÁN EN COSTA RICA

Morazán sólo había estado en Costa Rica por unos dos meses en el año de 1834, cuando, con el objeto de conocer ese Estado, y bajo el pretexto de recibir una cantidad de tabaco que por valor de treinta y cuatro mil pesos había comprado el Gobierno Federal, hizo un viaje especial, durante el cual los costarricenses, completamente cautivados por el Presidente de Centro América, lo agasajaron en forma entusiasta.

Morazán llegó a Alajuela, entonces la ciudad capital de Costa Rica, el 23 de diciembre de 1834. En San José se le hicieron los honores militares, disparándose salvas de artillería y habiendo por la noche iluminaciones, charangas y fuegos de artificio. Las gentes principales organizaron un baile en su honor, y todo fue regocijo y alegría.

En Cartago tuvo lugar la anécdota que relata el Dr. Ángel Zúñiga Huete en su obra Morazán: "En Cartago" —dice el historiador hondureño— "el ilustre ex—Presidente de Centro América" (dice ex—Presidente porque Morazán había terminado su primer período y aún no había sido electo para el segundo. El Gobierno Federal estaba por este tiempo en manos de don José Gregorio Salazar), "fue objeto de cordiales agasajos de parte de todas las clases sociales, y la 'élite' citadina organizó bailes en su honor. En uno de ellos, don José Francisco Peralta dio la nota sobresaliente de la fiesta, al despojarse de su frac e instar al ex—Presidente a que pasara sobre él, como así lo hizo éste, para complacer el entusiasmo de tan efusivo y gentil caballero". La permanencia del General Morazán en Costa Rica duró alrededor de seis semanas, encontrándose allá cuando tuvo verificativo la erupción del Cosigüina (21 de enero de 1835).

Esos dichosos días, cuando Morazán estaba en la cumbre del poder y de la gloria, estaban muy lejanos. Siete años después volvía a Costa Rica, esta vez en verdadera calidad de ex—Presidente de una República que ya no existía.

Desde el puerto de Caldera, Morazán dirigió a los costarricenses el siguiente Manifiesto:

"FRANCISCO MORAZÁN, A LOS HABITANTES DEL ESTADO DE COSTA RICA. —Costarricenses: Han llegado a mi destierro vuestras súplicas, y vengo a acreditaros que no soy indiferente a las desgracias que experimentáis. Vuestros clamores han herido por largo tiempo mis oídos, y he encontrado al fin los medios de salvaros, aunque sea a costa de mi propia vida. Compatriotas: El día de la libertad ha llegado; venid a recibir de mis manos este grandioso presente, de estas manos que han sido mutiladas tantas veces por defenderlo: venid a saludar la bandera de los libres, que vuelve a flamear de nuevo sobre el suelo costarricense, después de tantos años de esclavitud y opresión: venid a colocaros en derredor de este hermoso emblema de vuestra regeneración política, al lado de tantos compatriotas vuestros, dispuestos a sacrificarse en defensa de vuestros derechos; venid a tomar las armas y municiones que abundan en nuestro campo y marchemos en seguida contra el tirano, porque todo el tiempo que éste abuse de la libertad del pueblo, será de oprobio, de sangre y de luto para vosotros.

Costarricenses: ¡No más prisiones sin causas; no más destierros y confinaciones sin motivo; no más trabajos forzados sin objeto; no más víctimas inocentes sacrificadas a la venganza sin ninguna forma de juicio; no más arbitrariedad y tiranía!

Ya no se verán en lo sucesivo los maridos y padres de familia arrancados del hogar doméstico con sus esposas e hijos para ir a perecer en los caminos de Puntarenas y Matina. Al peso de un ímprobo trabajo y al influjo de una atmósfera mortífera, han sucumbido allí centenares de costarricenses, y los restos de los cadáveres insepultos, que no han sido el pasto de las fieras, yacen hoy colocados en las sinuosidades de un terreno que la barbarie y la ignorancia de un déspota han querido hacer transitable. No veréis ya vuestras tierras ocupadas y vendidas, destruidas vuestras casas, segadas vuestras sementeras sin ninguna indemnización, sólo con el fin de hermosear los lugares en donde el tirano medita nuevos medios de esclavizaros.

Bajo la égida de la ley, de esta ley que vosotros mismos habéis dictado y que hoy yace escarnecida y hollada por el tirano que os oprime, estarán en adelante vuestras vidas, vuestras personas y las de vuestras caras esposas y tiernos hijos, y el encargado de ejecutarlas será desde hoy elegido por vosotros, porque vosotros sois el soberano.

Un déspota ilustrado que domina por largo tiempo una Nación puede tener cómplices de sus delitos, pero carece de ellos un tiranuelo como Carrillo, ignorante y sanguinario, que ha esclavizado un pueblo moral, sensible y laborioso, después de haber despedazado sus instituciones republicanas.

Yo sólo veo en el Estado de Costa Rica a un tirano sin cómplices y un pueblo esclavizado a su pesar.

Un déspota que, si tiene unos pocos servidores por el temor, carece de un solo amigo que haya asociado su causa a la del que ha destruido la libertad de sus conciudadanos.

Guerra contra Carrillo, libertad del pueblo costarricense, garantías positivas para todos sin ninguna excepción, es nuestra divisa.

Respeto a la ley, a la moral, a la santa religión y sus Ministros, es el sentimiento más íntimo de vuestro compatriota".

FRANCISCO MORAZÁN.

Los primeros acontecimientos de Costa Rica se desarrollaron de una manera rápida y favorable a Morazán. Lanzado el anterior Manifiesto el 7 de abril de 1842, el 9 de ese mismo mes empezó Morazán su marcha hacia el interior. Ese mismo día se unieron a él el Comandante de Puntarenas, que lo era el General Enrique Rivas, salvadoreño, y el Comandante de la provincia de Guanacaste, el guatemalteco Teniente Coronel Manuel Ángel Molina, hijo del Prócer Dr. Pedro Molina, el que además puso a las órdenes de Morazán una columna de 500 hombres.

El Presidente de Costa Rica, don Braulio Carrillo, en vista de la gravedad de los sucesos, se preparó para detener al ex—Presidente de la República de Centro América, encomendando la Jefatura del Ejército al General Vicente Villaseñor. El 10 de abril, las fuerzas de Morazán pasaron el río Grande de Tárcoles, y acamparon en Santa Eulalia. El 11, salió el General Villaseñor de Alajuela, a la cabeza de 700 hombres, con órdenes de combatir a Morazán, cuyas fuerzas avistó a las diez y media de la mañana del mismo día. Morazán envió a uno de sus Ayudantes a encontrar a Villaseñor, manifestándole que, con el objeto de que no se derramara sangre inútilmente, le proponía que conferenciaran. Villaseñor, que no simpatizaba con la dictadura del Presidente Carrillo, aceptó la proposición y conferenció a solas con Morazán. Terminada la conferencia, regresó a donde estaban sus tropas y en una arenga explicó a sus oficiales y soldados lo que había hablado con el "enemigo", dejando en manos de ellos la decisión final.

"Costarricenses" —les dijo— "la suerte del Estado está en vuestras manos. El General Morazán asegura que lo que desea es el orden, la libertad y el progreso, y que aspira a que de la escena pública desaparezca don Braulio Carrillo, cuyo Gobierno vosotros habéis experimentado. Nuestras fuerzas son superiores a las que trae el ex— Presidente de Centro América. Decid si se da la orden de ataque o si se hace un Tratado de paz."

Sólo el español Rafael Barroeta se declaró por el ataque, con una frase de baturro: "No hemos venido a tratar, sino a pelear".

Villaseñor deliberó detenidamente con sus soldados, discutiendo principalmente, entre costarricenses, el gobierno dictatorial de Carrillo, por el cual derramarían su sangre en caso de hacer frente a Morazán. Villaseñor, evidentemente, se inclinaba por la paz con el ex—Presidente y por el derrocamiento de Carrillo. La decisión final fue la de unirse a las fuerzas de Morazán. Se celebró lo que se ha llamado el "Convenio de El Jocote", que fue firmado el 11 de abril de 1842, por Morazán, en calidad de General en Jefe de los Ejércitos Nacionales, y el General Villaseñor, como General en Jefe del Gobierno. Este Convenio es corto, y dice así:

"Reunidos en el paraje de El Jocote los Generales Francisco Morazán, General en Jefe de los Ejércitos Nacionales, y el Brigadier Vicente Villaseñor, General del Ejército del Gobierno, con el objeto de lograr un avenimiento entre ambas fuerzas beligerantes que se hallan a la vista, e impedir que se derrame inútilmente la sangre centroamericana:

Considerando: que la opinión de los pueblos del Estado, bien pronunciada contra su actual Gobierno, resiste abiertamente su continuación por carecer de la legitimidad que solo puede emanar de la libre elección de los mismos pueblos, han convenido en los artículos siguientes:

Artículo 1.º Ambos ejércitos se reunirán en uno solo, dándose un abrazo fraternal, en símbolo de la identidad de sentimientos de que se hallan animados;

Artículo 2.º Se convocará una Asamblea Constituyente, para que se organice el Estado conforme lo demandan sus verdaderos intereses y lo prescriba la voluntad de los pueblos. Entretanto, el mismo Estado será regido por un Gobierno Provisorio, que ejercerá el General Francisco Morazán, y, en su defecto, el General Vicente Villaseñor;

Artículo 3.º El Licenciado Braulio Carrillo, que actualmente se halla en el mando, lo entregará tan luego como se ponga en su noticia el presente Convenio, y saldrá del territorio de la República, en el perentorio término que se le designe, garantizándole su familia y propiedades, que en nada le serán perjudicadas;

Artículo 4.º Si dicho Licenciado Carrillo rehusare cumplir con lo dispuesto en el artículo anterior, quedará fuera de la protección del presente Convenio, cuyo cumplimiento lo garantiza el mismo Ejército reunido, y se tendrá por válido y obligatorio, tan luego como se haya firmado por ambas partes contratantes.

En fe de lo cual lo hacen por duplicado, con los Jefes y Oficiales de sus respectivas fuerzas, en el paraje dicho, a 11 de abril de 1842".

FRANCISCO MORAZÁN.
VICENTE VILLASEÑOR.

Al día siguiente, 12 de abril, Morazán entraba a la ciudad de Heredia, a la cabeza de sus tropas, en medio del júbilo de los costarricenses, cansados de la dictadura de Carrillo. En Heredia tomó posesión del cargo de Jefe Provisional del Estado, y siguió hacia San José, en donde entró el 13 de abril por la mañana. El paso de Morazán en estos días fue glorioso. Las ciudades de Heredia, Cartago, Alajuela y San José lo declararon "Libertador".

Le correspondía ahora a don Braulio Carrillo embarcar en la goleta Izalco, hacia el destierro, y así lo hizo el 17 de abril, saliendo de Puntarenas hacia Sud América. ¡Cómo debe haberse acordado del día en que negó asilo a la esposa de Morazán! Y más tarde a algunos de los compañeros del ex—Presidente que viajaban precisamente en el Izalco, hacia el exilio.

Al frente del Gobierno, Morazán nombró Ministro General del Gobierno Supremo del Estado de Costa Rica al Licenciado y General José Miguel Saravia. Y Jefe del Ejército, al General Villaseñor.

Entre las primeras medidas tomadas por Morazán como Jefe del Estado de Costa Rica, sobresalen las del indulto general para todos los reos procesados por delitos políticos o relacionados con ellos. "Un olvido general cubre todos los hechos políticos anteriores a este Decreto, y por tanto, los que en virtud de ellos se hallen perseguidos, a la sola excepción del ex—Jefe Carrillo, pueden volver libremente al Estado, en donde vivirán en pleno goce de sus garantías individuales".

Así decía el artículo primero del Decreto de indulto. Y por medio de otro Decreto, se derogó la disposición que había dictado la Asamblea de Costa Rica, por el cual se hacía a Braulio Carrillo "Presidente Vitalicio" del Estado.

De acuerdo con lo convenido en el tratado de "El Jocote", se convocó a elecciones de Diputados para una Asamblea Nacional Constituyente. Se hizo la convocatoria por Decreto del 11 de junio de 1842. Las elecciones se llevaron a cabo el 3 de julio, y el 10 de julio, con las solemnidades de ley, fue instalada la Constituyente del Estado de Costa Rica, en la que figuraron los centroamericanos más prominentes: don Juan Mora Fernández, ex—Presidente de Costa Rica; el Presbítero Isidro Menéndez; don José Francisco Peralta, costarricense; don Joaquín Bernardo Calvo; don Rafael Moya; don José León Fernández, todos figuraban en esta Constituyente que, por Decreto del 15 de julio, declaró a Morazán "Benemérito de la Patria y Libertador de Costa Rica". Este Decreto constaba de un artículo ÚNICO, que dice así:

"Artículo Único.—El Benemérito General señor don Francisco Morazán, se denominará en lo sucesivo: LIBERTADOR DE COSTA RICA."

Por Decreto del mismo 15 de julio, se le declaró Jefe Supremo Provisorio del Estado.

Pero no habría de durar mucho la gloria de Morazán en Costa Rica. Así como supo actuar con acierto en los primeros meses, en el mes de julio quiso poner demasiada prisa en la obra de reconstruir la República de Centro América, para lo cual lo había autorizado la Constituyente.

Los hombres de la grandeza de Morazán merecen que sus actos sean analizados con imparcialidad. No es posible que un hombre de vida política tan activa y prolongada como Morazán no haya cometido graves errores. Nosotros creemos que, entre los más graves, estuvo el de no comprender la mentalidad de los costarricenses. Estos lo habían recibido como a un Libertador, no sólo por ser Morazán, el ex—Presidente de la República Federal. Más bien puede afirmarse que lo recibieron, a pesar de ser Morazán y el ex—Presidente de la República de Centro América, porque vieron en él al hombre que podría libertarlos de la tiranía de don Braulio Carrillo. Libertad y tranquilidad es lo que querían, como por otra parte siempre han querido, a través de su historia, los costarricenses.

Pero no querían la guerra. No querían el derramamiento de sangre. No querían otra vez la confusión y el ir y venir de ejércitos de un Estado al otro. Ni querían mucho, tampoco, hay que decirlo, la unión de Centro América. Si la unión podía hacerse por medios pacíficos y sin que se interrumpiera el trabajo y el comercio de la nación, bien. Pero si había de traer una vez más el desorden y la interrupción del trabajo, NO.

Esto no supo comprenderlo Morazán. En cuanto los costarricenses supieron del Decreto de la Constituyente por el cual se autorizaba a Morazán a emprender "la reorganización de la Patria Grande", olieron chamusquina, y empezaron a desconfiar. No era para eso que habían aceptado a Morazán. No era para eso que lo habían proclamado Benemérito y Libertador.

Nicaragua, que obedecía las instrucciones de Carrera, había empezado a enturbiar las cosas. En un acto de provocación a Morazán y a Costa Rica, el gobierno de don Pablo Buitrago, por medio de la Asamblea Legislativa nicaragüense, había declarado que la provincia de Guanacaste pertenecía al Estado de Nicaragua. El Gobierno Provisorio de Morazán no podía hacer otra cosa que contestar el decreto nicaragüense por otro Decreto, y fue así como la Constituyente de Costa Rica declaró que la Provincia de Guanacaste "era y es de Costa Rica".

Morazán comprendió la provocación, como había comprendido antes que la actitud de Nicaragua era de suma importancia para la estabilidad y éxito de su Gobierno en Costa Rica. En el mes de junio envió a Nicaragua al General Nicolás Angulo y don Manuel Irungaray, con el objeto de conferenciar con el Jefe nicaragüense don Pablo Buitrago, y ver si era posible atraerlo para la reconstrucción de la República Centroamericana. Pero Buitrago estaba demasiado entregado a Carrera, y además se sentía satisfecho con mandar en Nicaragua, sin intervenciones extrañas. La misión de Morazán fracasó, regresando los Comisionados a Costa Rica con las malas noticias.

Tal vez si Morazán hubiera esperado un poco más, las cosas habrían tomado un rumbo distinto. Pero el ex—Presidente, que no podía permanecer inactivo, se apresuró a ordenar el reclutamiento de tropas y la movilización general. El 29 de agosto de 1842 ordenó al General Saget que iniciara el ataque a Nicaragua, destacándolo al puerto de Puntarenas, al frente de 300 hombres, con los cuales debía embarcar en las goletas "Cosmopolita" y "Cruzador" y dirigirse a tomar los puertos nicaragüenses e internarse después por Nicaragua.

Apenas empezado el infausto mes de septiembre, el día 2, Morazán organizó su Ejército, dividiéndolo en cuatro Batallones de Milicias. El batallón de Cartago quedó al mando del valeroso Máximo Cordero; el de Alajuela, al mando del intrépido Cabañas; el de Heredia, al del General Nicolás Angulo, de lealtad y coraje reconocidos; y el de San José quedó por el momento sin jefe nombrado.

El pueblo de Costa Rica observaba todos estos movimientos con profunda desconfianza. Pueblo amante de la paz y del trabajo, aquellos preparativos de guerra lo inquietaban. El descontento empezó a hacerse general en todas las poblaciones, quedando fiel a Morazán únicamente la plaza de Cartago.

En este punto, lo convencional es llamar traidor a todo aquel que no estuvo al lado de Morazán. Nosotros no podemos suscribir a ese criterio. Es tiempo ya de que los sucesos históricos se analicen en forma objetiva, especialmente cuando al hacerlo así, nada se resta a la gloria innegable del Héroe de la Federación. Para nosotros, el único traidor verdadero en esta ocasión fue Pedro Mayorga. Para él no puede haber disculpas ni perdón. Pero para los costarricenses que abierta y valientemente se pronunciaron, no contra Morazán, sino contra la amenaza de una guerra sangrienta e interminable, creemos que debe tomarse una actitud distinta. Ellos no querían que su país se viera arruinado por los daños que trae la guerra, sobre todo cuando se libra en circunstancias poco favorables. Luego, el pueblo de Costa Rica se había pronunciado claramente contra la actitud de Morazán, que pretendía hacer de Costa Rica una cabeza de puente, como se diría ahora, para atacar nada menos que a los cuatro Estados restantes de Centro América. Esta guerra podría ser muy justa, pero los costarricenses no estaban ni convencidos de su justicia, ni seguros de su éxito, y por esa razón se sublevaron contra Morazán.

Corresponde a biógrafos e historiadores enfrentar esta situación en forma objetiva, y entregar al pueblo de Centro América la verdad.

La actitud de Morazán, reclutando soldados para el Ejército, organizando este Ejército, iniciando las hostilidades contra Nicaragua con el envío de tropas al mando del General Saget a los puertos nicaragüenses, y en fin, movilizando todos los recursos bélicos de Costa Rica para empezar la reorganización de la República de Centro América, disgustó a los costarricenses.

Las cosas tuvieron un desarrollo tan rápido contra Morazán, como lo habían tenido al principio en su favor. El 11 de septiembre de 1842, cuatro días antes del fusilamiento del Héroe en San José, en las primeras horas de la madrugada, tuvo lugar el primer levantamiento en contra de Morazán. El Teniente Coronel Florentino Alfaro, Comandante de la Provincia de Alajuela, EN UNIÓN DEL VECINDARIO, y con los elementos que tenía en el Cuartel, entre los cuales figuraban algunas de las tropas que habrían de acompañar al General Saget en su aventura contra Nicaragua, se pronunció contra el Gobierno Provisorio, y con 450 hombres marchó hacia San José, con objeto de atacar la población. Ese mismo día, a las ocho de la mañana, se pronunciaba también San José, poniéndose al frente de las fuerzas de esa ciudad el General portugués Antonio Pinto.

Las fuerzas de San José, queriendo evitar el derramamiento de sangre, propusieron a las fuerzas de Cartago, que se encontraban concentradas en el cuartel llamado "Los Almacenes", que se unieran a la rebelión. Los cartagineses se mantuvieron fieles a Morazán y rechazaron las proposiciones de los josefinos.

Fue entonces que se empezó a hacer fuego. El portugués Pinto dio la orden de que empezara simultáneamente el fuego contra "Los Almacenes", en donde se encontraba el Coronel salvadoreño Máximo Cordero, y contra el Cuartel Principal, en donde estaban estacionados el General Cabañas, Morazán y Villaseñor.

El primer día de batalla ninguno de los bandos obtuvo una ventaja apreciable.

Al día siguiente, el 12 de septiembre, las fuerzas costarricenses enviaron al Presbítero José Antonio Castro a hacer a Morazán proposiciones de paz, pero intimándolo a que se rindiera. Morazán rechazó esas proposiciones, asegurando que se encontraba en situación ventajosa, y que "si no he batido las pocas guerrillas que tirotean la plaza, es porque deseo, en lo posible, evitar el derramamiento de sangre".

En la tarde de ese mismo día, cerca de las cuatro, llegó de Alajuela, a reforzar a los sublevados, el Teniente Coronel Alfaro, quien inició un furioso ataque contra el cuartel de "Los Almacenes". El Coronel Cordero, con los cartagineses estacionados con él, hizo una valiente resistencia, pero tuvo que desalojar el cuartel ya mencionado, y unirse a Morazán, Cabañas y Villaseñor, en el Cuartel Principal. Fue en esos momentos, en la tarde del 12 de septiembre, que Morazán recibió una herida en la mejilla izquierda, cuando, con el objeto de proteger a Cordero, verificó un contraataque a las fuerzas de Alfaro y de Pinto. Toda la tarde de ese día se peleó furiosamente, con ventaja para los sublevados.

El 13, la situación estaba decididamente seria para Morazán. A las fuerzas de Alfaro y Pinto se había unido un crecido número de voluntarios, pudiendo decirse que era todo el pueblo de Costa Rica el que luchaba contra Morazán, Cabañas y Villaseñor, con los 600 cartagineses que aún les permanecían fieles. El héroe de esta última jornada de las luchas morazánicas fue el General Cabañas, que, heroico siempre, en esta ocasión se superó a sí mismo. Queremos dejar al escritor hondureño Céleo Arias la descripción de este sitio, el más dramático de la carrera de Morazán, porque en él se jugaba su vida. Dice Arias:

298

"Sabemos los esfuerzos del héroe centroamericano y sus medidas preparatorias, en aquel estado, para organizar la República. Sabemos el fin trágico que tuvo en San José de Costa Rica, con todos sus episodios. Lo que la Historia no nos ha contado es el papel heroico que tocó al General Cabañas en la estupenda cuanto maravillosa salida del General Morazán de la plaza de San José, estrechada como con un círculo de hierro, por todo un pueblo sublevado. Después de tres días de combate desesperado, en que se había inundado de sangre las calles; perdiendo la vida Jefes tan notables como el valiente General Lazo, herido ya el mismo General Morazán y perdida toda esperanza de someter a los sublevados, dióse la orden de romper líneas del sitio, compuestas de fuertes columnas de tropas salidas de los cuarteles insurrectos y de masas informes que afluían de todos los Departamentos, colocados en grupo, desde el centro hasta los arrabales de la ciudad. El General Cabañas, como en la memorable salida de Guatemala, se puso al frente de una pequeña guardia que había quedado al General Morazán y se abrió paso de un modo portentoso a través de la metralla enemiga, rompiendo con su espada las cuerdas obstructoras, colocadas de balcón a balcón en las calles principales, hasta llegar fuera de la ciudad, donde no había ya fuerzas que combatir. Allí hizo alto; y a la llegada del General Morazán, el intrépido Cabañas ocupó la retaguardia para contener y rechazar las partidas de tropa enemiga que venían en persecución. El General Morazán, acompañado de los Generales Saravia y Villaseñor, llegó a Cartago con la mira de esperar al General Cabañas. Todos conocemos la traición de que allí fue víctima el grande hombre. Cabañas, siguiendo instrucciones de su Jefe, a quien suponía en marcha, se dirigió al puerto de Matina, donde esperaba encontrarlo. Antes de llegar a aquel puerto tuvo la fatal noticia de la captura de Morazán. Desde ese instante, ya no pensó en su persona, sino en la suerte de su digno Jefe y amigo. Disuelve la escolta que llevaba, y resignado a una muerte segura, corre a San José, se presenta voluntario prisionero, pide y suplica con insistencia se le conceda la honra, para él la más gloriosa, de morir en el cadalso al lado del General Morazán. Los verdugos no se lo concedieron, respetan su vida y le otorgan en seguida la libertad. El que estas líneas escribe, oyó varias veces de sus propios labios referir este pasaje, por demás doloroso, derramando lágrimas que revelaban lo que pasaba en aquel corazón magnánimo."

"La traición de que fue víctima el grande hombre", de que habla Arias en su magnífica descripción anterior, es la infame acción de Pedro Mayorga. Este Coronel, estacionado en Cartago, plaza de la cual era Comandante, había salido el 13 de septiembre, por la mañana, a reforzar las tropas de Morazán. Quiso la desgracia que, en el trayecto, se avistara con las fuerzas enemigas, al mando de don Luz Blanco y don Pedro Saborío, que lo derrotaron y lo obligaron a regresar a Cartago. Las noticias que había logrado recoger le indicaron que el triunfo no sería de las armas en las cuales militaba, y temiendo también que los enemigos incendiaran y destruyeran Cartago, y acabaran con su propia persona, se decidió por la traición a su jefe y amigo, Morazán. En la noche del mismo 13, con la guardia del cuartel, se pronunció en favor de los sublevados.

Habiendo logrado romper el cerco de San José, gracias al extraordinario arrojo del General Cabañas, Morazán salió con rumbo a Cartago, acompañado por los Generales Villaseñor y Vijil, siguiéndoles después el General Saravia y Francisco Morazán Moncada, el hijo del héroe. En el camino, el General Villaseñor, en vista de la gravedad del peligro que corrían sus vidas, y pensando principalmente en que era necesario, para bien de Centro América, conservar la de Morazán, insinuó a éste que no se detuvieran en Cartago, sino más bien continuaran su marcha hacia el puerto de Puntarenas. Morazán, amigo y soldado de una lealtad a toda prueba, contestó que no podían abandonar a Mayorga, y que aún podría llegarles la ayuda de Cabañas.

Llegaron a Cartago a las siete de la mañana, dirigiéndose directamente a la casa de Mayorga. Algunos historiadores sostienen que el traidor no quiso ver a Morazán. Joaquín Rodas, en su "Morazánida", afirma que la traición fue completa. Que Mayorga no sólo vio a Morazán, sino que lo recibió como si no hubiera sucedido nada, fingiéndole la amistad de siempre. Para completar la repugnante figura de Judas, le manifestó al que había sido su jefe, su protector y su amigo, grave preocupación por la herida que llevaba en la mejilla izquierda, y pretextando salir en busca de un cirujano para que lo atendiera, salió de la habitación, en busca de la escolta que había de hacer prisioneros a sus amigos.

Sea de todo esto lo que fuere, lo que está comprobado es que Morazán se enteró de la traición de Mayorga, por la esposa de éste. Esta noble mujer, amiga y admiradora sincera del gran soldado, no pudo ver que la traición se consumara sin tratar de evitar sus funestas consecuencias. Llama a un lado al General Vijil y lo pone al tanto de los sucesos de la noche anterior, cuando su marido se había pronunciado, con sus tropas, en contra de Morazán. Vijil comprende que no hay que perder un solo momento. Inmediatamente relata a Morazán lo que acaba de oír de labios de la esposa de Mayorga. Morazán se resiste a creerlo en el primer momento, pero es convencido cuando su buena amiga confirma lo que dice Vijil. Testigo de esta escena fue don Felipe Espinosa, que se encontraba en Cartago como Enviado del Gobierno del Perú, para trasladar los restos del General peruano Lamar, cuyas cenizas descansaban en Cartago. Espinosa confirma, a su vez, la veracidad de la traición, y por unos instantes se piensa en la posibilidad de intentar una huida desesperada. La señora de Mayorga, doña Anacleta Arnesto, cuyo nombre quedó así grabado en letras de oro en el Libro de Centro América, se había adelantado a esta posibilidad. Tiene bestias preparadas, listas para el viaje. En estos precisos momentos llegan Saravia y Morazán Moncada, con la fatal noticia de que Cabañas ha sido engañado por Espinach, y creyendo seguro a su jefe y amigo, va camino del puerto de Matina.

Lo que había sucedido es que cuando Cabañas se dirigía a reunirse con Morazán, en Cartago, fue detenido por un Oficial cerca del puente de Taras. Apenas había detenido su paso el valiente hondureño y se indagaba de los motivos de aquella detención, se presentó en el lugar, en compañía de otros señores, don Buenaventura Espinach. Fingiendo naturalidad, desvaneció los temores de Cabañas. Morazán —le dijo— no estaba detenido ni corría ningún peligro; que la guardia que había frente a su casa no era guardia enemiga, sino de honor, para proteger al General. Agregó que se darían toda clase de garantías a Morazán y dinero para que se dirigiera a Matina. Oyendo esto, Cabañas desbandó a sus soldados, y con una reducida guardia se dirigió al puerto indicado, en la creencia de que allá se reuniría con su jefe. Ya hemos oído lo que sucedió cuando se dio cuenta del engaño de que había sido víctima.

Hay algunas variantes en las versiones de este incidente. El historiador y periodista hondureño Arturo Humberto Montes afirma, en su libro Morazán y la Federación Centroamericana, que Cabañas fue sorprendido en los instantes mismos en que conversaba con Espinach, sus soldados desbandados por un ataque repentino, realizado por una columna al mando del Capitán José Castro. Según esa versión, Cabañas intentó hacer resistencia, con el reducido número de heroicos texiguats y curarenes que llevaba, pero fue desbandado por el enemigo. Él logró huir, pero fue perseguido por un pelotón, encabezado por el Capitán Eusebio Prieto, quien lo tomó prisionero en el lugar llamado "Juan Viñas".

Aunque esta segunda versión sin duda está más de acuerdo con el verdadero temperamento de Cabañas, que hacía resistencia hasta el último momento y no se daba por prisionero mientras hubiera una probabilidad, por remota que fuera, de escapar, valiéndose de su legendaria habilidad como jinete, a pesar de todo esto —decimos— la primera versión es la más generalizada. Por lo demás, tiene el respaldo de un hombre tan veraz como Céleo Arias, quien afirma haberla oído de los labios del propio Cabañas; quien, por su parte, no mentía jamás, ni cuando parecían exigirlo las circunstancias políticas.

Lo indudable es que, al perderse la esperanza de que Cabañas acudiera con la ayuda convenida, se presentó para Morazán y sus compañeros quizás el momento más doloroso de sus vidas. Primero, la traición inesperada de Mayorga, amigo y protegido de Morazán, y en cuya casa se le había demostrado siempre al Héroe centroamericano una entusiasta admiración. Luego, el engaño hecho por Espinach a Cabañas; todo parecía confabularse contra Morazán y sus amigos en una cadena de circunstancias adversas.

Ni aún un hombre de la talla del Héroe de Gualcho, que había sabido permanecer impasible en los momentos de mayor peligro en los campos de batalla, cuando las balas pasaban silbando cerca de su cabeza, podía conservar la calma en un trance tan desesperado. Morazán se había dirigido a Cartago creyendo encontrar allí el apoyo de Mayorga y de los cartagineses. Esperaba la ayuda que debía llevar Cabañas. Repentinamente, todo esto se viene al suelo, y Morazán, agotado, comprende que todo está perdido, y en su desesperación, pide a los soldados que lo rodean, que acaben con él allí mismo, para evitarle caer en poder de sus enemigos.

El destino había decretado que tendría que apurar el cáliz hasta la última gota. Pronto se presenta el Capitán José Castro a la casa en donde estaban detenidos Morazán y sus amigos, y comunica oficialmente a Morazán, a Villaseñor y a Saravia, QUE ESTÁN PRISIONEROS.

En este momento, comprendiendo que para él no habría piedad, el General Villaseñor se causa una tremenda puñalada en el pecho. No muere de ella, porque lo asiste el Dr. don Pablo Alvarado, gran amigo de Morazán, que había sido llamado para atender la herida del Héroe.

A las seis de la tarde llega el Capitán Darío Orozco, y comunica a Morazán y demás reos que, a petición de las tropas, se les tiene que poner grillos. El General Saravia, que a la usanza de muchos hombres de importancia de aquella época llevaba un anillo dentro del cual había un poderoso veneno, lo ingiere, antes de que alguien pueda impedírselo, y muere al instante, para evitarse la ignominia de los grillos.

Con más responsabilidad y sentido histórico, Morazán acepta esta última humillación. Esa noche, él, su hijo Francisco y el Dr. Alvarado, velan el cadáver del joven y valiente General Saravia.

Al día siguiente, 15 de septiembre de 1842, los reos son conducidos a San José. Morazán va a caballo. Villaseñor tiene que ser conducido en hamaca. Un piquete a las órdenes del Capitán Castro garantiza contra posibilidad de escape.

"Con qué solemnidad celebramos la Independencia", dice Morazán a Vijil, al verse conducidos en esa forma.

En las afueras de San José ya están reunidas las muchedumbres que quieren ver al gran Morazán en los momentos de ser conducido a la cárcel y al patíbulo. Reina un silencio profundo entre esas muchedumbres. Sólo cuando pasa el grupo de prisioneros, se oyen algunas voces que murmuran: "Aquel es...", "Ese es...". Nadie le injuria.

Llegados a San José, Morazán es conducido a la Casa de Gobierno, en donde tiene lugar un inútil interrogatorio. Morazán contesta a las preguntas con serenidad y con firmeza. Sabe que su suerte ya no depende de nada que él pueda hacer o decir. Está en manos de sus enemigos, y ellos han decidido ya su muerte.

Terminado el oficioso interrogatorio, se le notifica la sentencia de muerte, y se le dan tres horas para que tome sus últimas disposiciones. Se le encarcela en el cuartel "Los Almacenes". Desde allí, Morazán pide que se llame a su amigo y partidario, don Mariano Montealegre, a quien desea hacer algunos encargos. Montealegre llega muerto de pesar, derramando lágrimas ante la suerte del hombre a quien tanto admira. Morazán trata de calmarlo. No hay tiempo que perder.

—Tranquilícese, hombre —le dice—. No se acongoje. Morir hoy o morir mañana, es lo mismo. No perdamos tiempo.

A Montealegre le encarga a su hijo, pidiéndole que se ocupe de que reciba una buena educación. Luego, se vuelve a su hijo, Francisco Morazán Moncada, y empieza a dictarle su famoso y emocionante Testamento. Terminadas sus últimas disposiciones, no queda nada que esperar. Son las seis de la tarde. Las tres horas se han cumplido.

A esa hora salen hacia el patíbulo. Al salir del Cuartel, don Diego Carranza, uno de sus más implacables enemigos, pariente político del ex—Jefe don Braulio Carrillo, de cuya dictadura había salvado Morazán a Costa Rica, le ofrece el apoyo de su brazo. Morazán lo mira con desdén:

—No he de huir, señor —le dice—. Ni me falta valor para llegar al patíbulo.

En el trayecto, ve una vez más a su amigo Mariano Montealegre. Lo llama, haciéndole señales para que se acerque, y sacándose la cigarrera de la bolsa de la levita, se la entrega.

—Guárdela, en memoria mía —le dice.

Ya hemos relatado, incidentalmente, en uno de los primeros capítulos de esta obra, lo que don Carlos Ulloa, testigo presencial de los sucesos de ese día, dice al respecto:

"Aquello era un bosque humano; la plaza estaba cuajada de gente de todas las edades y condiciones. El ruido era comparable al del Océano. Allí iba el General Morazán. El hombre era guapo. Porte de guerrero, alto y distinguido. VESTÍA UN TRAJE CIVIL. Su fisonomía revelaba firmeza. Su mirada centelleaba."

Villaseñor, herido, moribundo ya, tenía el cabello en desorden. Cuidadosamente, Morazán se lo ordena.

—Querido amigo: la posteridad nos hará justicia —le dice.

El pelotón está listo. Morazán mismo da las órdenes.

—Prepá...ren... ¡ Arm...!

Uno de los soldados tiene mala la puntería. Morazán lo advierte, y con voz segura y firme, lo corrige.

Suena la primera descarga, y Villaseñor queda sin vida. Morazán vive aún:

—Aún estoy vivo. Acábenme de matar —ordena a los soldados.

Suena una segunda descarga. Y Francisco Morazán, el Paladín de la Federación, el Héroe de Gualcho y del Espíritu Santo, el Primer Centroamericano, pasa a ocupar el primer puesto en las páginas de la Historia de Centro América.

EPÍLOGO

Morazán fue fusilado, pues, el 15 de septiembre de 1842, un poco después de las seis de la tarde.

Era el vigésimo primer aniversario de la Independencia.

Fue enterrado en la noche de ese mismo día, en el Cementerio de la ciudad de San José de Costa Rica, acompañándolo en su último viaje —que no había de ser, en su caso, realmente el último— unos cuantos amigos, que le fueron fieles aún después de su muerte.

El historiador costarricense Licenciado Ricardo Fernández Guardia, en su libro Morazán en Costa Rica, ofrece el siguiente cuadro, un tanto lúgubre, de los momentos que siguieron a la muerte de Morazán:

"Después de la ejecución de Morazán y Villaseñor, hubo en San José una quietud y un silencio como los de un Viernes Santo en aquel tiempo. Los vecinos se retrajeron a sus casas y los que no eran de la ciudad regresaron a sus pueblos. En todos los semblantes se pintaba la tristeza, porque no había un hogar en que no se llorase un muerto, o no hubiera por lo menos un herido. Reinaba un profundo abatimiento, causado por cuatro noches de vigilia, sesenta y ocho horas consecutivas de pelea y el tremendo motín popular de aquel día. Lo que anhelaban todos, era descansar y dormir. A nadie se le ocurrió celebrar la victoria y mucho menos la muerte de los dos Generales, cuyos cuerpos yacían exánimes en la Plaza donde se desplomaron al sonar la descarga que les quitó la vida.

Tan solo unos cuantos, movidos por macabra curiosidad, fueron a ver los cadáveres, alumbrándoles el rostro con linternas, porque ya había entrado la noche, pero sin atreverse a tocarlos, en ausencia de autoridad. Se presentó allí entonces un hombre de edad madura, alto, delgado, de hermosas facciones y aspecto señorial, que se apoyaba en un bastón y traía en el antebrazo dos sábanas dobladas. Al reconocerlo, los mirones se apartaron respetuosos: era don Juan Mora Fernández, primer Jefe del Estado libre de Costa Rica. Con la cabeza descubierta y visible dolor, estuvo contemplando un rato la cara ensangrentada de Morazán; en seguida desplegó las sábanas, cubriendo con ellas, piadosamente, los dos cadáveres. Entre los que presenciaron esta escena conmovedora, estaba sin duda más de uno de los que, pocas horas antes, amenazaban enfurecidos con matar al venerable prócer y a todos los morazanistas.

A las diez de la noche llegó una escolta al mando de un Oficial, que después de levantar los cuerpos y ponerlos en unas angarillas, partió para el antiguo Cementerio de San José, a la pálida luz de los faroles que portaban algunos soldados. Detrás de la escolta, en medio de la cual se distinguían los blancos sudarios sobre las angarillas, marchaban don Juan Mora Fernández y su hermano don Joaquín, el Coronel don Rafael García Escalante, don Mariano Montealegre Fernández, y otros conspicuos ciudadanos, amigos fieles de Morazán; a continuación, un grupo de curiosos. En el Cementerio se había cavado una fosa en la que se enterraron los dos cadáveres, apareados.

"Esto es lo que refiere la tradición y confirma, en parte, un documento oficial de 1848."

Después de transcurridos algunos años, en un paréntesis de dignidad cívica, gobernando en Costa Rica don José María Castro, y siendo Ministro de Relaciones Exteriores don Joaquín Bernardo Calvo, los restos de Morazán fueron trasladados, con todos los honores, a San Salvador, atendiéndose en esta forma la voluntad del Héroe, que por recomendación a su Albacea dejó sus restos a la ciudad que tanto había él amado, y que tan fiel le había sido a través de todas sus luchas.

Los restos fueron trasladados a El Salvador en el bergantín "Chambón", que llegó a Acajutla, llevando los restos del Héroe, el 26 de enero de 1849. El Gobierno de Costa Rica encargó al Coronel José María Cañas de hacer la entrega de los restos mortales del "Benemérito e Ilustre General Francisco Morazán".

El Gobierno de El Salvador, presidido entonces por don Doroteo Vasconcelos, comisionó a la Municipalidad de Sonsonate para que fuera al puerto de Acajutla a recibir los restos de aquel gran hombre que había querido descansar para siempre en San Salvador.

El 31 de enero de 1849, el Gobernador del Departamento de Sonsonate, don Rafael Padilla Durán, dirigió al Ministro de Relaciones de El Salvador, la nota siguiente:

"Sonsonate, Enero 31 de 1849.— Señor Ministro de Relaciones Exteriores del Supremo Gobierno del Estado.— Al momento que recibí una comunicación de los señores Alcaldes de esta ciudad, participándome la llegada de los restos mortales del Benemérito General Francisco Morazán, me puse en marcha para acá, y encontré dichos restos, que los conducían para esta Parroquia. Como creía que deberían recibirse con la mayor solemnidad posible, a pesar de no tener órdenes para ello, los hice depositar en la Capilla del Ángel, colocando una guardia de veinte y cinco hombres para la custodia, y de allá se trasladaron ayer, a las cinco de la tarde, a la Iglesia Parroquial, colocados en un carro fúnebre, magníficamente adornado, acompañado de más de trescientas personas con sus correspondientes luces, y de una guarnición de veinte y cinco hombres, que hizo las salvas de ordenanza; en la Iglesia, se celebraron las exequias anoche mismo, y hoy se celebró la Misa, con la mayor solemnidad posible.

Los restos quedaron depositados y custodiados por la guarnición en la Iglesia del Pilar, hasta que reciba las órdenes del Supremo Gobierno. Como se ha seguido un expediente de todas las diligencias practicadas desde su desembarco, daré cuenta con ellas con la persona que venga a recibir las cenizas.

Sírvase Usted elevarlo así al señor Presidente, y aceptar las protestas de mi aprecio y respeto. D. U. L. (f) RAFAEL PADILLA DURÁN."

De Sonsonate, los restos de Morazán fueron trasladados a Cojutepeque, ciudad en donde había residido la esposa del Héroe, doña María Josefa Lastiri de Morazán, cuando después del fusilamiento de su esposo en San José de Costa Rica, dispuso vivir en El Salvador.

El Gobierno salvadoreño del Dr. Vasconcelos decretó un programa especial, de gran solemnidad, para dar entierro a los restos de Morazán. De Cojutepeque, esos restos fueron trasladados por fin a San Salvador, el día 14 de febrero de 1849. Ese mismo día fueron exhumados los restos de la esposa del Héroe, que había sido sepultada en San Salvador, en la Iglesia del Calvario. En San Salvador se juntaron los restos de Morazán y de su esposa, y ya juntos, fueron velados en la Iglesia de Concepción, donde se hicieron solemnes exequias, con asistencia de todas las autoridades civiles, militares y religiosas. Muchos de los soldados que habían peleado a la par de Morazán, en las batallas del Espíritu Santo y San Pedro Perulapán, asistieron a esas exequias.

Las cenizas de los esposos Morazán—Lastiri estuvieron expuestas en la Iglesia de Concepción, durante los días 15 y 16 de febrero, y recibieron la veneración de todo el pueblo de San Salvador, y muchísima gente que llegó de los departamentos.

En la mañana del 17 de febrero de 1849 salió la procesión que acompañó las venerables cenizas de Morazán y de su esposa de la Iglesia de Concepción, con rumbo al Cementerio General de San Salvador. Presidieron el entierro, el Presidente Doroteo Vasconcelos y los miembros de su Gabinete de Gobierno, con altos funcionarios de los Poderes Legislativo y Judicial.

El "Diario Oficial" de El Salvador, con esa fecha, publicó la siguiente noticia:

"Se han tributado los últimos honores a las cenizas del Genio de la Nación, del ínclito Morazán, llenando completamente el Programa de esta fúnebre función. A los seis años de su infausto fallecimiento, se ha venido a cumplir su última voluntad, expresada en los momentos más solemnes, al despedirse del mundo y de los hombres; se ha cumplido aún más allá, porque, verificada la exhumación de los restos mortales de su virtuosa consorte, se han encerrado con los suyos en el propio Mausoleo, unidos como existieron en el mundo, y como deben existir en el Cielo, si el Eterno ha oído las súplicas humildes del pueblo y las ardientes preces del Pastor de esta grey."

El mausoleo a que se refiere esta nota del "Diario Oficial" de El Salvador no es el en que ahora descansan los restos de Morazán y de su esposa. Durante la Administración de don Rafael Zaldívar, siendo Ministro de Relaciones Exteriores don Salvador Gallegos, tomando en consideración que los diversos terremotos que había sufrido la ciudad de San Salvador habían destruido el mausoleo original, decretó levantar un nuevo mausoleo, que fue inaugurado el 14 de septiembre de 1882, con la debida solemnidad.

A medida que ha pasado el tiempo, el nombre de Morazán se ha ido adentrando en el alma del pueblo centroamericano. Actualmente, no hay Estado de Centro América en donde no se le rinda reverencia a su memoria. Parques, estatuas, monumentos, proclaman en cada una de las Repúblicas, la gloria del Paladín de la Federación. Y en el pecho de los millones de centroamericanos que seguimos soñando en la Unión de los cinco Estados y la resurrección de la Gran Patria que durante ocho años hiciera realidad Morazán, su nombre es como una antorcha de esperanza, que nos ilumina y nos señala el camino.

CAPÍTULO XXI: LOS COQUIMBOS

A seiscientos hombres, entre Jefes, Oficiales y soldados, había quedado reducido el Ejército de Morazán cuando éste fue fusilado. Este ejército se encontraba en Puntarenas, al mando del General Saget.

Al tener noticias de la muerte del Gran Jefe, los morazánidas pensaron en vengarlo. Felizmente, las proposiciones de paz del nuevo gobierno de Costa Rica llegaron antes de que se hubiera podido organizar una acción militar, y así se evitó un nuevo e inútil derramamiento de sangre. Después de los ajustes y reajustes que preceden siempre a esta clase de convenios, se llegó a un entendimiento. Se firmó un Tratado por medio del cual los soldados de Morazán se comprometían a devolver a Costa Rica las armas y el equipo militar que le correspondía; se pagaría, por el Gobierno de Costa Rica, la cantidad que Morazán debía al señor Iriarte, por arrendamientos de la nave de su propiedad que había utilizado el ejército del Héroe; serían puestos en libertad todos los detenidos, y les sería cedida en propiedad a los amigos de Morazán la goleta "Coquimbo", con los víveres necesarios para que se trasladasen al país que desearen.

El problema de encontrar un Estado que les diese hospitalidad a los amigos más fieles de Morazán no era de fácil solución. Aún muerto el Héroe, su nombre podría ser agitado como bandera de unión y libertad. Durante varios días, el grupo morazánico tuvo que permanecer a bordo del "Coquimbo", y desde entonces pasaron a la Historia con el nombre de "Coquimbos". El Gobierno de Costa Rica les enviaba víveres para alimentarse.

Esta situación, como era natural, tenía que llegar a un desenlace. Después de algunas semanas, llegó el día en que los "Coquimbos" esperaron en vano los víveres que les enviaba el gobierno costarricense. Perdida la paciencia, el General Saget desembarcó con un numeroso grupo de sus soldados. Tomó el puerto, se apoderó de los víveres que había en las bodegas y regresando al barco, levantó anclas con rumbo a El Salvador.

Llegaron a La Libertad a mediados de diciembre, y el Gobierno salvadoreño, fiel a la memoria del Héroe de la Federación, concedió asilo a los amigos que le habían permanecido fieles hasta después de su muerte.

Saget entregó al gobierno salvadoreño la goleta "Coquimbo", con sus armas y equipo militar. Los gobiernos de Guatemala y Honduras protestaron ante el de El Salvador por el asilo que se les había concedido a los últimos restos de lo que había sido el Ejército de Morazán.

Y en esta forma se cerró el último Capítulo de la Epopeya Federal de Francisco Morazán.

DOCUMENTOS ANEXOS

AL PUEBLO CENTROAMERICANO

Cuando los traidores a la patria ejercen los primeros destinos, el Gobierno es opresor.
MONTESQUIEU

"¡Hombres que habéis abusado de los derechos más sagrados del pueblo por un sórdido y mezquino interés! Con vosotros hablo, enemigos de la independencia y de la libertad. Si vuestros hechos para procuraros una patria pueden sufrir un paralelo con los de aquellos Centro—Americanos que perseguís o habéis expatriado, yo, a su nombre, os provoco a presentarlos. Ese mismo pueblo que habéis humillado, insultado, envilecido y traicionado tantas veces, que os hace hoy los árbitros de sus destinos y nos proscribe por vuestros consejos: ese pueblo será nuestro juez.

Si la lucha que os propongo es desigual, todas las ventajas de ella están de vuestra parte.

Tenéis en vuestro apoyo:

Que os halláis colocados en el poder, y que nosotros nos encontramos en la desgracia.

Que podéis hacer uso de vuestra autoridad para procurarnos acusadores, y que nosotros no encontraremos tal vez ni un testigo.

Que os habéis constituido en nuestros jueces, y declarado que somos vuestros reos.

Que nuestra voluntaria retirada de los negocios públicos, con un objeto más noble que el que ha podido caber jamás en vuestros corazones, la habéis interpretado como fuga.

Que vosotros, que no os atrevisteis nunca a vernos cara a cara, nos insultáis atrozmente en vuestra imprenta, y añadiendo el escarnio a la venganza, habéis tomado la mano misma que os ha envilecido para trazar los caracteres de un nombre funesto que no podemos pronunciar sin oprobio, y nuestra expatriación se ha decretado.

Y en fin, para complemento de vuestro triunfo, todas las apariencias acreditan que el pueblo que nos va a juzgar os pertenece. Pero no importa, nosotros tenemos la justicia. Vamos a los hechos.

Cuando vosotros disfrutabais de una patria, no podíamos nosotros pronunciar este dulce nombre. Recordadlo. Vosotros habéis gozado muchos años de los bienes de esa patria que buscáis hoy en vano. ¿Encontrareis en la Republica del Centro—América algunas señales de ella? No. Aunque le dais hoy este nombre, más extranjeros sois por vuestros propios hechos en el pueblo que os vio nacer, que nosotros en México, en el Perú y en la Nueva Granada. Por la identidad de nuestros principios con los que sirven de base a los gobiernos de estas Repúblicas, nosotros hemos hallado en ellas simpatías que vosotros no encontrareis en el propio suelo de vuestros padres (que ya no os pertenece) desde el momento mismo que se descubran vuestros engaños. Pero si aun queréis buscar vuestra patria, la hallareis sin duda por las señales que voy a daros. Oíd y juzgad.

En vuestra patria, los nombres del Marques de Aycinena y su familia... se hallaban colocados en los primeros empleos del Gobierno absoluto, y los nuestros se ocultaban en la multitud.

"En vuestra patria, esos mismos nombres se inscribían en los registros de la nobleza, y los nuestros se colocaban y confundían en los padrones del pueblo.

"En vuestra patria, cometíais culpas que se olvidaban por unas tantas monedas, y a nosotros se nos exponía a la vergüenza pública.

"En vuestra patria, perpetrabais los más atroces delitos, a los que se les daba el nombre de debilidades para dejarlos sin castigo, y nosotros sufríamos la nota de infames hasta nuestra quinta generación.

"En vuestra patria, ejecutabais crímenes que siempre se quedaban impunes, porque vosotros mismos erais los jueces; y nosotros perdíamos la salud en los calabozos y la vida en los cadalsos.

"En vuestra patria, ostentabais los honrosos títulos de tiranos, y nosotros representábamos el humillante papel de esclavos.

"En vuestra patria, teníais la gloria de apellidaros los opresores del pueblo, y gemíamos nosotros bajo la opresión.

"Y cuando en vuestra patria, ensanchando la escala de los opresores, descendíais hasta los infames oficios de carceleros y de verdugos, a nosotros se nos exigían los reos y las víctimas.

"Y para que nada faltase a vuestra dicha y a nuestra desgracia, así en la tierra como en el cielo, ¡hasta los santos sacabais de vuestras propias familias! y los malvados, a vuestro juicio, solo se encontraban en las nuestras.

"Vosotros oíais continuamente en sus revelaciones la felicidad que os aguardaba, en tanto que a nosotros solo se nos anunciaban desgracias.

"Vosotros dirigíais con confianza vuestras súplicas al pie de los altares, porque hacíais propicios a sus sacerdotes con las riquezas que exigíais al pueblo, en tanto que este temía elevar sus plegarias, por no poder acompañarlas con ofrendas.

"Y por último, para llenar la medida de vuestro poder y de nuestro infortunio, aún más allá de la tumba, en tanto que las almas de nuestros padres vagaban sin consuelo en derredor nuestro, para demandarnos los medios de lograr su eterno descanso, vosotros comprabais el cielo que no habíais merecido, con los tesoros que os proporcionaban las leyes de un infame monopolio.

"He aquí vuestra patria. Recordadla. Pero si aun insistiereis en disputarnos la que por tantos títulos nos pertenece, exhibid vuestras pruebas que nosotros daremos las nuestras; y si resultase un solo hecho en vuestro favor contra mil que presentemos nosotros, consentiremos gustosos en ser a los ojos del mundo lo que hoy somos a los vuestros.

"No es vuestra patria:

"Porque en 1812, que por la primera vez se ventilaron los derechos de los americanos, vosotros hacíais de injustos jueces, de viles denunciantes, y de falsos testigos contra los amigos de la independencia del gobierno absoluto.

"Es nuestra patria:

"Porque en la misma época nosotros nos la procurábamos, difundiendo ideas de libertad y de independencia en el pueblo, sin que vuestras amenazas nos arredrasen ni nos intimidase la muerte, ya sea que se nos presentase en la copa de Sócrates, que la encontrásemos al cabo del dogal que quitó la vida al Empecinado, o que se pronunciase en vuestros inicuos tribunales.

"No es vuestra patria:

"Porque cuando triunfaran las ideas de libertad en la metrópoli, cuando los patriotas españoles quitaron algunos eslabones a la pesada cadena de nuestra esclavitud, revelándonos de este modo lo que éramos y lo que podíamos ser, vosotros conspirasteis contra el Gobierno constitucional que se estableciera en toda la monarquía. Como enemigos de las luces, cooperasteis con aquellos que pretendieron entonces independizarse del Gobierno de las Cortes y trasladar a la América el Gobierno absoluto de los Borbones.

"Es nuestra patria:

"Porque en el mismo tiempo hicimos resonar el grito de independencia en todo el reino de Guatemala. Todo aquel que tenía un corazón americano, se sintió entonces electrizado con el sagrado fuego de la libertad. Por una disposición de la Providencia, los amigos del Gobierno absoluto de los Borbones, enemigos de la dependencia de España Constitucional, se unieron con los independientes de ambos gobiernos, y proclamaron la separación de la antigua metrópoli el 15 de septiembre de 1821. Y de este modo vuestros nombres figurarán en la historia al lado de los reyes Luis IX, Luis XI y otros muchos que trabajaron sin pensarlo, en favor de la democracia, sistema que hoy gobierna en la República de Centro América.

"No es vuestra patria:

"Porque en 1821 acreditasteis con un hecho, que es a los ojos del mundo un grave crimen, vuestro tardío arrepentimiento, por haber cometido otro crimen que no es menos grave a los vuestros.

"Los remordimientos de vuestra conciencia por haber cooperado a la independencia de un pueblo indócil, que convirtió en su provecho lo que era destinado al vuestro, quisisteis aquietarlos sacrificando a un gran conspirador los derechos de este mismo pueblo; y en lugar de un viejo monarca, nos disteis un nuevo usurpador; en lugar de la tiranía de los Borbones, nos disteis el escándalo de un emperador de farsa, más opresor porque era más inepto, y su opresión mil veces más sensible, porque la ejercía sin títulos, sin tino, con sus iguales y por la vez primera.

"Es nuestra patria:

"Porque cuando vosotros al lado del general mexicano, D. Vicente Filisola, hicisteis los mayores esfuerzos por conservar la dominación del emperador Iturbide en los pueblos que habíais subyugado por la intriga, aunque sin éxito, nosotros procuramos evitarla.

"Cuando muchos de vosotros, a la retaguardia de aquel general, erais testigos de los últimos esfuerzos del heroico pueblo salvadoreño, que mal defendido y cobardemente abandonado por su jefe en el momento mismo del peligro (1), sucumbió noblemente y con más gloria que la que pudo caber a sus vencedores; nosotros por este mismo tiempo, en el propio teatro de la guerra, en Guatemala, Honduras y Nicaragua, corríamos la suerte de los vencidos, por la identidad de nuestras opiniones.

"El pueblo salvadoreño, sin armas, y abandonado a su propia suerte, hizo impotente la negra intriga, que se formara en su seno, con innobles miras. (2) Defendió por largo tiempo la más hermosa de todas las causas, adquiriendo por digna recompensa de sus grandes hechos, la inmarcesible gloria de dar al mundo el grandioso espectáculo de un pueblo libre que se regenera, obteniendo en su propia derrota la reivindicación de los mismos derechos que se la ocasionaran; en tanto que, sus injustos agresores pierden todas las ventajas que les diera su malhadado triunfo.

"Por un distinguido favor de la Providencia, los últimos cañonazos que quitaron la vida a los mejores hijos del Salvador y completaran en el reino de Guatemala la dominación de Iturbide, eran contestados por los que se disparaban en México, para celebrar la completa destrucción de un imperio que solo apareció al mundo, para oprobio de sus autores. Y por justo resultado de estos hechos, del reino de Guatemala libre del dominio del emperador Iturbide, en donde habíais creado vuestra nueva patria, se formó la nuestra, bajo un sistema democrático, con el nombre de República Federal de Centro América.

"Si ya que no podéis negar estos hechos, que todo el pueblo ha presenciado, pretendiereis en vuestro despecho arrojar de nuevo vuestra acusación favorita, a saber: que muchos de nosotros nos hemos enriquecido, defendiendo la independencia y la libertad, no pretendo dejaros ni este miserable recurso.

321

"Tal como es, para mí de falsa e insultante la proposición, yo la levanto del suelo, en donde la ha colocado el desprecio público, con la fundada esperanza de tirárosla a la cara con doble fuerza. Si se puede llamar riqueza la que obtuvieron algunos de vuestros jefes militares, en el sitio de Mexicanos, por medio de un mezquino monopolio, estamos todos de acuerdo. Pero si los bienes de los regulares componen la única riqueza que se ha podido encontrar en Centro América, levante la mano el más atrevido de vosotros, y clave en nuestra frente la nota de infame a los que la hubiéremos merecido, por este hecho u otro semejante.

"Volvamos al asunto. Después de la caída de Iturbide, ¿cuál ha sido la conducta que habéis observado? Yo os la recordaré.

"Vuestra debilidad os hizo firmar la Constitución Federal en 1824, y combatirla vuestra perfidia en 826, 27 y 28.

"Con este interés, disteis vuestros sufragios de Presidente al señor Arce; y este mismo interés os hizo despojarlo cuando ya había llenado en parte vuestras miras, porque le fuera adversa la suerte en el momento mismo de exterminar a vuestros enemigos.

"Vuestra razón de Estado llevó segunda vez la guerra a muerte a los pueblos del Salvador, que perpetuaron vuestros jefes, por interés. Vuestra venganza iluminó por mucho tiempo las oscuras noches de estío, con el incendio de poblaciones indefensas, para que la rapaz y mezquina codicia de vuestros militares que se ejercitaba a media noche, encontrase alumbrado el camino por donde se condujeran a vuestro campo los miserables despojos que habían librado de las llamas...

"Esta devastación, esta ruina, que solo habría terminado con la dominación a que aspirabais, y que se os escapara de las manos por la imbecilidad y cobardía de vuestros guerreros, desapareció con los triunfos de Gualcho, Mexicanos y Guatemala: y los liberales vencedores acreditaron con la completa reorganización de la república, que eran dignos de regir los destinos de un pueblo libre.

"Vuestra venganza jamás satisfecha, y vuestros deseos de dominar, nunca extinguidos, trajeron otra vez la guerra a la república para dar un nuevo testimonio al mundo de vuestras miras, y a los centro—americanos una prueba de todo lo que debieran esperar y temer de sus enemigos.

"El coronel Domínguez, que defendiera vuestra causa con tanto empeño en 1828, invadió los puertos del Norte en 1831, se introdujo con fuerzas en el estado de Honduras, para presenciar sus derrotas, y encontró por último la muerte en la ciudad de Comayagua.

"El ex—presidente Arce, que apareció en el mismo tiempo por Escuintla de Soconuzco con tropas mejicanas que habían destruido la independencia nacional, fue completamente batido por el valiente general N. Raoul. No pudiendo aquel desgraciado jefe imitar a Moreau, que murió combatiendo contra su país natal con un valor que atenuara su crimen, ni a Coriolano que obligado a retirarse de las puertas de Roma por la suplica de la que lo llevara en su vientre, acreditó que no le faltaban virtudes, siguió el ejemplo de tantos griegos que se unieran con los enemigos de su patria para combatirla, y sufrió como ellos el digno castigo en su propia derrota, y en las dobles maldiciones de los mercenarios extranjeros vencidos, y de sus conciudadanos vencedores.

"Esta injusta guerra se terminó con la ocupación del castillo de San Fernando de Omoa, en donde el malvado Guzmán que sirviera en vuestras filas, como soldado en 828, enarboló la bandera española. Después de una lucha obstinada de cinco meses, que diezmara nuestro ejército y de la epidemia que lo quintara, fue abatida esa señal oprobiosa de nuestra antigua esclavitud por el valiente y sufrido general Guzmán que hizo rendir la fortaleza. Y para dar al mundo un testimonio de los extremos opuestos a que pueden conducir vuestras opiniones y las nuestras, en el mismo campo en donde está colocada la cabeza de un traidor, hijo de la república, y de vuestro partido, que elevara sobre las murallas del castillo el símbolo de nuestra opresión, existen los sepulcros de mil centro—americanos, del nuestro, que lo despedazaran.

"No pretendo asegurar que todos vosotros hayáis aplaudido aquel crimen; si puede afirmarse, que hubiesen algunos de vosotros que lo vieran con indignación, permítaseme preguntar a los demás, ¿si tiene alguna analogía con la rendición de la plaza del Salvador en 1823? ¿si Fernando 7° y la bandera española tienen algo de común con la del imperio mejicano y Agustín 1°? ¿si las garras de la joven águila que se ven pintadas en esta, oprimen o hieren con mas fuerza que las del viejo león Hircano que se mira en las armas de aquella que dominara la América por tres siglos?

"Esta guerra tan fecunda en hechos que ilustraron las armas del gobierno nacional, que no fue menos abundante en sucesos que justificaron mas y mas la causa de los liberales vencedores, arrojó sin embargo elementos funestos de discordia. A estos se unió el descontento, que naturalmente debió producir una administración de diez años, continuamente contrariada por los hábitos que dejara el gobierno absoluto, cuyos resortes tocasteis con oportunidad para preparar la revolución de 840.

"Vosotros, apoyados en el fanatismo religioso, destruisteis en el estado de Guatemala las obras que los demócratas consagraron a la libertad; en tanto que los bárbaros las hoyaron con su inmunda planta.

"La profesión de los derechos del pueblo, la ley de libertad de imprenta, la que suprimió las comunidades religiosas, la que creara la academia de ciencias en que se enseñaban los principales ramos del saber humano, repuesta por vosotros con la antigua universidad de San Carlos, la del habeas corpus, los códigos de pruebas, de procedimientos y de juicios, obra del inmortal Livingston, adoptados con el mejor éxito, y tantas otras fueron al momento derogadas por vosotros, y el vacío que dejaran estos monumentos del patriotismo, lo llenasteis con nombres odiosos que recordarán al pueblo su antigua esclavitud y sus tiranos.

"En los Estados de Nicaragua y Honduras, los justos deseos de reformas, no satisfechos con las que hiciera el Congreso en 1831 y 1835, fueron de nuevo excitados por dos folletos que escribió el exmarqués Aycinena. En ellos pretendía este probar que no estábamos bien constituidos, porque los Estados, como en Norteamérica, no fueron antes que la Nación; y porque la Constitución Federal es más central que la de aquella república.

"Proposiciones en su origen insidiosas, risibles en su aplicación, y que han merecido el desprecio de los hombres sensatos.

"Pretender que las constituciones de nuestros Estados debieran existir antes que la general, es pedir un imposible, porque los españoles, que nunca fueron ni tan ilustrados ni tan generosos como los ingleses con sus colonos, no nos permitieron otra ley que la voluntad del soberano.

"Asegurar que por esta falta no estamos bien constituidos y somos desgraciados, es ignorar las causas que han contribuido a la felicidad de aquel pueblo afortunado.

"Afirmar que la Constitución Federal de Centroamérica es más central que la de los Estados Unidos del Norte, es un insulto que no podrá sufrir con paciencia el que haya hecho una comparación de estas leyes.

"En fin, atreverse a asegurar ante el público tantas falsedades juntas, es abusar demasiado de su sencillez y buena fe, y del silencio que han observado los centroamericanos ilustrados que conocen, que ni los norteamericanos pudieron hacer su felicidad copiando las constituciones democráticas que habían servido a otros pueblos, ni el de Centroamérica, en su actual estado, hará la suya adoptando la ley fundamental de aquella república, si no puede trasplantar al mismo tiempo el espíritu que le da vida.

"Pero Aycinena solo ha tenido por mira al propagar estas doctrinas, producir una revolución. ¡Ojalá sea más afortunado esta vez que lo fuera con su familia en la del imperio mexicano, que defendieron con tanto ardor!

"Si el duque de Orleans encontró en la guillotina el castigo de haber anarquizado al pueblo francés, aparentando para subir al trono ideas liberales que no profesaba, descendiendo de lo grande a lo pequeño, debe temer igual suerte Aycinena, que usa de los mismos medios para recobrar sus honores.

"Ni el oro del río Guayape, ni las perlas del golfo de Nicoya volverán a adornar la corona del marqués Aycinena, ni el pueblo centroamericano verá más esta señal oprobiosa de su antigua esclavitud; pero si alguna vez brillase en su frente este símbolo de la aristocracia, será el blanco de los tiros del soldado republicano.

"Y para que nada falte de ignominioso y de funesto a la revolución que habéis últimamente promovido, apareció en la escena el salvaje Carrera, llevando en su pecho las insignias del fanatismo, en sus labios la destrucción de los principios liberales, y en sus manos el puñal que asesinara a todos aquellos que no habían sido abortados como él de las cavernas de Mataquescuintla. Este monstruo debió desaparecer con el cólera morbus asiático que lo produjo. —Al lado de un fraile y de un clérige se presentó por primera vez, revolucionando los pueblos contra el gobierno de Guatemala, como envenenador de los ríos que aquellos conjuraban, para evitar —decían— el contagio de la peste. Y contra este mismo gobierno fue el apoyo de los que, en su exasperación, le dieron parte en la ocupación de la ciudad de Guatemala. —Fue su peor enemigo cuando estos quisieron poner término a sus demasías y vandalismo—y su más encarnizado perseguidor y asesino cuando el salvaje se uniera con vosotros.

"Es necesario que no se ignore la conducta de este insigne malvado, que ha excedido con sus crímenes a todos los tiranos, sin conocerlos. Su vida forma una cadena no interrumpida de delitos, acompañada de circunstancias horrendas."

"La fusilación de varios jueces de circuito, en cuyo número se cuenta el C. F. Zapata, que ejercía sus funciones en Jalpatagua, es de este número.

"Como en todos los pueblos, lo primero que hizo Carrera fue incendiar en la plaza la ley que establecía el juicio por jurados, y los códigos, que eran el espanto de los malvados, porque se habían sentenciado en pocos días, con arreglo a ellos, reos de muchos años.

"En seguida hizo colocar al juez Zapata en el lugar destinado al suplicio, a tiempo que pasaban de camino para la ciudad del Salvador las señoritas Juana y Guadalupe Delgado. Juzgando, sin duda, el malvado asesino que todos tenían un corazón que se complaciese, como el suyo, con la muerte de la inocente víctima, las obligó a presenciar la ejecución, a pesar de sus súplicas y lágrimas, para evitarla, y de sus esfuerzos para separarse de aquella escena de horror.

"El rapto, entre tantos raptos, de una joven doncella que vivía con sus padres en la hacienda de la Laguna de Atescatempa, fue acompañado de circunstancias que no deben ignorarse.

"Carrera, que había visitado a esta honrada familia y de ella recibido diversas insinuaciones de cariño, quiso retribuirlas con un crimen, como acostumbra.

"Para ocultar el malvado su perfidia a la que era el objeto de sus torpes deseos, recurrió a otro crimen que pudo producir peores consecuencias por el gran compromiso en que puso a su gobierno.

"Hizo disfrazar a un oficial para que, a la cabeza de algunos soldados que debieran suponerse salvadoreños, y de consiguientes enemigos, ocupasen en la noche la casa de la hacienda. A pretexto de que los dueños de ella hicieron servicios a Carrera, tenían orden de reducirlos a prisión y conducir a la joven hacia el Estado del Salvador. El bandido, con un considerable número de soldados, debía encontrarse con ellos en el camino, y estos contestar al '¿quién vive?': 'El Salvador libre'. A esta palabra de guerra se convinieron en hacerse mutuamente fuego las dos fuerzas, sin usar de las balas, dispersarse los fingidos salvadoreños en seguida, y dejar en sus manos la causa inocente de tanta maldad para exigirle su deshonra en pago de haberla salvado.

"Todo se habría ejecutado a satisfacción de Carrera si la Divina Providencia no hubiera destinado, en justo castigo, una bala que se le introdujera en el pecho cuando se batían en apariencia las dos partidas. Esta bala, en concepto de algunos, se puso por casualidad en el fusil; pero otros creen haber sido dirigida por la venganza del oficial que había sido en otro tiempo maltratado por Carrera: lo cierto es que se le condujo preso a Guatemala, con los soldados que lo acompañaban para cumplir las órdenes de su general.

"La gravedad de la herida, que lo obligara a sacramentarse, no le hizo olvidar el único trofeo de su infernal campaña, que condujo por la fuerza a su cuartel general de Jutiapa. La joven tuvo el profundo sentimiento de que su criminal raptor sanase de la herida, y su desgraciada familia sufrió su deshonra sin quejarse.

"La noticia de este hecho obligó a separarse del gobierno al presidente del Estado de Guatemala, C. Mariano Rivera Paz, para andar 27 leguas de mal camino, con el único fin de expresar al malvado el sentimiento que le causara ver derramarse la sangre preciosa del caudillo adorado de los pueblos. Sangre que, con estas mismas palabras, tuvo el descaro de reclamar al gobierno del Estado del Salvador, llevando adelante, para paliar el crimen cometido por Carrera, la infame trama que este urdiera para ocultarlo.

"La muerte del diputado Cayetano Cerda, que lo obligara Carrera a cenar a su mesa, en señal de amistad, y lo mandara asesinar en seguida por el mismo centinela que lo guardaba."

"La muerte que dio con su propia lanza a un elector de Cuajinilapa, que se negó a prestarle su voto.

"El asesinato de todos los heridos el 19 de marzo en la plaza de Guatemala, ocupada a la bayoneta, evacuada después rompiendo la línea enemiga, por falta de municiones, y por no haber encontrado los auxilios que ofrecieron los liberales. Asesinato tanto más criminal, cuanto que se habían tratado con las debidas consideraciones al oficial Montúfar y 35 soldados que se tomaron prisioneros en la acción, y respetado al padre obispo y canónigos que se encontraron en la catedral, confundidos con los soldados enemigos que se batieron con los nuestros dentro del mismo edificio.

"La muerte que dio a cuarenta de los más distinguidos ciudadanos de Quezaltenango, en cuyo número se cuentan las autoridades municipales, después de haber rescatado a muchos de ellos la vida sus esposas y hermanas, con grandes sumas de dinero, que Carrera recibió, son los menores delitos que ha cometido este malvado.

"A este monstruo estaba reservada la invención diabólica de acompañar con su propia guitarra los movimientos del señor Lavangnini, que obligaba a danzar, y los últimos ayes de las cuarenta víctimas que asesinó el 2 de abril en la misma plaza de Quezaltenango, para acostumbrar así los oídos del pueblo y prepararlo a nuevas matanzas.

"A este monstruo estaba reservado el acto de mayor inmoralidad y perfidia que ejecutó en la propia ciudad de Quezaltenango. Habiendo prevenido al pueblo que se presentase en la plaza a una hora señalada, bajo la pena de muerte, cuando se encontraba ya reunido, mandó saquear a su tropa toda la ciudad, que contiene 25,000 habitantes.

"A este monstruo estaba también reservado enterrar a los vivos, como lo ejecutó con un vecino respetable del pueblo de Salamá, porque le faltaban mil pesos, en que había valorado su vida. A pesar de que su familia le presentó alhajas en doble valor, lo introdujo sin embargo en la sepultura que le había obligado a cavar, y lo cubrió de tierra hasta la garganta; dándole después grandes golpes en la cabeza que le produjeron la muerte, lo abandonó a su inocente familia, que en su desolación derramaba lágrimas sobre el cadáver, cargando en seguida el bandido con el vil precio de su infame asesinato.

"A este monstruo estaba reservado.

"Pero, ¿cuál es el delito que no ha podido perpetrar este malvado? ¿Existe uno, quién lo creyera?, que solo estaba reservado a vosotros: ¡dar a Carrera, en premio de tanto crimen, el poder absoluto que hoy ejerce en el Estado de Guatemala por vuestros votos!

"Que nuestros conciudadanos que han presenciado todos estos hechos, desde las prisiones de Belén en 1812, hasta las matanzas de Carrera en la ciudad de Quezaltenango en 1840, juzguen y decidan ahora, si tenéis algún título para llamaros centroamericanos, y cuáles son los nuestros. Y si, como esperamos, la justicia decide en nuestro favor, si los pueblos patriotas de que se componen los Estados de Nicaragua, Honduras, El Salvador, Los Altos y parte del de Guatemala han descubierto ya vuestras pérfidas miras, preparaos, no solo a abandonar la república, sino a andar errantes como los hijos de Judea, tras la patria de los tiranos, que buscaréis en vano. Sí, en vano, porque la libertad que habéis combatido tantas veces, derramando la sangre de sus mejores defensores, ha recobrado el imperio del orbe que, por un don del Cielo, ejercía en los primeros tiempos. Los pueblos de ambos mundos profesan ya su culto, los gobiernos del Nuevo son obra suya, y los del Antiguo caen y se precipitan a su voz para no reaparecer más sobre la tierra.

David, julio 16 de 1841.
F. Morazán"

TEXTO DE LAS MEMORIAS DEL GENERAL MORAZÁN

Por Rafael Heliodoro Valle

Acabo de obtener la transcripción facsimilar de las Memorias de Morazán. Se trata del autógrafo —puño y letra suyos— que se conserva en la Bancroft Library, Universidad de California, siendo vanas mis pesquisas para averiguar cómo lo obtuvo. Tiene 17 hojas y media, cada una de 31 por 20 cm, luciendo letra menuda y elegante, que un grafólogo bien puede utilizar para proporcionar nuevos datos psicológicos del personaje; es una letra pulcra, fina, que revela al ex amanuense de la escribanía de don León Vásquez, en la que, seguramente, aprendió, además de buenos modales, buena caligrafía.

Esas páginas, y el Manifiesto de David, pueden considerarse conjuntamente las Memorias de Morazán, escritas en el mismo año; es decir, en el mismo temperamento moral de su autor. Las que siempre se han llamado sus Memorias, en verdad, tienen como título original: Apuntes sobre la revolución de 29, por el Gral. Presidente Morazán.

Las Memorias van en tono histórico, y así lo hace notar al principio; y el Manifiesto tiene el énfasis de una arenga contra sus adversarios. Pero ambos documentos son realmente las Memorias de Morazán, porque en ellas hace el relato de sus recuerdos de militar y político, empezando en 1827, al ascender a la Presidencia de Centroamérica el general Manuel José Arce.

Hay algunas afirmaciones de Morazán que deberían aclararse: llama impropiamente obispo al cura Dr. José Matías Delgado, porque este es quien en vano pretendió adquirir ese rango, en contra de los preceptos del Derecho Canónico. Quizás por un lapsus involuntario, habla de Vicente Domínguez, llamándolo "Manuel". Al referirse al general Arce, afirma que los frailes, el arzobispo Casaus y los Aycinena eran "los amigos de la dependencia española", y "los que unieron la República al Imperio mejicano". Lo cierto es que el Acta de Independencia lleva las firmas de los frailes y la del marqués de Aycinena, y no la del arzobispo, quien había lanzado en Oaxaca una pastoral contra el insurgente Hidalgo; y entre los anexionistas a México hubo, a la vez, liberales y conservadores.

¿Por qué Morazán no terminó sus Memorias? En el prólogo a la Biografía de Morazán por Martínez López, dice Rómulo E. Durón: "No pudo concluirlas porque en 1842 el pueblo oprimido de Costa Rica le llamaba". En dicho año las escribió, y, posiblemente, empezó a redactarlas en el anterior, porque al principio de ellas, obsedido por las "verdades históricas" y por la posteridad (palabras en su patíbulo), puntualiza: "pedí documentos a Centroamérica", lo que tácitamente da a entender que se hallaba en el destierro.

El autógrafo de las Memorias no tiene fecha, porque Morazán iba escribiendo según se lo permitían las circunstancias, y es posible que haya escrito algunas páginas entre David y Lima. El original está escrito sin más tacha que la de la palabra "desengañados", en vez de "despechados", y alguna que otra en que no se advierte la enmendadura. Se puede asegurar que este borrador es el segundo que hizo.

La edición que el Instituto Morazánico Hondureño acaba de hacer adolece de errores de copia que proceden de la primera edición (la de El Sol, de San Vicente, 1855), que acaso utilizó Martínez López (1900). Pero los errores de copia no son fundamentales, ya que no cambian el texto, sino que mezclan párrafos; pone "hubiesen" por "hubieren", "cualquiera" por "cualesquiera". Habría sido preferible conservar el sabor del original.

Morazán deja transparentar en sus Memorias algunas de sus lecturas, entre ellas la del libro Democracy in America, de Tocqueville (1830), que fue la primera crítica formal de un europeo en los Estados Unidos.

Habría sido también muy oportuno que, por primera vez, se hubieran glosado en esta edición las afirmaciones de Arce, Montúfar y Marure, a quienes Morazán replica para vindicarse de los cargos que le hacen. La tarea de explicar a Morazán no se ha emprendido aún; ella servirá para configurarlo mejor y mostrar su realidad histórica, despojándolo de los ditirambos que muchos le han endilgado, desde la comparación hiperbólica con que el general Saget lo puso frente a Napoleón. Los méritos de Morazán son otros; hay que tener presente que era, ante todo, un soldado, y después un escritor, y que si no tenía la cultura al estilo de José Cecilio del Valle, merece estar decorosamente en la galería de los verdaderos revolucionarios de nuestra América.

Washington, D. C., 10 de julio de 1954.

NOTA: Heliodoro Valle atribuye en este artículo al general Saget el paralelo que hizo el general Raoul. Y tanta ha sido la vaguedad y la confusión en el estudio de la vida de Morazán, que no muchos historiadores están bien seguros de quién fue, en realidad, el autor original. Fue el general Raoul.

EL AUTOR

APUNTES SOBRE LA REVOLUCIÓN DE 29 POR EL GENERAL PRESIDENTE F. MORAZÁN

"Para escribir la vida de los hombres públicos que han figurado en tiempos pacíficos bajo un Gobierno constitucional, basta conocer los hechos y las leyes, y ser exacto é imparcial en las ob-servaciones.—Para conocer la de los que han figurado en tiempo de revolución y anarquía, cuando no ha existido más ley que la salvación de la patria, no es suficiente hallarse impuesto de los sucesos, conocer sus causas ostensibles y pesar las circunstancias que influyeron en ella; es también necesario buscar el verdadero espíritu que los ha dictado en los secretos del corazón humano; sin dejarse seducir por los que, aparentando imparcialidad, se constituyen en intérpretes de éste, con la mira de satisfacer sus ba-jas y mezquinas pasiones.

"Una misma acción puede ser, ó aconsejada por el interés co-mún, ó sugerida por una atroz venganza, y merece en aquel caso la aprobación pública, por ser en este reputada por un delito im-perdonable.

"La muerte de César habría sido un crimen á los ojos de los romanos, si éstos no hubieran conocido los motivos que obligaron á Bruto á ejecutarla;—y no se atribuyera hoy al Gobierno in-glés el deseo de abreviar los días de la vida de Napoleón, se hubie-ra justificado las causas que le obligaron á colocarle bajo la mortífera atmósfera de la isla de Santa Helena.

"No es menos cierto que el espíritu de partido ha podido engañar muchas veces al escritor imparcial, y transmitir, por este artificioso medio á la posteridad, como verdades históricas, lo que solo era obra de la venganza y de la adulación. Pero esta falta no pertenece exclusivamente á los que nos han dado á conocer lo que ha ocurrido en el antiguo mundo: lo es también de los que se dedican á instruir á las generaciones venideras de lo que pasa en el nuevo, en donde han adquirido numerosos estímulos las pasio-nes, por el abuso que se hace de la imprenta."

"No se crea por esto que yo desee que se limite por una censu-ra previa. Cualesquiera que se establezca para destruir un vicio que es inherente a la libertad de publicar los pensamientos, llevaría consigo el germen que también destruyese esta saludable institución, que si ha sido el mejor sostén de los gobiernos monár-quicos moderados, es, sin disputa, el alma de las instituciones de-mocráticas.

"Sí, varias veces se ha abusado de ella contra mí para insul-tarme, y protesto a los centros—americanos a quienes me dirijo, que lejos de disputar a mis enemigos la posesión de este miserable recurso, procuraré no traspasar los límites de la moderación y del decoro.

"No escribo para exaltar pasiones, y menos para revelar faltas y decir injurias a los que me han calumniado en sus memorias im-presas en las ciudades de Jalapa y México: sólo tomo la pluma para vindicarme.—Sólo este sentimiento ha podido vencer la resistencia que siempre he tenido para hablar a la Nación, aun en favor de mi propia causa; porque ni nunca me he considerado con la disposición que se requiere en aquel caso, ni con la humildad que se necesita en éste para mendigar un defensor, pues siempre he creído que el que no aspira a engañar debe presentarse al pueblo con sus propios colores.

"En los ocho años que serví la primera 'Magistratura', muchos de mis enemigos obtuvieron destinos públicos, sin detenerse examinar la legalidad de mi elección, ni los motivos que me con-servaron en el poder; y a otros que me prodigaban injurias, siem-pre les acredité con mi silencio, que no deseaba hacer uso, para desmentirlos, de las ventajas que me daba mi posición.

"Mas cuando observé que en la desgracia hasta algunos de mis amigos me juzgaban, me decidí a escribir mi vida pública...

"No pudiendo fiar a la memoria todos los acontecimientos ocurridos en una revolución de catorce años, pedí los documentos necesarios a Centro—América.—Pero entretanto estos llegan, el tiempo pasa, mis enemigos dan una siniestra interpretación a mi silencio, arrojan sobre mí nuevas calumnias, y no se halla al alcance de todos mi conducta pública que los desmienta.—Es por esto que me veo obligado ahora a hablar, siquiera de una manera sucinta, de los principales acontecimientos ocurridos en la revolu-ción de 828, que han sido maliciosamente desfigurados por unos, o censurados injustamente por otros.—Procuraré apoyarlos en documentos dignos de toda fe, y en testigos que, a la calidad de intachables por el buen crédito que merecen, reúnan la particu-lar circunstancia de contarse ellos en el número de mis enemigos.—La relación íntima que tienen algunos de los hechos que voy ahora a referir, acaecidos antes de la guerra de 1828, con la materia de que me ocupo, no me permite pasar aquellos en silencio.

"La elección de Presidente de la República hecha por el Con-greso en el ciudadano Manuel José Arce, contrariando el voto de los pueblos que dieron sus sufragios al ciudadano José del Valle, fue, en mi concepto, el origen de las desgracias de aquella época."

"Dos partidos concurrieron a ella.—En el uno se hallaban los más ardientes defensores de la independencia y los mejores amigos de la libertad. Estos le dieron sus votos para que sostuviese la Constitución federal, que era obra suya. Se encontraban en el otro los enemigos de esta Constitución, los amigos de la dependencia española, y los que unieron la República al Imperio Mejicano. Estos le dieron sus sufragios con la esperanza de que cooperase a la variación del sistema.

"Ambos bandos tenían motivos de confianza en su candidato. Aquel citaba en su apoyo la conducta que el ciudadano Manuel José Arce había observado en favor de la independencia. Este tenía por garantías la opinión que el mismo Arce manifestó desde México al Padre Obispo Delgado, con respecto al sistema que convenía a Centroamérica, y las que conservó siempre contra el federalismo; que no daban, a la verdad, las mejores seguridades de su buen modo de proceder en el gobierno.

"Puede, sin descrédito, un ciudadano sacrificar sus opiniones particulares al cumplimiento de sus deberes como hombre público: esto es posible. Pero no puede voluntariamente colocarse, sin mancillar su reputación, en la difícil alternativa de faltar a sus juramentos, o causar las desgracias de su patria, y esto hizo Arce.

"Él admitió la primera magistratura de un gobierno contrario a sus opiniones, y prestó el solemne juramento de ejecutar y hacer cumplir una constitución que, según lo repite tantas veces en su memoria de 1830 impresa en México, sistematiza la anarquía y autoriza el desorden.

"Si esta conducta no puede conciliarse con la que debiera observar el patriota y el alto funcionario, ella, sin embargo, descubre los verdaderos motivos que le obligaron a apoyar sus repetidas infracciones de la Constitución en un partido que, al deseo de variarla, añadía, algunos de sus principales directores, la halagüeña esperanza de encontrar en Arce al héroe que les hiciese olvidar la sensible pérdida del emperador Iturbide.

"No podría ciertamente reconocerse en este modo de proceder al hombre agradecido por la alta distinción con que lo honraran los pueblos llamando a regir sus destinos, si el deseo de ser, a los ojos de estos mismos pueblos, el bienhechor del primer lustro de la libertad, o por lo menos, el primer patriota de la época, no viniera en su auxilio a disculparlo. ¡Funesta presunción! que tantos males ha causado a la República.

"Si el ciudadano Manuel José Arce se hubiera negado a admitir la presidencia, se habría excusado del doble compromiso que sus opiniones con respecto a la Constitución le habían sin duda hecho prever. No hubieran entonces tenido lugar sus temores de anarquizar la República, si cumplía con las leyes que autorizaban en su concepto el desorden; ni sus juramentos habrían sido violados con la infracción de aquellas, agravando con este hecho los mismos males que pensaba evitar.

"Tan noble conducta hubiera librado a Centroamérica de mil desgracias, y al presidente de ella de un tardío y estéril arrepentimiento, que le fue arrancado por un acto de la más negra ingratitud que lo despojara del ejercicio de la magistratura y vino en socorro del pueblo cuando se hallaba ya dividido y destrozado por la guerra civil y la anarquía.

"Yo acababa (dice el presidente Arce) de estudiar en Washington y en los principales Estados angloamericanos el sistema federal: había penetrado su origen; había pulsado sus enlaces. Me enteré de sus ventajas, y me hice cargo de sus defectos"… y todo esto, es necesario decirlo, se obró en pocos días y sin el menor conocimiento del idioma inglés.

"No podía decir más el sabio e infatigable Mr. Alejo de Tocqueville, a quien debemos su preciosa obra titulada De la democracia en la América del Norte.

"¡Desgraciados centroamericanos! Vuestros males se pueden lamentar; pero consolaos con este estéril sentimiento, porque no es posible, en conciencia, hacer responsable de ellos a su autor. Si todas las opiniones que he referido son bastantes a hacer conocer la suerte que esperaba a Centroamérica, yo no las presento al público sino como las precursoras de grandes hechos, que hablan al corazón imparcial un idioma tanto más convincente, cuanto que está fundado en las mismas leyes, argumentos y raciocinios aducidos por el ex presidente Arce en su propia defensa.

"Dos partidos se presentaban a éste y a sus amigos en opinión para variar las leyes, objeto único de sus miras, de sus faltas, de su descrédito y de su desgracia. O el que se emplea regularmente en las repúblicas con el fin de obtener el triunfo en las elecciones y, de consiguiente, el influjo que se desea en las cámaras para reformar o variar la Constitución, o el de la fuerza.

"Aunque el primero era más sencillo y legal, exigía mucho tiempo su ejecución, y además, carecía de trofeos y de gloria. Si podía haber alguna en persuadir, sería a los ojos del presidente Arce tan oscurecida por las intrigas que se emplean en semejantes casos, como el color de los vestidos diplomáticos de las personas que debieran ejecutarlo.

"No siendo este recurso acomodado al genio del presidente, y menos a sus intereses, eligió el segundo partido. Dos motivos le obligaron a obrar de esta manera. Seguir las huellas de los héroes conquistadores para poder adquirir esa gloria guerrera, tanto más noble cuanto son grandes los obstáculos que vence, y los peligros que corre el jefe militar que la obtiene a la cabeza de sus soldados vencedores, fue sin duda el objeto del primero. Afirmar para lo futuro en los hombros de estos mismos soldados la silla del poder, en que no se creía bien seguro por la inconstancia de los diplomáticos que lo colocaron en ella, era la mira del otro. Esta inconstancia, que comenzaba ya a experimentar, le fue muy pronto funesta por la vez primera en el Cuartel General de Jalpatagua. Allí lograron don Antonio Aycinena y don Manuel Domínguez introducirse —digámoslo así— disfrazados con las insignias militares que arrancaran al mérito del soldado, y obtener un triunfo con el auxilio de la táctica diplomática, que tuvo por trofeos la deposición del comandante Perk y el despojo de todo el influjo que tenía el presidente Arce en el ejército.

"El escandaloso suceso ocasionado por que unos pocos empleados del gobierno del Estado de Guatemala no concurrieran en un mismo edificio con el presidente de la República a la función cívica del 15 de septiembre de 1826, que en otras circunstancias solo hubiera comunicado al pincel algunos personajes de actitudes propias a una caricatura, produjo entonces malísimos resultados.

"Todos los elementos de discordia que se habían ya acumulado por los que apetecían un cambio, se agitaron de tal modo que ocasionaron muy pronto la completa desorganización del Estado de Guatemala, que, abandonado y sin defensa, quedó en manos del presidente de la República, el que por un abuso escandaloso de su autoridad también redujo a prisión a su primer jefe, ciudadano Juan Barrundia, y desarmó las milicias del mismo Estado. "Este desenlace —se dice en la Memoria de Jalapa escrita contra mí por don Manuel Montúfar, jefe de Estado Mayor del ex presidente Arce, cuya opinión es irracional— hizo ridículo todo lo que antes había parecido un golpe maestro de aquellos que afirman el orden: todos los que se habían comprometido comenzaron a temer, y desconfiaron en lo sucesivo. El presidente publicó pocos días después una exposición documentada de los motivos que impulsaron al arresto de Barrundia: todas eran conjeturas, razones de congruencia y documentos diversos, débiles unos, ridículos otros, y todos capaces de persuadir en lo privado que existía una conspiración; pero no para convencer en juicio."

"Semejante suceso, que por las circunstancias de que fue acompañado, pareció a algunos un ensayo de las armas del poder, y que en realidad fue el resultado de una combinacion que preparara, como se vio despues, igual suerte a todos los Jefes de los demas Estados que no supieron defenderse, inspiró en estos una fundada y justa desconfianza. Aunque se quiso disculpar el hecho asegurando que aquel funcionario habia provocado con su conducta al Jefe de la nacion, y obligado a este a hacer uso de la facultad que le concede el arto. 175 de la Constitucion, que nada previene para un caso tan singular; la conducta observada por el Vice Jefe Flores, que el mismo Presidente coloco en el gobierno por la confianza que le inspiraba, les acredito que este solo buscaba en las autoridades de los Estados agentes sumisos y prontos a ejecutar sus voluntades.

"Pero Flores se portó con una dignidad y firmeza que no se esperaba, resistiendose a cumplir la orden de desarmar al Capitan Cerda, y negandose a admitir la fuerza federal que le ofrecía el Presidente, la que con pretexto de hacer respetar la autoridad del Estado y conservar el orden en los pueblos, debía completar la funcion de estos, y la humillación de aquel funcionario. Conducta tanto mas honrosa y meritoria, cuanto que ella produjo la catastrofe que le aguardaba en la misma Iglesia de Quezaltenango, en donde, puesto en manos de un feroz populacho, instigado por las funestas ideas que le inculcaron los sacerdotes, pereció al pie de las imagenes de los santos a la vista de sus inicuos jueces y en presencia de la eucaristia, que estos cubrieran para acreditar, sin duda, que muchos de los que se llaman religiosos entre nosotros, no creen en el Dios de los verdaderos cristianos. Y de este modo los empolvados altares del fanatismo, que estaban ya olvidados en el presente siglo, fueron de nuevo levantados por sus dignos Ministros, y enrojecidos con la sangre inocente del desgraciado Vice Jefe Cirilo Flores.

"Para que no se crea que exagero hablando de la sumision que el Presidente exijia de los Jefes de los Estados, copiare lo que dice aquel funcionario en la pagina 42 de sus Memorias.

"Sin perdida de instante se puso en el conocimiento del Vice Jefe C. Cirilo Flores, el arresto del Jefe Barrundia, previniendole que tomase el mando del Estado en razon de ser el llamado por la ley a ejercerlo en casos semejantes; franqueandole al propio tiempo la tropa veterana para que la emplease en la conservacion del orden, y en el servicio de su persona y de la Asamblea. Tambien se le previno que mandara desarmar al Capitan mayor Cayetano Cerda, que permanecía en el Departamento de Chiquimula alborotando los pueblos y perturbando la tranquilidad con la tropa con que ataco a Espinola: Flores se encargo de la Jefatura pero se nego a obedecer al Gobierno en todo lo demas, y particularmente en el punto tan esencial de desarmar a Cerda...................

"En la hoja siguiente se expresa en estos terminos: "Como en tiempos de revolucion todo es delirio, no ha faltado entre nosotros quien se atreva a proferir la blasfemia política, de que los Jefes de los Estados no son subditos del Presidente de la Republica, y es asi que me veo en la necesidad de hablar hasta de esta impertinencia. La Constitucion en el arto. 123 dispone: Que el Presidente prevenga a los Jefes de los Estados lo conveniente en todo lo que concierna al servicio de la federacion.

"Sea cual fuese de sus acepciones la que se le dé al verbo prevenir, nunca sera la de mandar u ordenar el superior al subdito que ejerza alguna cosa. El Presidente, en uso de este articulo, pudo prevenir, advertir, informar o avisar a los gobiernos de los Estados lo conveniente al servicio de la federacion; pero no pudo mandarles en concepto de subordinados.

"Si el articulo en cuestion exijiese de los Jefes de los Estados la absoluta subordinacion al Presidente de la Republica, que deben los subditos a su superior, no merecia ciertamente el nombre de federal la Constitucion de Centro-America; y si el Presidente Arce hubiera conocido mejor nuestro sistema y su propio idioma, habria cometido una falta menos en su conducta administrativa, y quitado a la venganza de sus partidarios un motivo mas para llevar la guerra en su nombre a todos los Estados de la Union.

"Cada uno de los Estados que componen la federación, es libre e independiente en su gobierno y administración interior (art. 10), y les corresponde todo el poder que por la Constitución no estuviese conferido a las autoridades federales."

"A la vista de este artículo, ¿cómo habrá podido sostener el presidente Arce semejantes pretensiones? ¿Y cómo, sin pasar por la humillación de que una autoridad extraña se ingiriese a título de superior en el régimen interno del Estado, podía el vicejefe Flores, por las órdenes de aquel, tomar posesión del gobierno, desarmar al capitán Cerda; y lo que es aún más grave, admitir a su servicio fuerzas federales, porque no convenía a los intereses del jefe de la Nación que usase de las del Estado que había ya disuelto, teniendo en su poder el armamento?

"Pero aún hay más. Sobre el poder que da el citado artículo 10 a los gobiernos de los Estados, aparece otro mayor, que si han pasado en silencio los legisladores, no por esto han podido evitar que exista, y menos que se ejerciese de una manera positiva por los Estados en el momento mismo que se buscaban pretextos para humillarlos y se invocaban las leyes para reducir a sus jefes a la humilde condición de subalternos. Hablo de la parte de supremacía que corresponde a los Estados. Supremacía más eficaz que la de la federación, puesto que se ejerce —como se vio entonces— al arrimo inmediato del pueblo, en tanto que la otra solo tiene por apoyo la ley y el convencimiento de unos pocos ciudadanos a quienes su ilustración los eleva sobre las localidades, y sus honrosos precedentes los llaman a servir los primeros destinos de la federación. Si esta es una falla, que causa algunas veces males —y principalmente a los gobiernos nuevos—, ella nace de un vicio inherente al sistema federal, que divide en fracciones al pueblo; y por lo mismo exige, para evitar sus malas consecuencias, el mayor tino y prudencia de parte del primer funcionario.

"Si este conocimiento pudo hacer más moderado y circunspecto al presidente Arce, el que adquirió del sistema federal en la república de Norteamérica le debió descubrir la complicación de su teoría y las dificultades en su aplicación. Dificultades que debiera haber considerado mayores en Centroamérica, puesto que no podía aguardar que se encontrasen en el pueblo ni el conocimiento regular de aquel sistema, ni el hábito de gobernarse por sí mismo.

"Debió tener presente que, como jefe de la República, era el primer responsable de la paz. Se había hecho cargo de los defectos del sistema federal. Había estudiado el de la República que gobernaba; conocía a los hombres que estaban a la cabeza de los negocios, y no ignoraba los hábitos y educación del pueblo. Tenía este, pues, muchos títulos para aguardar de la capacidad y experiencia de su presidente lo que no podía esperar de la ilustración y buenos deseos que animaban a sus mejores ciudadanos. Todas las miradas estaban, por esto, pendientes de la conducta que observaría el supremo magistrado. De él aguardaban todos el bien de la República. Nadie le podía disputar el alto honor de haberlo conseguido, ni menos puede hoy dividir con otro la responsabilidad de los males que ocasionó con una guerra que pudo y debió evitar.

"No teniendo ya nada que temer el presidente Arce en el Estado de Guatemala, que por consecuencia de los hechos que acabo de referir, sus autoridades legítimas habían ya desaparecido, mandó hacer nuevas elecciones, que por influjo de las bayonetas, recayeron en aquellos hombres más notables de su partido.

"Reorganizado de este modo el Estado de Guatemala, dirigió el presidente sus miradas a los de Nicaragua y Honduras. En el primero, por una anomalía propia de la revolución, se encontraban a un mismo tiempo gobernando el jefe Cerda y el vicejefe Argüello, y eran ambos obedecidos por sus respectivos partidos. Como el de Argüello pertenecía a los liberales, y las opiniones de este funcionario eran contrarias a las del presidente de la República, la política demandaba la protección decidida que este le prestó a Cerda, remitiéndole una cantidad considerable de fusiles, que condujo el ciudadano Policarpo Bonilla. Este auxilio llamó la atención a Argüello y no pudo proteger a Honduras, en donde buscaba motivos el presidente para desorganizarla."

"A este fin mantenía correspondencia con los más desacreditados enemigos del Jefe de aquel Estado, el Cno. Dionisio Herrera, y daba otros pasos que, si eran menos deshonrosos, no parecían propios del que aparentaba un profundo respeto a las leyes, sino del que buscaba el triunfo sin escrupulizar los medios de conseguirlo.

"El teniente coronel de la federación Ignacio Córdova, que por licencia del Supremo Poder Ejecutivo servía la Comanda local de la ciudad de Tegucigalpa, con nombramiento del mismo Jefe Herrera, cuando fue separado por este se negó abiertamente a obedecer, alegando que había obtenido igual nombramiento del jefe de la nación. La ciudad de Tegucigalpa se halla situada en la cordillera a más de dos mil metros de altura sobre el nivel del mar, y distante de este cuarenta leguas por la parte más inmediata. No es, pues, ni una frontera ni un puerto, para que el presidente se creyese facultado para nombrar allí un comandante; a no ser que haya pensado hacer después navegable el río de aquella ciudad en las doscientas leguas que corre antes de desaguar en el Pacífico. Este escandaloso avance de la autoridad, ejecutado con la mira de sostener el partido que hacía la revolución a Herrera en Honduras, produjo la acusación que este dirigió al Congreso contra el presidente Arce, acompañando todos los documentos que esclarecían el hecho.

"Despechados los enemigos del Jefe Herrera con el mal resultado que tuvieran los medios que habían empleado hasta entonces para trastornar el orden, se decidieron a quitarle la vida. A medianoche los asesinos dirigieron sus tiros por dos balcones a otras tantas camas colocadas al frente. Los malvados ignoraban cuál de ellas pertenecía al Jefe Herrera; pero sabían muy bien que una era ocupada por su esposa. Sin embargo, antes quisieron triplicar las víctimas, agravando su crimen con la muerte de la madre inocente y el hijo tierno que aquella tenía en sus brazos en el fatal momento, que permitir se les escapase la que era objeto de la venganza de aquellos que habían estimulado su sórdido y mezquino interés. Pero, por una feliz casualidad, las balas se introdujeron en el colchón de la cama en que se hallaba la señora de Herrera, y otras rompieron una columna del catre en que dormía esta, sin haberles causado daño alguno. Los asesinos presentaron en su precipitada fuga las señales positivas de su crimen. En aquella misma noche, sin ser perseguidos, desaparecieron de la ciudad de Comayagua.

"El escribano Ciriaco Velázquez, y Rosa Medina, quien después acreditó en la destrucción de las mejores casas de Comayagua, mandadas ejecutar por el coronel Milla cuando sitiaba aquella ciudad, que era también incendiario, como torpe asesino.

"A los pocos días de haberse intentado este crimen, se introdujo en el Estado de Honduras el batallón federal n.º 2, al mando del coronel Milla, con el pretexto de custodiar los tabacos que existían almacenados en la villa de Los Llanos, perteneciente al Estado de Honduras, y distante sesenta leguas de la capital de Comayagua, que era entonces la residencia del Jefe Herrera.

"Este, que tenía mil motivos para temer un atentado del presidente de la República, y que no veía el riesgo que corrían los tabacos existentes en el departamento de Gracias, se persuadió que él era el único objeto de aquella fuerza. Tomó, en consecuencia, algunas precauciones, y reunió varias compañías de milicias."

"Para observar la tropa federal destinada a cuidar los tabacos, que por diversos avisos se sabía haber órdenes del presidente de la República para marchar sobre Comayagua, se mandaron cuarenta hombres a las órdenes del oficial Casimiro Alvarado, que llegó hasta el pueblo de Intibucá, distante treinta leguas de la villa de Los Llanos. Allí supo Alvarado que el coronel Milla se había puesto en marcha con toda la fuerza. Para conocer la dirección que traía, hizo marchar al oficial C. Francisco Ferrera con diez hombres. En el pueblo de Yambalanguira, distante dos leguas de Intibucá, se encontró Ferrera con la división federal, y para memoria de un hecho heroico se batió con solo sus diez soldados, logrando detener por algún tiempo la marcha de la división de Milla. Obligado luego a retirarse, como era regular, se dio parte a Alvarado de lo que había ocurrido, el que al instante contramarchó con sus cuarenta hombres, y fue a ponerlo todo en conocimiento del gobierno en cumplimiento de su comisión.

"Para justificar la marcha del coronel Milla sobre Comayagua, dice el presidente Arce en sus memorias, que fue ocasionada por el acto hostil que recibió este jefe en Yambalanguira de parte de las milicias del Estado. Pero si se observa que Herrera tenía seiscientos hombres, y que podía disponer de todos ellos para dirigirlos sobre Milla, porque no había otro enemigo en el Estado que le llamase la atención; que los cuarenta hombres que mandó en observación a Intibucá eran pocos para atacar las fuerzas de aquel jefe, pero bastantes para llenar el objeto a que se les había destinado; que los tabacos, única mira que había traído a Milla con su batallón a Honduras, se hallaban en los Llanos, distantes sesenta leguas de Comayagua, 28 del pueblo de Yambalanguira donde lo encontró la descubierta de diez hombres del oficial Ferrera, y treinta del pueblo de Intibucá, en donde se hallaba igual número de soldados en observación, a que pertenecían los de Ferrera; se vendrá en conocimiento que no hubo ninguna clase de provocación de parte del gobierno del Estado, que en uso de las facultades que le daban las leyes, bien pudo dirigir las milicias a cualquiera de los pueblos del nuevo Estado.

"Si todos estos hechos comprueban que el presidente Arce fue el primer agresor en la guerra de Honduras, sin ninguna provocación por parte de sus autoridades, la nota reservada que dirigió al coronel Milla fechada el 7 de mayo en el cuartel general de Apopa, y firmada por su jefe de Estado Mayor el coronel C. Manuel Montúfar, en que le previene sustancialmente: que ponga término a los males que causa el jefe Herrera en Honduras, haciendo uso de las armas, y que proteja a los que este persiga, pone en punto de vista más claro aquel hecho: descubre los únicos culpables de la guerra; y justifica la resistencia que los hondureños hicimos con las armas.

"Después de publicado este documento, creo que el C. coronel Manuel Montúfar no podrá desmentir (como lo hizo en sus memorias de Jalapa) el hecho a que él se refiere —ni el ciudadano Manuel José Arce se resistirá a confesar (como se ve en sus memorias de México) la responsabilidad que tiene por los males que ocasionara a Honduras. Tampoco se atreverá a negarlos el coronel Milla, que no querrá pasar por un militar desobediente, y lo que es peor, por un hijo ingrato, que llevó injustamente la guerra a su patria, para castigar agravios que no había recibido de sus conciudadanos y en recompensa de los votos que estos le dieran para vicejefe de aquel Estado.

"Milla, sin encontrar en el camino ninguna resistencia, llegó a la ciudad de Comayagua el 4 de abril, y estableció su cuartel general en la iglesia de San Sebastián.

"Unas trincheras mal construidas y un jefe militar traidor, eran dos obstáculos de fácil acceso para los sitiadores, si la vigilancia de los soldados patriotas no hubiera hecho impotentes por largo tiempo las maquinaciones de la intriga, así como los diversos ataques que se dieron a la plaza. Estos no tuvieron otro resultado que el saqueo de la ciudad que se hallaba fuera de trincheras, y el inútil incendio de sus mejores edificios, con que se vengara la cobardía, ofendida de la tenaz resistencia que le opusiera el valor de un puñado de soldados hondureños y leoneses."

"En tanto que tenían lugar estos sucesos, la fuerza enemiga se aumentaba en razón que se disminuía la de la plaza. Los víveres faltaban ya en esta y muchas veces era mayor la sangre que se derramaba que el agua que se tomaba en el río defendido por los contrarios.

"La esperanza de un pronto auxilio hacía, sin embargo, sufrir estos males con resignación; pero esta desapareció muy luego cuando se supo en la plaza que la tropa auxiliar se había disuelto en la hacienda de La Maradiaga después de haber rechazado la división que la atacara al mando del teniente coronel Hernández. El desaliento se apoderó del ánimo de los cobardes.

"La perfidia del comandante tuvo en ellos un apoyo, y la plaza se rindió el 9 de mayo de 1827 por una capitulación en que todo lo sacrificaba el traidor por la conservación de su empleo, al jefe que no había podido lograr ninguna ventaja sobre los sitiados. Y para que nada faltase a este documento vergonzoso, la firmeza con que había el jefe Herrera rechazado las proposiciones de rendirse que se le hicieran, fue castigada dejándolo a merced del vencedor como prisionero de guerra.

"El presidente de la República que pocos meses antes, queriendo acreditar su respeto a la ley, puso al jefe del Estado de Guatemala en el término de tres días a disposición de la Asamblea que debiera juzgarlo, hizo conducir a Herrera preso a la capital de la República, ciento sesenta leguas distante de la ciudad de Comayagua, a donde debiera reunirse la legislatura para conocer de su causa, si aquel magistrado hubiera tenido esta vez el deseo de ser un religioso observante de la Constitución. Pero se olvidó entonces de ella por no convenir a sus dobles miras de humillar al jefe Herrera dándole por prisión, en mucho tiempo, la misma casa que él habitaba, y de acreditar a sus contrarios el desprecio que hacía de las leyes.

"Cuando un funcionario público trata de encubrir con las formas judiciales la satisfacción de sus personales agravios, aún existe la esperanza de que vuelva al sendero de la ley; pero cuando el descaro se asocia a la venganza, la esperanza desaparece, porque entonces, el espíritu de Sila obra en la voluntad del gobernante.

"Aun cuando el presidente Arce no hubiera expresado sus opiniones contra estas mismas leyes antes de posesionarse del Ejecutivo federal, ni se apoyara después en el partido que apetecía un cambio de gobierno, eran muy repetidas las infracciones para que no fuesen voluntarias, y vitales los golpes que dirigiera al sistema, para que no envolviesen la dañada intención de destruirlo.

"Él supo anular la resistencia que le opusiera el Senado, influyendo para que dos senadores amigos suyos se negasen a concurrir a las sesiones para que se disolviese el cuerpo por falta de número.

"Él logró que varios diputados, también amigos suyos, que no concurriesen a las sesiones extraordinarias del Congreso, en donde debía exigírsele la responsabilidad con arreglo a la ley, por no haber acreditado en las sesiones ordinarias la justa inversión de los caudales públicos, entre otros motivos no menos poderosos.

"Al paso que anulaba de este modo la representación nacional, se erigía en juez de los que tenían derecho para juzgarlo, y usaba de facultades que ni la misma representación nacional había obtenido del pueblo. Él convocó, a su manera, la reunión de un Congreso extraordinario.

"Arrogándose las atribuciones del Congreso, él interpretaba la ley según sus miras, y reducía a prisión al jefe de Guatemala en concepto de ser súbdito suyo. En este mismo concepto ordenaba al vicejefe que sucediese a aquel en el gobierno, que desarmara las milicias del mismo Estado, y que tomase a su servicio las federales. Él nombraba comandantes locales en el centro de los Estados, como lo hizo en la ciudad de Tegucigalpa. Él daba órdenes al coronel Milla para que hiciese la guerra al Estado de Honduras. Él, en fin, jugaba de este modo con las leyes, y se burlaba del pueblo que le confiara su ejecución."

"Al recordar la conducta que observó el presidente Arce en el gobierno, no ha cabido en mí el mezquino deseo de herir su amor propio, ni la innoble mira que dirigiera su pluma al escribir las memorias que publicó en México.

"La mía tiene un objeto más honroso y justo: acreditar con todos estos hechos que fue legal la resistencia que opusieron los gobiernos de los Estados al presidente de la República, y necesaria la guerra que llevaron los pueblos a la capital de la misma República. Esto es lo único que me he propuesto probar, y creo haberlo conseguido.

"Ahora trataré únicamente de mis hechos como funcionario público. Pero como no pretendo escribir mi apología, solo citaré en mi defensa, como lo he ofrecido al principio, aquellos de que se haya hablado con injusticia, o que convengan a mi propia justificación.

"Como uno de los jefes de la fuerza que se disolvió en la Maradiaga, marché en busca del auxilio que mandaba el vicejefe del Estado de El Salvador. Pero este auxilio, que llegó a Tegucigalpa después de haberse rendido la plaza de Comayagua, era tan pequeño, que tuvo que retirarse hacia el Estado de Nicaragua. Los coroneles Díaz, Márquez, Gutiérrez y yo, buscamos en él nuestra seguridad y acompañamos al jefe que lo mandaba. Un incidente desagradable, que podía comprometer nuestro honor, nos obligó a separarnos de él en la villa de Choluteca y a pedir garantía al coronel Milla para permanecer en Honduras. Nuestros deseos fueron satisfechos por este jefe, mandándonos el pasaporte con el mismo correo que condujo la solicitud.

"Al instante marché al pueblo de Ojojona para disfrutar en unión de mi familia de la gracia que se me concediera. Por un presentimiento, que jamás cupo en la confianza que me inspiraba la palabra de Milla, dichos jefes no corrieron la suerte que se nos aguardaba en aquel pueblo, y yo, víctima de mi credulidad, conocí, aunque tarde, lo poco que debe confiarse en los que defienden una mala causa.

"Diez horas después de haber llegado al pueblo que había señalado para mi residencia, fui reducido a prisión por el teniente Salvador Landaverri, de orden del mayor Anguiano, comandante local de Tegucigalpa, y conducido a aquella ciudad. A pesar de haber presentado a este jefe mi pasaporte, me hizo poner en la cárcel pública. La seguridad de que en semejante atentado no tuviera parte el coronel Milla me hizo dirigirle una exposición en que le expresaba con bastante energía los males que me ocasionaban sus ofrecimientos. La contestación de este jefe me dio a conocer el lazo que había tendido a mi confianza, y solo procuré entonces los medios de evadirme de la cárcel.

"Después de haber sufrido veintitrés días una estrecha y penosa prisión, pude burlar la vigilancia de mis carceleros y retirarme a la ciudad de San Miguel. De allí pasé a la de León en busca de auxilios para volver sobre Honduras.

"En mi tránsito por el puerto de La Unión hablé por primera vez con el ciudadano Mariano Vidaurre, que como comisionado de gobierno del Estado de El Salvador, pasaba al de Nicaragua con el objeto de procurar un avenimiento entre el jefe y vicejefe de aquel Estado, que mutuamente se hacían la guerra. Vidaurre se interesó mucho por que se me auxiliase por este último.

"Entretanto, el coronel Ordoñez, que llegó preso a León, pudo formar una revolución contra el vicejefe Argüello, que tuvo por resultado la deposición de este funcionario y el auxilio que se me dio de los militares que le eran más adictos. Ciento treinta y cinco, entre ellos jefes y oficiales, componían mi pequeña fuerza. La fidelidad al gobierno al que habían pertenecido me inspiraba la mayor seguridad, y la fundada esperanza de reunir los descontentos hondureños, que produjeron las persecuciones de Milla y sus agentes, ponía de nuestra parte todas las probabilidades del triunfo."

"En la villa de Choluteca, con el auxilio que mandó el gobierno de El Salvador, pude organizar una considerable división, y en el campo de La Trinidad, acreditar a los hondureños que era llegada la hora de romper sus cadenas. Milla fue allí completamente batido, dejando en nuestro poder los elementos de guerra que había acumulado, y la correspondencia oficial de que ya he hecho mérito. La vanguardia sola consiguió este triunfo, en el que se distinguieron los coroneles Pacheco, Balladares y Díaz. Los de igual clase, Márquez, que había quedado malo en Pespire, Gutiérrez, que en unión de Osejo y el capitán Ferrera conducían la retaguardia, no les fue posible encontrarse en la acción.

"Libres ya los pueblos de sus enemigos, me dediqué a la reorganización del Estado.

"El Consejo se reunió en la ciudad de Comayagua, y me encargó del Ejecutivo con arreglo a la ley, en concepto de consejero, por la falta de jefe y vicejefe del Estado.

"Luego que el presidente de la República tuvo noticia de estos sucesos, hizo marchar al coronel Domínguez sobre Honduras. Yo tuve entonces que separarme del gobierno para tomar el mando de la fuerza, y establecí mi cuartel en el pueblo de Texiguat.

"Domínguez hizo una ligera incursión por los pueblos de la costa, y regresó a San Miguel sin haberse atrevido a atacarme.

"Por este tiempo, el general Merino del sur, después de haber estado al servicio del gobierno de El Salvador, se embarcó en Acajutla para retirarse a Guayaquil, de donde era natural. Habiendo tocado el buque que lo conducía en el puerto de La Unión, fue capturado a bordo por el coronel Domínguez, que ocupaba el departamento de San Miguel con fuerzas federales, sin respetar la bandera chilena, ni atender a los reclamos que le hiciera su capitán.

"A Merino no debía traérsele como prisionero de guerra, porque no se le tomaba con las armas en la mano; no era ya un soldado, porque se había separado del teatro de la guerra; no podía considerársele como enemigo, porque no tenía la intención de ofender, puesto que se retiraba a su patria, ni siquiera pisaba ya el territorio de la República, y se hallaba bajo la protección de una nación amiga. No había, pues, ni un pretexto para reducirlo a prisión, y menos para fusilarlo pocos días después en la ciudad de San Miguel, faltando al derecho sagrado de la guerra y a los principios establecidos en los pueblos menos civilizados. Este asesinato sin ninguna mira política, esta víctima sacrificada a venganza ajena, cerró todos los medios de conciliación entre Domínguez y yo, rompiendo la correspondencia que habíamos establecido con este objeto; presagió la suerte que correríamos los que fuésemos prisioneros de semejantes enemigos, y acabó de uniformar la opinión pública.

"En pocos días conseguí organizar una fuerza compuesta de hondureños y nicaragüenses, que aunque muy inferior en número a la de Domínguez, se componía en su mayor parte de soldados voluntarios y decididos a morir en defensa de su patria; pero carecía de recursos pecuniarios.

"El que conozca que las rentas del Estado de Honduras nunca han bastado a cubrir su lista civil, y que haya sido entonces testigo de las grandes sumas que exigiera Milla a los pueblos para sostener tanto tiempo su división, se persuadirá fácilmente de las escaseces que sufría la que estaba a mis órdenes. Marchaba sin ninguna caja militar, y el prest que se le daba a la tropa era necesario exigirlo en los pueblos del tránsito.

"Las dificultades que naturalmente se presentaban para esto producían mil privaciones en el soldado, que se agravaban con lo malo del clima y el rigor del otoño, abundante en lluvias aquel año. Su número se disminuía, en términos que apenas llegaron a las inmediaciones de San Miguel las dos terceras partes de los soldados reunidos en Choluteca; en tanto que el coronel Domínguez abundaba en recursos y tenía a sus órdenes una numerosa tropa veterana, que había triunfado varias veces de sus enemigos."

"La esperanza del auxilio que me había ofrecido el gobierno del Estado de El Salvador para engrosar mi pequeña división, me obligó a colocarla en el pueblo de Lolotique, fuerte por su localidad y por su posición aparente para proteger la llegada de los salvadoreños.

"El coronel Domínguez, con todas sus fuerzas, vino a situarse a distancia de una legua, en el pueblo de Chinameca.

"Hizo varias tentativas para forzar las guardias avanzadas colocadas en los desfiladeros que conducían a la altura que yo había ocupado; y aunque siempre fue rechazado con pérdidas, logró, sin embargo, ver desplegarse la fuerza y se enteró de su número. La confianza que le inspiró este conocimiento la acreditaron sus hechos posteriores. Domínguez pudo muy bien contar nuestros soldados; pero pronto conoció por una costosa experiencia que no es dado calcular a un jefe mercenario el valor de hombres que defienden su patria y sus hogares.

"Once días se pasaron sin ocurrir nada de notable entre las dos fuerzas. Al duodécimo recibí una comunicación del teniente coronel Ramírez, jefe de la tropa auxiliar tanto tiempo esperada. Me aseguraba que al siguiente día pasaría con alguna dificultad el Lempa, por falta de barcas.

"La facilidad con que el enemigo podía descubrir la aproximación de aquel jefe y destruir su pequeña fuerza me decidió a protegerlo. A las doce de la noche emprendí mi marcha con este objeto; pero la lluvia no me permitió doblar la jornada, y me vi obligado a aguardar en la hacienda de Gualcho a que mejorase el tiempo.

"Entretanto, Domínguez, que había sabido mi movimiento y marchaba por mi izquierda, detenido también por la lluvia, fue igualmente obligado a situarse a una legua distante de aquella hacienda, sin que hubiera podido descubrir su movimiento hasta entonces.

"A las tres de la mañana, cuando el agua cesó, hice colocar dos compañías de cazadores en la altura que domina la hacienda, hacia la izquierda, en razón de ser el único lugar por donde podía presentarse el enemigo. A las cinco supe la posición que éste ocupaba, y pocos minutos después, el jefe de una partida de observación aseguró que se hallaba a tiro de cañón de las dos compañías de cazadores.

"No podía yo retroceder en estas circunstancias, porque una retirada con tropas que no son veteranas tiene peores consecuencias que una derrota, sin la gloria de haber peleado con honor.

"No era ya posible continuar mi marcha sin grave peligro por una inmensa llanura y a presencia misma de los contrarios. Menos podía defenderme en la hacienda, colocada bajo una altura de más de doscientos pies, que en forma de semicírculo domina a tiro de pistola el principal edificio, cortado por el extremo opuesto con un río inaccesible que le sirve de foso. Fue necesario aceptar la batalla con todas las ventajas que había alcanzado el enemigo, colocado ya en aptitud de batirse a tiro de fusil de nuestros cazadores.

"Conociendo el tiempo que debía gastar la división en salvar la altura que se hallaba entre el campo y la hacienda, hice avanzar a los cazadores sobre el enemigo para detener su movimiento, el que, conociendo lo crítico de mi posición, marchaba contra éstos a paso de ataque.

"Entretanto subía la fuerza por una senda pendiente y estrecha, se rompió el fuego a medio tiro de fusil, que luego se hizo general. Pero ciento setenta y cinco soldados bisoños hicieron impotentes por un cuarto de hora los repetidos ataques de todo el grueso del enemigo."

"Este, obligado por un instinto, a tributar el respeto que se le debe al valor, no se atrevió a hollar la línea de cadáveres en que quedó reducido el pequeño campo que ocupaban los cazadores, para detener la marcha de la división que venía en su auxilio.

"El entusiasmo que produjo en todos los soldados el heroísmo de estos valientes hondureños excedió al número de los contrarios. Cuando la acción se hizo general por ambas partes, fue obligada a retroceder nuestra ala derecha, y ocupada la artillería ligera que la apoyaba; pero la reserva, obrando entonces por aquel lado, restableció nuestra línea, recobró la artillería y decidió la acción, arrollando parte del centro y todo el flanco izquierdo, que arrasaron en su fuga al resto del enemigo, dispersándose después en la llanura.

"Entre los muchos prisioneros que se hicieron, se encontraron algunos vecinos del Departamento de San Miguel, que vinieron en gran número a ser testigos de nuestra derrota. Tal era la seguridad que tenían en la táctica, en la disciplina y en el número de nuestros contrarios.

"Los salvadoreños auxiliares, que abreviaron su marcha al ruido de la acción con el deseo de tomar parte en ella, llegaron a tiempo de perseguir a los dispersos.

"Cediendo a un sentimiento de justicia, he descendido a pormenores que no a todos podrán ser agradables; pero ofrezco omitir adelante los que pertenecen a los sucesos ocurridos hasta la conclusión de la guerra. Mi deseo ha sido el de honrar la memoria de los patriotas hondureños y nicaragüenses que pelearon aquel día, cuyo valor se ha querido poner en duda porque no han sido tan afortunados otras veces. Es el de fijar los hechos que tuvieron lugar en aquella jornada, desfigurados después por la malicia o la ignorancia. Es el de dar a conocer la importancia que merece este hecho de armas. Si él fue en sí bien pequeño, produjo, sin embargo, los mejores resultados, porque economizó la sangre que inútilmente se derramara por tanto tiempo en las trincheras de El Salvador, facilitando la rendición de Mejicanos, que abrevió el desenlace de la revolución de 1828. Revolución que, tan abundante como después fue en acciones de guerra ganadas por nuestros soldados, todas ellas se deben considerar como consecuencias de este triunfo.

"De Gualcho me dirigí a la ciudad de San Miguel en busca de recursos para pagar sus haberes atrasados a los soldados, vestirlos y darles la gratificación de un mes de sueldo que se les había ofrecido.

"En el camino se me presentó una comisión de los principales vecinos de aquella ciudad, para suplicarme fuese a proteger las propiedades, que a pretexto de pertenecer a los enemigos del gobierno, eran amenazadas por un puñado de malvados. Pude llegar a tiempo de evitar el saqueo de muchas casas, aunque ya estos habían tomado de la de Barriere algunos objetos de comercio.

"En uso de la facultad que me había concedido el gobierno del Estado de El Salvador, mandé exigir un empréstito forzoso de dieciséis mil pesos.

"Este se distribuyó en un pequeño número de propietarios que más servicios habían prestado al enemigo.

"La noticia que se difundió en la ciudad de que el general Arzú había salido para atacarme, desde Mejicanos, produjo una fuerte resistencia en algunos prestamistas que se negaron a pagar, bajo diversos pretextos, su contingente.

"Cuando se confirmó la noticia de que el enemigo se aproximaba al Lempa, expedí una orden para que al que no quisiera prestar sus servicios como propietario, se le obligara a hacerlo como soldado, presentándose en el cuartel de cazadores. Todos pagaron a esta intimación. Solo el coronel Juan Pérez, primer propietario del departamento, quiso tomar las armas. Pero pocas horas después de hallarse sufriendo en el cuartel todos los castigos y privaciones de un soldado recluta, entregó los cinco mil pesos que le fueron asignados y volvió a su casa.

"La cantidad recaudada fue distribuida a los soldados en medio de la plaza, a presencia de los jueces municipales, de los ciudadanos Gregorio Ávila, que contribuyó con el género suficiente para dos mil vestuarios, Pedro Gotay, y otros muchos de los principales de aquella ciudad, que aún existen hoy en ella para comprobar esta verdad."

"Como este fue el último empréstito, y el único de alguna consideración que yo asigné hasta la conclusión de la guerra, y como algunos han exagerado su valor y tratado de tiránicas las medidas que se tomaron para realizarlo, no me ha sido posible pasar en silencio estos pormenores.

"Si hubo alguna severidad contra Pérez, fue provocada por su misma resistencia; lo exigía, además, el orden público amenazado por los soldados leoneses, cansados ya de sufrir escaseces y de esperar el día en que estas cesasen, tantas veces prometido; y lo demandaba la necesidad de marchar a disputar el paso del Lempa al enemigo.

"El único atentado que yo supiese y pudiese remediar, fue cometido por el capitán Cervantes, que arrancara del cuello a una señora prestamista su cadena de oro, y por el cual fue sentenciado a la pena de muerte y fusilado en la plaza de El Salvador.

"Los soldados leoneses, que no pertenecían a ningún gobierno y que voluntariamente se habían puesto a mis órdenes, expresaron de diversos modos sus deseos de regresar a Nicaragua. Al coronel Balladares, que se propuso evitarlo, lo amenazaron haciendo uso de sus armas, y yo solo pude lograr que sesenta soldados continuasen en el servicio.

"Entretanto, el general Arzú llegó al Lempa con una fuerte división. Al momento marché a evitarle el paso de este río, y lo habría conseguido si el teniente coronel José del Rosario López Plata no hubiera descuidado el punto por donde logró aquel desembarcar.

"Disminuida mi fuerza por la defección de los leoneses, tuve que retirarme a Honduras para reorganizarla.

"El enemigo, que marchaba a mi retaguardia, llegó hasta la ciudad de Nacaome, y no atreviéndose a perseguirme por el camino de la sierra, que había ya fortificado, regresó a San Miguel.

"El general Arzú ocupaba entonces dicha ciudad, que por una marcha forzada amenacé atacar. Como aquel no quería comprometer una acción, se retiró por la vía de Usulután para atravesar después el llano de La Pava, y tomar el camino del departamento de Gracias, con el objeto de pasar a Guatemala. Yo, que calculaba esta retirada, me coloqué por un movimiento de flanco en aquel llano al tiempo mismo que la vanguardia enemiga tomaba posesión en la margen izquierda de un arroyo profundo. Era su mira disputarnos este paso para poder evitar la ocupación de la hacienda de San Antonio, en la que comienza a elevarse la sierra por donde había pensado retirarse. Pero fue arrollada y arrojada hacia el llano en donde estaba formada su retaguardia, dejando en nuestro poder un cañón.

"La hacienda fue en seguida ocupada por nosotros, y los contrarios pasaron la noche deliberando.

"Al amanecer se me aseguró que deseaban capitular. Al efecto, hablé con el teniente coronel E. Antonio Aycinena, que había sucedido en el mando al coronel Arzú. Me ofreció el jefe entregar las armas y quedar prisionero con sus principales soldados, pero no a disposición del gobierno del Estado de El Salvador.

"La capitulación que redacté fue firmada inmediatamente, y con sorpresa vieron los enemigos que, cuando ellos habían convenido ya en ser mis prisioneros de guerra, se les dejaba en libertad para volver a Guatemala, suministrándoles, además, el dinero necesario para el préstamo del soldado, y concediéndoles por una gracia todo lo que solicitaron.

"Aunque nunca me arrepentí de haber observado esta conducta, pocos días después tuve el disgusto de saber que el enemigo saqueaba los pueblos del tránsito y había cometido un asesinato en pago de la generosidad con que se le trató, violando así la capitulación que se acababa de firmar, en la que se había consignado un artículo a la seguridad de estos mismos pueblos.

"Un jefe militar, que con dos compañías ocupaba Ocotepeque, por donde aquellos debieran pasar, recibió de los pueblos iguales quejas y redujo a algunos oficiales a prisión, por orden de su gobierno, a quien yo había dado conocimiento de aquellos hechos."

"Aunque siempre he creído que el jefe Aycinena no los mandó ejecutar, él es, sin embargo, único responsable de ellos, por haber abandonado la tropa a su propia suerte, forzando sus marchas para llegar pronto a Guatemala con todos sus jefes y oficiales allegados.

"La fortuna, que jamás protege a los que huyen de los peligros de la guerra para poder disfrutar de las ventajas del triunfo, castigó a los que sitiaban la plaza del Salvador, haciéndolos, por una capitulación, prisioneros de los sitiados y premiando de este modo el valor con que estos defendieron por tanto tiempo su patria y sus hogares.

"Este desenlace se debió a la constancia con que el pueblo salvadoreño, sin armas y sin jefes, sostuvo el sitio por largo tiempo.

"Al patriotismo y generosidad de las mujeres del pueblo, que alentaban al soldado con su valor, y lo alimentaban con el trabajo de sus manos; a la firmeza con que el gobierno se negó siempre a admitir las proposiciones desventajosas que le hiciera el enemigo para rendirse; y al general Juan Prem, que disciplinó algunas compañías, y colocándose con ellas a la retaguardia del enemigo, le interceptaba los convoyes, y aprisionaba los reclutas que venían de Guatemala; batía las fuerzas que salían del cuartel general de los sitiadores en busca de víveres, y alentando con todos estos hechos al pueblo, hizo a los soldados concebir esperanzas de un próximo triunfo, y creer al coronel Montúfar, jefe del ejército sitiador, que se hallaba sitiado, cuando dijo en uno de sus escritos que no puede sostenerse por mucho tiempo plaza que no es socorrida y menos cuando la atacan enemigos muchos y porfiados.

"De la hacienda de San Antonio me dirigí a la ciudad del Salvador. Pasé, en seguida, a la villa de Ahuachapán, para organizar allí el ejército que debía marchar sobre el Estado de Guatemala.

"Pocos días después de haber llegado a aquella villa, recibió el jefe político del departamento, coronel Juan Manuel Rodríguez, orden del ministerio para hacer salir del Estado al presidente Arce, que despojado ya del gobierno, existía en la ciudad de Santa Ana, porque su permanencia en ella era perjudicial al orden público.

"Una persona afecta al presidente Arce me suplicó evitase a este jefe el disgusto de ser conducido hasta el río de Paz por una partida de soldados que tenía ya preparada el jefe político.

"No quise perder la ocasión de acreditar a Arce que había olvidado ya la memoria que hizo de mí en la lista que dirigió al coronel Milla para que, en unión de otros, me remitiera preso a Guatemala, a pesar del salvoconducto que me dio este jefe. Con aquel objeto mandé al coronel Gutiérrez que comunicase al presidente la orden del gobierno, y le expresase mis deseos de evitarle el compromiso en que podía colocarlo su permanencia por más tiempo en Santa Ana.

"Pero este hecho lo tuvo Arce por un agravio, según se expresa en sus memorias, aunque yo lo consideraba como un servicio, puesto que le suplicaba lo que podía mandarle con el mismo derecho que él quiso se me condujese preso a Guatemala. Con el mismo derecho digo; porque el uso de la fuerza para obrar contra mí, no estando autorizado por la ley, y yo podía haber usado también de esta fuerza en justa represalia cuando me tocaba mi vez."

"Luego que el ejército recibió alguna disciplina, marche sobre la Ciudad de Guatemala, y di orden al general Prem, que

obraba ya en el Departamento. de Chiquimula con una división, de que ocupase la hacienda de Aceituno distante una legua de aquella Ciudad, el mismo dia que yo debía situarme a dos leguas de ella, en el pueblo de Pinula. Mi orden fue cumplida por el Coronl. Herique Ferrelong, que había sucedido en el mando a aquel jefe que permanecía enfermo en Chiquimula.

"En la hacienda de Corral de piedra se nos unió un escuadrón de patriotas antigüeños al mando del general Isidoro Saget que fue de mucha utilidad en la campana. En Pinula supe que la fuerza del Estado se había concentrado toda en la Ciudad.

"Para evitar la introducción de víveres y agua en la plaza, mande situar una división en el pueblo de Misco al mando del Coronel. Cerda, con orden de fortificarse inmediatamente. Pero este jefe, a quien solo conocía por la buena recomendación que de el se me había hecho, se confió en un valor de que carecía. Ni quiso fortificarse, ni tuvo la presencia de ánimo y arrojo que se necesita para defender un puesto que es sorprendido por el enemigo.

"Cerda acredito en esta derrota su ineptitud y cobardía, y el enemigo su crueldad con el asesinato de los vencidos. En lugar de marchar inmediatamente sobre el Cuartel general. de Pinula, aprovechándose de mi permanencia en la Antigua Guatemala a donde había ido con el fin de organizar un gobierno provisional, volvió a concentrarse a sus trincheras, y yo regrese a Pinula.

"Al día siguiente concentre todas las fuerzas en este pueblo, y marche con ellas a la Antigua Guatemala para reponer las bajas y pedir recursos al nuevo gobierno.

"El General Nicola Raúl, antiguo veterano del ejército de Napoleón, que hoy ocupa un lugar distinguido en el ejercito francés, entro al servicio en concepto de jefe de estado mayor.

"A la experiencia y conocimiento militares de este jefe (el mas instruido que ha venido a Centro-América) de los que siempre he hecho uso en lo que ha estado a mi alcance, debo en gran parte no haber sido nunca sorprendido, ni sufrido jamás una derrota en trece años de guerra casi continua, provocada por los desafectos a la Republica.

"El enemigo envalentonado con el triunfo de Misco, salió segunda vez de sus trincheras para atacarme en aquella Ciudad.

"Yo marche inmediatamente a su encuentro; pero las noticias de los espías me persuadieron de que no lo encontraría en el camino que yo llevaba. Me regrese por esto a la Ciudad, dejando a las órdenes del Coronel. Ferrelong un batallón y un escuadrón para que explorase el campo.

"En San Miguelito, una legua distante de la Ciudad, se encontró este jefe con el enemigo, y se batió con tal ardor, que la infantería, que había sido rodeada por aquel, y se defendía a la bayoneta, de tal modo se confundió con los contrarios, que se le consideraba ya muerta o prisionera.

"En este momento, usando de su arrojo acostumbrado el Tente. Corl. Corzo, Comandte. del escuadrón, con cuarenta dragones cargo sobre el enemigo con tan buen éxito, que llego a tiempo de salvar nuestra infantería, que todavía peleaba sin quererse rendir.

"Aquel retrocedió asombrado, y una segunda carga completo su derrota.

"Cuando recibí el parte que el Coronel Ferrelong se hallaba frente al enemigo, marche con el resto del ejército.

"Las descargas seguidas que se oían en el camino me acreditaban que aquel jefe se había comprometido en una acción con tan poca tropa; pero todos mis esfuerzos por tener parte en ella fueron inútiles

"Solo llegué al campo de batalla para premiar el valor, socorrer a los heridos y proteger a los prisioneros. Perseguí los restos del enemigo hasta Sumpango y pasé al día siguiente al pueblo de Misco, en donde permanecí algún tiempo.

Allí se me manifestaron, por medio del Cnel. Juan Antonio Alvarado, los deseos que tenía de mediar en nuestras desavenencias el Ministro de los Países Bajos, y de tener, a este fin, una conferencia conmigo. Esta tuvo lugar a los pocos días en la hacienda de Castañaza, aunque sin ningún resultado por entonces.

De Misco marché a situarme en la hacienda Azeytuno. Antes de llegar a la de Las Charcas, se me aseguró que el enemigo se aproximaba a la misma hacienda. Cuando llegué a ella, observé que venía en marcha a distancia de un cuarto de legua.

Entonces conocí que quería aprovechar, para atacarme, el momento en que se había disminuido el ejército con la marcha de la primera división sobre el Departamento de Los Altos, al mando del Tte. Coronel Jonáma, con el objeto de perseguir una fuerza enemiga que obraba sobre aquellos pueblos a las órdenes del Coronel Irizarri.

Al momento formé la fuerza para guardar al enemigo, que en triple número se presentaba en la llanura. Todo el valle se veía cubierto de caballería, que se aumentaba a la vista con una multitud de espectadores. Esta caballería se formó fuera del alcance de los tiros de nuestra artillería ligera. El de fusil no alcanzaba al grueso de infantería. Solo una parte de esta, en número de quinientos soldados, se aproximó formada en batalla a menor distancia, y rompió el fuego al mismo tiempo que las guerrillas de Cazadores que hizo desplegar. Los nuestros lo contestaron a pie firme.

Cansado de aguardar que se aproximase el resto de la infantería y toda la caballería enemiga, que continuaba a la distancia en que se había colocado desde el principio, hice marchar dos compañías de

Cazadores por el flanco derecho y tirar algunas bombas. Estas causaron muchos estragos en la caballería, y a las primeras descargas que aquellas hicieron, avanzando siempre sobre el enemigo que peleaba, este huyó, y el resto siguió su ejemplo, sin haber hecho un solo tiro. La caballería lo imitó volviendo caras, y la nuestra, aunque en pequeño número, cargó sobre esta confusa masa de hombres que huían sin motivo, haciendo un horrible estrago en todo el valle y centenares de prisioneros.

"1.º Que se establecería un gobierno provisorio en el Estado de Guatemala, compuesto del mismo jefe, Cnel. Mariano Aycinena, del Cnel.   Mariano   Prado,   y   yo.
"2.º Que los dos ejércitos debían reducirse al número de mil hombres, y componerse en iguales partes de salvadoreños y guatemaltecos.
"3.º Que el gobierno provisorio debía instalarse en Pinula y entrar después a Guatemala con aquella fuerza para dar respetabilidad al mismo gobierno y para mantener el orden del Estado.
"4.º Un olvido general por lo pasado.

Tan satisfecho estaba yo de que sería admitida sin discutirse esta proposición, porque conocía la debilidad a que se hallaba reducida la plaza, como grande fue mi admiración al verla desechada.

Si el enemigo ignoraba la causa de tanta generosidad, sabía muy bien que no era acreedor a ella por la conducta observada con los gobiernos y pueblos del Salvador y Honduras en circunstancias menos difíciles para estos. Sabía, además, que ni su posición actual —la más desventajosa en que pudo colocarse— ni sus futuras esperanzas, puesto que no aguardaba ningún auxilio, ni la moral de la tropa, conocida ya en la acción de Las Charcas, podían hacerle esperar un mejor desenlace.

Pero todavía aparece más ventajosa esta proposición si se compara con las que hicieron a los salvadoreños para que rindiesen la plaza, tan fuerte entonces, que, lejos de alcanzar la mejor ventaja, concluyeron los sitiadores por rendirse a los sitiados.

Y siempre merecerá el nombre de generosa, porque se hizo con la seguridad de que la plaza de Guatemala se rendiría con poca resistencia, como sucedió diez días después, que fue entregada bajo las condiciones que le impusiera el vencedor.

La plaza fue ocupada el siguiente día, y yo me alojé en la casa del gobierno. Pasados algunos minutos, se me presentó el ministro de Relaciones del gobierno federal, y me entregó una nota del vicepresidente de la República, Cnel. Mariano Beltranena, en la que me preguntaba si debería continuar en el ejercicio del poder ejecutivo. Los que recuerden que el vicepresidente, apoyado en el ejército del Estado de Guatemala, había usurpado el mando al presidente de la República, burlándose de los repetidos reclamos que este le hizo para obtenerlo —y que este hecho fue uno de los más poderosos motivos de la guerra que llevé hasta la capital de la República a nombre de la mayoría de los gobiernos de los Estados que componen la federación—, se persuadirán fácilmente de que mi contestación fue por la negativa.

"El mismo día mandé reducir a prisión al presidente y vicepresidente de la República, a los ministros de Hacienda y Relaciones de esta, y al jefe del Estado de Guatemala. Esta medida, ejecutada en cumplimiento de las órdenes que había recibido de los gobiernos de los Estados, estaba en consonancia con mi opinión de reducir el número de los presos al menor número posible; y tenía también por objeto poner en absoluta incapacidad de obrar a los principales jefes que habían hecho la guerra a los Estados.

"Cuando se exigió, en cumplimiento de la capitulación, la entrega de todos los objetos de guerra, apareció menos una cantidad considerable de fusiles. La reclamé por medio del señor Manuel Pavón, demostrándole aquella falta con el estado del armamento entregado y el que se encontró en la comandancia de los enemigos, hecho tres días antes de haberse rendido la plaza. Pavón me dio una contestación evasiva, y yo le aseguré que, si la capitulación no se cumplía por parte de ellos, no me consideraba en la obligación de respetarla por la mía.

"Aunque hasta entonces no creía que se obraba de mala fe, vino luego a sacarme de mi error la orden del mismo día en que se ocupó la plaza, autorizada por el secretario del gobierno del Estado de Guatemala en concepto de jefe de Estado Mayor.

"En ella se permitía salir a los soldados de la plaza, contrariando el artículo 4.º de la capitulación, en el que se ofrecía que continuarían en sus cuarteles, para que de ese modo pudiese tener efecto el artículo 5.º de la misma capitulación.

"Muchos de los soldados que salieron a virtud de aquella orden llevaron sus fusiles, y los excesos que cometieron en algunos pueblos inmediatos —tal vez exagerados por los que querían acreditarse con los vencedores— produjeron temores de una reacción en el ánimo de los cobardes, y dieron un nuevo y fundado motivo para creer lo poco que respetaban los vencidos sus compromisos.

"No habiendo tenido mis reclamos de que se observase la capitulación ningún resultado favorable, expedí un decreto en el que manifestaba los motivos que tenía para no cumplirla por mi parte.

"El señor Arce ha querido inculparme por este hecho en sus memorias: en ellas pretende demostrar, con los mismos estados que yo cito, el no haber habido alguna falta de parte de los vencidos.

"Si en dichos dos estados aparece un número de armamento casi igual, es porque en el uno se comprendieron las armas inútiles que había en el almacén, en tanto que en el otro solo figuraban los fusiles útiles que se hallaban en manos del ejército enemigo.

"Varias pruebas podría aducir para poner en un punto de vista más claro el hecho a que me refiero, si el tiempo —que todo lo descubre— no hubiera venido a justificar la conducta que observé en aquel momento, presentando como una prueba irrefragable el armamento que de las bóvedas de la catedral de Guatemala sacó Carrera a la vista de todos, el mismo que en el año de 1829 fue el objeto de mis reclamos, y la causa por la que se anuló la capitulación.

"Mis hechos posteriores acreditan que no tuve otras miras. Por el artículo 69 de dicha capitulación se garantizaba la vida y propiedades de todos los individuos que existían dentro de la plaza. Esta era la única seguridad que se les daba."

"A nadie se castigó con la pena de muerte, ni se le exigió por mi parte ninguna clase de contribución. La capitulación fue religiosamente cumplida, aun después de haberse derogado. La obligación cedió entonces su lugar a la generosidad, y no tuvo que arrepentirse. Y no se diga que faltaba sangre que vengar, agravios que castigar y reparaciones que exigir. Entre otras muchas víctimas sacrificadas, los generales Pierzon y Merino, fusilados —el uno sin ninguna forma judicial y arrancado el otro de un buque extranjero para asesinarlo en la ciudad de San Miguel— pedían entonces venganza, así como los incendios y saqueos de los pueblos del Salvador y Honduras demandaban una justa reparación.

"Si el gobierno de Guatemala señaló, para sostener el ejército, contribuciones forzadas a los propietarios que pertenecían al partido vencido, además de que estaba en sus facultades esta medida, la necesidad de pagar sus haberes al soldado vencedor lo exigía, y la política demandaba no sacar estos fondos de los que nos habían prestado buenos servicios. Además, la capitulación celebrada en uso de las facultades que me daban las leyes militares no podía comprometer del mismo modo al gobierno del Estado de Guatemala, que si se hubiera ajustado al tratado propuesto en Ballesteros en cumplimiento de las instrucciones que se me habían concedido al efecto.

"A pesar de que, en mi opinión, el número de los presos debía ser el menor posible, como lo había acreditado reduciendo a cinco individuos de los más notables, la de los pueblos, así como la de los gobiernos de los Estados y la del ejército, era enteramente contraria. El gobierno del Estado del Salvador, por medio de sus comisionados Cnel. José M. Silva; el de Honduras y Nicaragua, por las exposiciones que se publicaron entonces por la prensa, pedían el castigo de todos los culpables; y yo, que no desconocía la justicia de estos reclamos, y que debía cumplir las órdenes de los jefes que habían depositado en mí su confianza, me vi obligado a reducirlos a prisión.

"Pocos días después se comenzó a difundir en la ciudad la noticia de que se intentaba..."

TESTAMENTO DEL GENERAL FRANCISCO MORAZÁN

San José, setiembre 15 de 1842

DÍA DEL ANIVERSARIO DE LA INDEPENDENCIA, CUYA INTEGRIDAD HE PROCURADO MANTENER

"En el nombre del Autor del Universo, en cuya religión muero.
Declaro que soy casado y dejo a mi mujer por única albacea.

Declaro que todos los intereses que poseía, míos y de mi esposa, los he gastado en dar un gobierno de leyes a Costa Rica, lo mismo que 18,000 pesos y sus réditos, que adeudo al señor general Pedro Bermúdez.

Declaro que no he merecido la muerte, porque no he cometido más falta que dar libertad a Costa Rica y procurar la paz a la República. De consiguiente, mi muerte es un asesinato, tanto más agravante cuanto que no se me ha juzgado ni oído. Yo no he hecho más que cumplir las órdenes de la Asamblea, en consonancia con mis deseos de reorganizar la República.

Protesto que la reunión de soldados que hoy ocasiona mi muerte, la he hecho únicamente para defender el departamento de Guanacaste, perteneciente al Estado, amenazado según las comunicaciones del comandante de dicho departamento, por fuerzas del Estado de Nicaragua. Que si ha cabido en mis deseos el usar después de algunas de estas fuerzas para pacificar la República, solo era tomando de aquellos que voluntariamente quisieran marchar; porque jamás se emprende una obra semejante con hombres forzados.

Declaro que al asesinato se ha unido la falta de palabra que me dio el comisionado Espinac, de Cartago, de salvarme la vida.

Declaro que mi amor a Centroamérica muere conmigo. Excito a la juventud, que es llamada a dar vida a este país que dejo con sentimiento, por quedar anarquizado, y deseo que imiten mi ejemplo de morir con firmeza antes que dejarlo abandonado al desorden en que desgraciadamente hoy se encuentra.

Declaro que no tengo enemigos, ni el menor rencor llevo al sepulcro contra mis asesinos, que los perdono y deseo el mayor bien posible.

Muero con el sentimiento de haber causado algunos males a mi país, aunque con el justo deseo de procurarle su bien; y este sentimiento se aumenta porque, cuando había rectificado mis opiniones en política en la carrera de la revolución, y creía hacerle el bien que me había prometido para subsanar de este modo aquellas faltas, se me quita la vida injustamente.

El desorden con que escribo, por no habérseme dado más que tres horas de tiempo para morir, me había hecho olvidar que tengo cuentas con la casa de Mr. M. Bennett, de resultas del corte de maderas en la costa del norte, en las que considero alcanzar una cantidad de diez a doce mil pesos, que pertenecen a mi mujer, en retribución de las pérdidas que ha tenido en sus bienes pertenecientes a la hacienda de Jupuara; y tengo además otras deudas que no ignora el señor Cruz Lozano.

Quiero[13] que este testamento se imprima en la parte que tiene relación con mi muerte y los negocios públicos.

F. MORAZÁN.

---

[13] Como apoderado de la señora albacea, publico este testamento íntegramente, y no solo las cláusulas que el testador ordenó que se imprimiesen; con advertencia de que, en los momentos de salir al patíbulo, el general Morazán encargó a su hijo Francisco y al señor Mariano Montealegre que avisaran a su albacea trasladase sus cenizas a esta ciudad, por ser el pueblo que más bien le había correspondido, y cuya cláusula no había consignado en su testamento porque lo dictó en medio del tumulto.

San Salvador, julio 31 de 1843.
CRUZ LOZANO.

BIBLIOGRAFÍA

Montúfar, Lorenzo. *Reseña histórica de Centroamérica.*

Montúfar, Manuel. *Historia de la revolución de Centroamérica.*

Boletín del Distrito Central. Edición de homenaje a Morazán.

Martínez López, Eduardo. *Biografía del general Francisco Morazán.*

Marure, Alejandro. *Bosquejo histórico de las revoluciones de Centroamérica.*

Reyes, Rafael. *Vida de Morazán.*

Gavidia, Francisco. *Discursos, estudios y conferencias.*

Ministerio de Instrucción Pública de la República de Honduras. *Compendio de la vida de Morazán.*

Jiménez Solís, J. *Francisco Morazán.*

Fernández Guardia, Ricardo. *Morazán en Costa Rica.*

Montes, Arturo Humberto. *Morazán y la Federación Centroamericana.*

Chamberlain, R. S. *Francisco Morazán.* University of Miami Press.

Mencos, Agustín. *Rasgos biográficos del general Morazán.*

Zúñiga Huete, A. *Morazán, un representante de la democracia americana.*

Rodas M., Joaquín. *Morazánida.*

Sociedad de Geografía e Historia de Costa Rica. *Las verdaderas causas de la caída y muerte del general don Francisco Morazán.*

Bancroft, Hubert Howe. *History of Central America.*

Sutro Library. *Impresos varios de 1837.*

Gavidia, Francisco. *Manuel José Arce.*

Salazar, Ramón A. *Manuel José Arce.*

Vidal, Manuel. *Nociones de historia de Centroamérica.*

Revista "Síntesis". Número 10.

Organización de Estados Centroamericanos (ODECA). *Documentos de la Unión Centroamericana.*

Stephens, John L. *Travels in Central America.*

DOCUMENTOS QUE ACOMPAÑAN ESTA OBRA:

1. Copia fotostática de los *Apuntes sobre la revolución de 1829*, por el general presidente Francisco Morazán.
2. Copia fotostática del folleto titulado: *Origen y nacimiento de Carrera – Verdadero descubrimiento de la descendencia del señor general de las armas de Guatemala, Rafael de Aycinena, conocido anteriormente con el apellido de Carrera.*
3. Folleto titulado: *Carrera y Morazán.*
4. Copia fotostática de una vieja edición del *Testamento* de Morazán.
5. Copia fotostática de una vieja edición del *Manifiesto de David.*
6. Artículo de Heliodoro Valle, que acompaña los *Apuntes* de Morazán.

www.ingramcontent.com/pod-product-compliance
Lightning Source LLC
Chambersburg PA
CBHW061551120626
46550CB00004B/1452